JN314201

経営学入門
キーコンセプト

井原久光[編著]

平野賢哉／菅野洋介／福地宏之[著]

ミネルヴァ書房

はじめに

　本書のプロジェクトは，同じ大学で「経営入門」という科目を教える4人の教員が，大学に入ったばかりの学生のためにテキストを書こうということでスタートしました。詳しくは，「本書の特徴」のところで解説しますが，いろいろな議論の結果，"やさしく深い入門書"ができたと思います。

　この"やさしい"ということは，決して，レベルを下げた「易しさ」ではありません。本書は，かなり高度な内容もカバーしていますので，見やすく分かりやすく説明しようとした「やさしさ」と解釈してください。そのために，前半の「キーコンセプト」のところでは，全体にストーリー的な流れをつくったり，できる限り図表を使ったりしています。また，後半の「経営キーワード集」のところでは，以下で説明する例外を除いて，難解な表現をさけながら，数行以内を目途にしたコンパクトな説明を心がけました。

　次の"深い"ということには「学問」としての奥行の深さを感じてもらいたいという願いが込められています。そのために，前半の「キーコンセプト」のページに関連語を載せ，後半の「経営キーワード集」で学べるように設計しました。また，できるだけ英語表記や，その用語を生み出した研究者名をそえて，インターネットなどでの検索に役立ててもらおうと考えました。さらに，「キーコンセプト」の各ジャンルの最終ページには，より深く学ぶための書籍を提示しましたので，専門のテキストや原典を通してより深く学習を進めてほしいと願っています。

　この"やさしく深い入門書"という表現は「コンセプト」という言葉で置きかえることもできると思います。ちなみに，「コンセプト」という言葉を「経営キーワード集」で見ていただければ「中心的アイデアを短い言葉で表現したもの」という解説があることに気づくと思います。「コンセプト」とは，理想や本質を短いフレーズで伝えるもので，一般の辞書にある「概念」という訳語よりも「理念」という表現を使った方がしっくりすると思います。

　そうすると，マーケティング・コンセプト（「キーコンセプト」の28番）や製品コンセプト（同じく29番）の説明も分かりやすくなるに違いありませんし，何よりも，本書のタイトルである「キーコンセプト」という言葉の意味も分かってもらえると思います。

　理念とは，文字通り，「理想」を「念じる」ということに通じるもので，もの

ごとの本質を追求しようというものです。つまり，本書は，経営学のエッセンスを学んでほしいという意図をもってつくられたものなのです。

ただし，手の内を明かすと，まったくのゼロからスタートしたわけではありません。私の書いた『テキスト経営学（第3版）』（ミネルヴァ書房）をひとつのベースにしています。特に，後半の「経営キーワード集」は，同書の索引を下敷きに，前半の「経営キーコンセプト」の説明に必要な重要用語を加えるという形で進めました。

もうひとつお断りしておきたいことがあります。本書では，説明にあたって，自説を展開しないようにほかの著者にお願いしましたが，社会科学を体系的に整理するとか，経営学と経済学を比較するとか，市場や情報や知識のようなビッグワードを短く定義するとか，といった部分では，私の考えをかなり大胆に入れています。皆様からは「そのように定義できない」というようなご批判を受けるかも知りませんが，それは，井原の責任ですので，フィードバックを頂いたものは，改訂等で反映していきます。

さらに，上記で述べたように「説明はコンパクトに」と他の著者にお願いしておきながら，前半の「キーコンセプト」に掲載し切れなかったものを後半の「経営キーワード集」に入れたものがあります。そうした部分は図表に圧縮していますので，一部の用語は説明が長くなってしまっています。それも井原の責任です。

私は入門書をいくつか書いていますが，ひとりで書くとカバーしきれないものが生じたり，自説が出てしまったりする弊害がある一方で，複数の教員で書くと，全体の統一感がとれないという問題があるように感じています。その点，今回のテキストは，同じ大学の同じ科目を担当する教員が，2年間にわたってほぼ毎月一回のペースで勉強会を開きながら執筆しましたので，かなりの調整ができていると思います。

それから，最後になりましたが，会計の分野では，同じ東洋学園大学の中井敏和教授の助けを借りました。専門的な見地から細かいアドバイスをいただき，大変感謝いたしております。また，ミネルヴァ書房編集部の浅井久仁人さんには，全体的なデザインや図表や辞書の表現で難しい注文を出しましたが，誠実に応えてくださり，感謝いたしております。有り難うございました。

本書が，はじめて経営学を学ぶ人にとって，少しでも役立つものであってほしいと，著者一同，願っております。

平成24年11月
著者代表　井原久光

本書の特徴

　本書の最大の特徴は，学びやすさを考えたことである。経営学をじっくり学んでみたいという場合には，最初から読み進んでもらえれば，自然に経営学の基礎が習得できようにストーリー的な流れを用意したし，学びたい分野や項目だけを自由にピックアップしても学べるように構成した。そのため，大きく分けて前半部の「キーコンセプト」と後半部の「経営キーワード集」に分かれている。前半は読み物として，後半は簡易辞典として使っていただいても結構である。

　第2の特徴は，経営学全般の各分野から，初学者にとって重要だと思われる概念や理論あるいは用語をできる限りまんべんなく取り上げるよう留意したことである。前半は88のキーコンセプト，後半は約920語のキーワードを抽出したが，ちょうど適切な分量だと思っている。厳選のポイントは，ベーシック（基本）とスタンダード（標準）である。つまり，定説（よく言われていること）をしっかりと伝え，流行や自説に走らないようにしたつもりである。

　第3のポイントは，見やすさと学ぶ面白さを追求した点である。前半は項目ごとに見開きで完結させ，学びのポイント，説明，図表の位置づけなどをフォーマット化して見やすくレイアウトした。後半も，図表を活用したり，矢印などの辞書的標記を工夫し，デザイン的な面からも検討を重ねた。具体的には以下のような特徴がある。

　前半の「キーコンセプト」に関して
- 「見開き2ページ」の構成で，分かりやすく読み進められるようにした
- 個別ジャンルとして，企業制度→経営戦略→マーケティング→組織→人的資源というように大きな枠組みでくくって，ストーリー的な流れを出した
- 最初に学ぶポイントを示し，2つか3つの項目に分けてコンパクトな説明をした
- 右側ページの上の同じ位置に図表を置いて見やすくした
- ページ内で説明しきれない用語を右下の最後にキーワードとして示し，後半の「経営キーワード集」で説明した
- 個別ジャンルの最後には，その領域をさらに専門的に学んでいけるように，専門書や原書の読書案を提示した
- 重要な概念や理論には英語表記を加えて，自主的な学習の参考にした

後半の「経営キーワード集」に関して
- 全キーワードの後の【　】内に英語表記を入れた
- 難しい表現や漢字を使わずにコンパクトな説明に徹した
- 限られたスペースであるが，思い切って図表を活用した
- 略語については，最後に別に整理して見やすくした
- キーワードを生み出した研究者名をできるだけ明示して，独学の参考にした

本書の使い方

●キーコンセプトのページ

各キーコンセプトのページは，見開きでいずれも次のようなページ構成になっている。

●ポイント

見開きページの左上，四角で囲まれている「ポイント」部分では，学習のポイントやこのページ内容の狙いを短くまとめた。初めて読む際の導入的な説明，あるいは，復習の際の参照説明になればと考えている。

●図表

見開きページの右上には，必ず図表を入れている。図表はできる限り，よく使われる図がある場合は，それを採用し，そうした定説的な図がない場合は，内容を一目で表せるような図表を作成している。図表を見ながら，視覚的にも理解を進めてほしい。

●キーワード・関連ワード

見開きページの右下には，本文中に出てきたキーワードや，それに関する関連ワード，あるいは本文中でやや難解であると思われる用語をのせている。ここにある単語は，本書の後半のキーワード集に載せてあるので，随時キーワードを参照して，理解

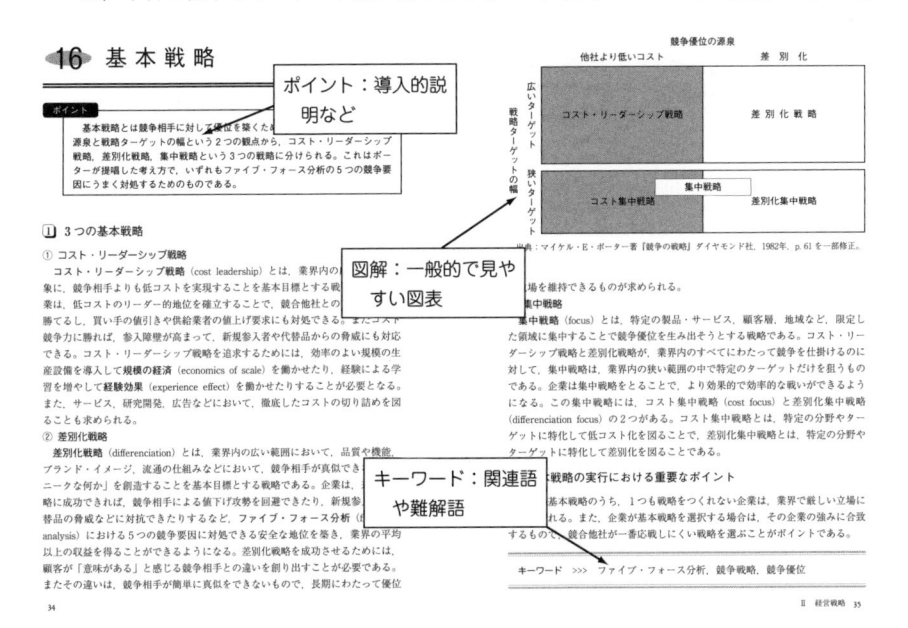

を深めていってほしい。

● キーワードのページ

重要な88のキーコンセプトを見開きで説明しているが，当然のことながら，それではカバーできなかった概念や理論もたくさんある。それをキーワード集として，本書の後半部に載せてある。

取り上げているキーワードは約920項目にのぼる。以下の例に示しているように，各キーワードの説明の最後には，88のキーコンセプトにおいて取り上げている項目や，関連するキーワードを記載している。是非，キーコンセプトとキーワードの間を行きつ戻りつしながら相互関連的に理解を深めてほしい。

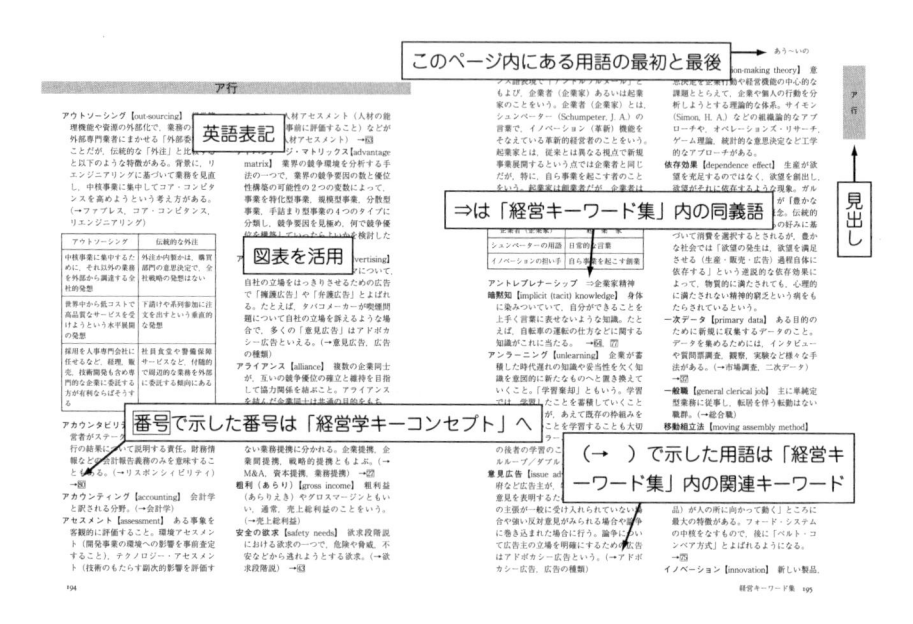

目 次

はじめに

I　経営学と企業制度

1　経営学の位置づけ　　2
2　経営学と経済学の違い　　4
3　企業活動の循環　　6
4　株式会社の仕組み　　8
5　所有と経営の分離　　10
6　ステークホルダー　　12

II　経営戦略

7　経営戦略とは　　16
8　経営管理論と経営戦略論　　18
9　経営理念と企業目標　　20
10　ヴィジョンとミッション　　22
11　企業戦略と事業戦略　　24
12　ドメインの定義　　26
13　PPM　　28
14　産業組織論とポーター理論　　30
15　ファイブ・フォース分析　　32
16　基本戦略　　34
17　バリュー・チェーン　　36
18　VRIO　　38
19　市場地位別の競争戦略　　40
20　製品・市場マトリクス　　42
21　SWOT分析　　44
22　経験曲線　　46
23　規模の経済　　48
24　範囲の経済　　50
25　ネットワーク外部性　　52
26　3つの経済性　　54
27　M&Aとアライアンス　　56

III　マーケティング

- 28　マーケティング・コンセプト　60
- 29　製品コンセプト　62
- 30　マーケティング・ミックス　64
- 31　STPマーケティング　66
- 32　プッシュ戦略とプル戦略　68
- 33　イノベーションの普及　70
- 34　イノベーター理論　72
- 35　プロダクト・ライフサイクル　74
- 36　AIDMAモデル　76
- 37　市場調査　78
- 38　ブランドの管理　80
- 39　サプライチェーン・マネジメント　82

IV　経営管理と組織

- 40　科学的管理法　86
- 41　管理過程　88
- 42　人間関係論　90
- 43　欲求段階説　92
- 44　動機づけ衛生理論　94
- 45　X理論とY理論　96
- 46　リーダーシップ　98
- 47　期待理論　100
- 48　グループ・ダイナミクス　102
- 49　組織構造　104
- 50　組織内の垂直的な関係　106
- 51　官僚制　108
- 52　連結ピン　110
- 53　職能制組織と事業部制組織　112
- 54　マトリクス組織　114
- 55　組織文化　116
- 56　コンティンジェンシー論　118

V 人的資源管理

- 57 雇用ポートフォリオ論 … 122
- 58 人事制度 … 124
- 59 人事評価制度 … 126
- 60 目標管理制度 … 128
- 61 賃金体系 … 130
- 62 報酬管理 … 132
- 63 昇進と昇格（職能資格制度）… 134
- 64 OJTとOff-JT … 136
- 65 キャリアの三次元モデル … 138
- 66 マネジメント・スキル … 140
- 67 日本的経営 … 142

VI 製品開発と生産管理

- 68 生産管理とオペレーション … 146
- 69 生産管理とQCD … 148
- 70 4Mと4PとQCD … 150
- 71 生産形態による分類 … 152
- 72 見込生産と受注生産 … 154
- 73 ライン生産とセル生産 … 156
- 74 オートメーション … 158
- 75 フォーディズムとフォード・システム … 160
- 76 デトロイト方式とトヨタ方式 … 162
- 77 SECIモデル … 164
- 78 イノベーションのジレンマ … 166
- 79 製品アーキテクチャ … 168

VII 会計学

- 80 企業会計 … 172
- 81 貸借対照表 … 174
- 82 損益計算書 … 176
- 83 キャッシュフロー計算書 … 178
- 84 財務分析 … 180

| 85 | 損益分岐点分析 | 182 |

VIII　企業倫理

86	企業の社会的責任	186
87	企業倫理の原則	188
88	企業不祥事	190

経営キーワード集

人名索引

《文献紹介》
　さらに，経営学の基礎や企業制度を学ぶためには？…14
　さらに，経営戦略を学ぶためには？…58
　さらに，マーケティングを学ぶためには？…84
　さらに，経営管理と組織を学ぶためには？…120
　さらに，人的資源管理を学ぶためには？…144
　さらに，製品開発と生産管理を学ぶためには？…170
　さらに，会計学を学ぶためには？…184
　さらに，企業倫理を学ぶためには？…192

I 経営学と企業制度

1 経営学の位置づけ
2 経営学と経済学の違い
3 企業活動の循環
4 株式会社の仕組み
5 所有と経営の分離
6 ステークホルダー

1 経営学の位置づけ

> **ポイント**
> 経営学の位置づけについて整理してみてみたい。

1 科学の分類

　科学は簡単には区分できないが，しばしば形式科学と経験科学に分類される。
　形式科学（formal sciences）とは，先天的な公理を対象にして経験や経験的概念によって束縛されない科学で，形式論理学や純粋数学が代表的である。
　経験科学（empirical sciences）とは，経験に基づいた経験的事実を対象にした科学で，形式科学に対して「実質科学」ともよばれる。経験科学はさらに，研究対象により「自然科学」「人文科学」「社会科学」に区分される。以下にその定義を簡単に紹介しておこう。これらの定義は簡略化したものでひとつの見方にすぎない。
　自然科学（natural sciences）とは，自然現象の法則を探求する科学で，物理学，化学，生物学などが代表的である。
　人文科学（humanities）とは，「天文」（天文学など）や「地文」（地質学など）に対する用語で，人間的自然や事象を対象とする科学である。歴史科学や精神科学という言葉もあるが，具体的には，哲学，歴史学，文学など人間精神によって生み出された歴史的な事象を対象にしている。実証主義的な研究成果のみを科学とする立場の人々は，この人文的諸学説を科学とせずに，経験科学は自然科学と社会科学のみから成るという二分法を支持する。
　社会科学（social sciences）とは，人間社会を研究対象とする経験科学で，具体的には，法学，政治学，経済学，社会学などが含まれている。ここでいう人間社会とは，近代化された産業社会を意味する。そもそも，社会科学は，絶対王政の成立以降，行政的ニーズに応えて，法律，政治に関する理論的体系化が進んで生まれたが，産業革命を経て，経済的現象を説明する経済学が登場した。経営学は，さらに遅れて，経済現象の主体である企業を分析する研究分野として確立した。つまり，経営学も，この社会科学の一つである。
　社会科学は，社会的秩序の法則を合理的に説明しようとする。たとえば，法学は法と正義，経済学は市場原理，経営学は組織原則，などを使って秩序の法則を解明しようとする傾向がある。

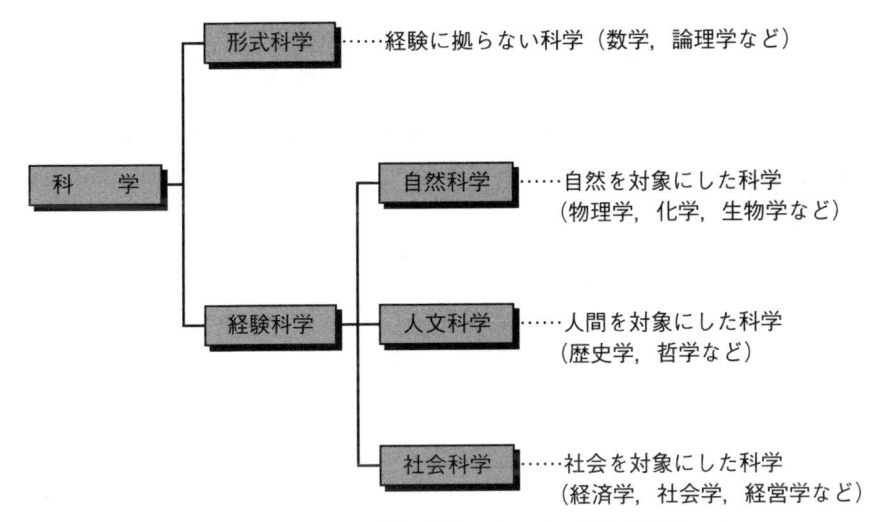

```
                ┌─ 形式科学 ……経験に拠らない科学(数学,論理学など)
                │
                │           ┌─ 自然科学 ……自然を対象にした科学
                │           │          (物理学,化学,生物学など)
  科  学 ──────┤           │
                │           │
                └─ 経験科学 ┼─ 人文科学 ……人間を対象にした科学
                            │          (歴史学,哲学など)
                            │
                            └─ 社会科学 ……社会を対象にした科学
                                       (経済学,社会学,経営学など)
```

出典:井原久光著『テキスト経営学 [第3版]』ミネルヴァ書房,2008年,p.9。

② 自然科学と社会科学

　社会科学も科学である以上,人間社会におきている現象を科学的に説明するために,自然科学のような法則や原理を見つけだして,人間行動や社会的現象を測定し計量化しようとする。ところが,社会科学は,自然科学に対して以下のような違いがある。

　第1は実験の難しさである。人間は物質ではないから,人間行動を物質の運動のようにとらえることができない。予測が対象(人間や集団)の行動を変えてしまう可能性があるし,その予測と結果が一回限りで終わってしまうことが多いので実験室のように繰り返し観察できない。

　第2は,主体(研究者)と客体(研究対象)を分離して観察することが難しいことである。物理学者は物質の外側にいて,物理現象を客観的に観察できるが,社会科学者は,社会の内にあって社会現象を観察しなければならない。

　このような問題はあるが,論理的整合性を志向していることや,経験的事実に基づいて妥当性を検証していることや,できるだけ広範囲な事象を普遍的に説明しようとしている点など,科学としての要件を備えている。

　キーワード　>>>　経験科学,形式科学,自然科学,社会科学

2 経営学と経済学の違い

> **ポイント**
> 企業観，人間観，関心の違いなどの視点から経営学と経済学を比較してみたい。

1 企業観（企業についての見方）の違い

　経済学（economics）は，経済現象における法則（市場原理）を解明しようという学問で，企業を，生産活動を通じて利潤を最大化しようとする経済単位とみなす傾向がある。経済学では，市場は，企業（生産者），家計（消費者），財政（政府）によって形成されると考えるため，企業は，市場を構成する経済単位の一つにすぎないとされる。つまり，経済学の主たる研究対象は市場であって，企業はそれを説明する手段であり，時には生産関数で表されるように，単位化（一体化）されることもある。

　経営学（management theory）は，企業行動の原理を解明する学問であり，企業を，市場で利益を上げながら存続しようと試行錯誤する組織と見る傾向がある。経営学の主たる研究対象は企業そのものであって，企業は最初から単位化（一体化）されたものではなく，統合しようと試みる対象である。

　経済学は，労働，資本，原材料などを生産要素とみて容易に生産力に結びつけるが，経営学では，それらを，ヒト（人的資源），モノ（物的資源），カネ（資金），チエ（情報資源）といった経営資源と見て，どう活用するかを問題にする。つまり，企業は，それぞれの資源の特徴を生かしながら統合し，複数の人々が共に働く持続的な協働体系に仕上げ，市場での戦いに勝ち抜いていかなければならない。

2 人間観（人間についての見方）の違い

　経済学と経営学には，研究の前提となる人間観に違いがある。経済学では「経済人」という合理的な人間を想定しているので，少しでも利益や効用が高まると，それを志向すると考えるが，経営学では，人間関係やモチベーションのような非経済的な動機も重要と考える。

　経済学は，結婚のような社会関係まで説明しようとするが，その場合も，人間

	経済学	経営学
	市場原理を説明する学問	組織運営の原理を研究する学問
企業観	統合された経済単位	統合しようとする組織
人間観	合理的な経済人	非合理的側面も重視
テーマ	富の公平な配分	組織の効率的運営

とは自分の生活を豊かにするために最適な選択をしようとする合理的存在であるという前提に立っており，経済人的な発想から出発している。

3 テーマや関心の違い

　経済学は，需給関係や景気変動など市場のメカニズムや市場原理を説明しようとするため，市場の機能や，市場から得られる富の公平な配分に関心がある。たとえば，円高の問題が起きれば，景気や雇用など日本経済への影響に関心が向く。

　経営学は企業の利益を上げたり競争に勝ち残ったりするために組織をどう運営したらよいかを考えるため，企業の効率的運営や競争優位の源泉に関心が集まる。たとえば，円高の問題では，為替リスクや生産拠点の移転など日本企業がどう対処すべきかに関心が向く。

　経済学と経営学では競争に対する見方も違う。経済学では，市場が機能するように参入障壁を取り払おうとするが，経営学では，参入障壁を作り出すことも諒とする。このことは「14　産業組織論とポーター理論」でも取り上げる。

　経済学と経営学では法則性に対する見方も違う。経済学は一般的な法則を求める傾向があるが，経営学では特殊な状況で通用する特殊解にも関心がある。したがって，経営学では，ケーススタディなど，異なる環境や条件のもとでベストとなる方法（特殊解）を模索する研究も盛んである。

キーワード　>>>　家計，財政，経営資源，経済人（管理人との対比表）

3 企業活動の循環

> **ポイント**
>
> 企業活動の目的は顧客が認める「価値」を創造することで,「利潤」はその対価として得るものである。企業はこの目的に向けて,得られた利潤を「再投資」する。それによって「経営資源を配分」し,「価値の創造」を実現するための「プロセス」を生み出していく。この循環を繰り返すことで企業は成長していく。

1 価値創造活動としての企業経営

　企業は成長したり存続したりするために「利潤（profit）」を追求しなければならないが,企業活動の本来の目的は利潤の追求それ自体ではなく,「価値（value）」を創造することである。「価値」とは,顧客（Customer）が「意味がある」と感じるものである。たとえば自動車メーカーは,自動車の製造と販売を通じて,安全で快適な移動手段を顧客に提供したり,デザイン性やブランド力によって自己を表現する欲求を満たしたりする,という価値を創造している。顧客は企業が提供する製品やサービスに「意味がある」と感じればそれに対価を支払い,企業はその結果として利潤を得ることができる。したがって企業は,常に「自社が顧客に対して提供する価値は何か」を意識して,企業活動を行う必要がある。

2 企業経営における循環活動

　企業が「価値」を創造するためには,価値を創造するためのプロセスを生み出さなければならない。この価値創造プロセスには,経営戦略の立案,経営組織の構築,リーダーシップの発揮,経営組織の運営・管理,等の活動が含まれる。企業は,このような価値創造に必要となるプロセスを効果的に生み出すことで,自社ならではの「価値」を生み出すことが必要となる。なぜなら,企業が創造して顧客に提供する価値が,他の企業も同じように提供できるものではあまり意味がなくなってしまうからである。

　そして,企業が価値創造プロセスを生み出していくためには,人,モノ,金,情報という「経営資源（managerial resources）」が必要となり,それらを効果的

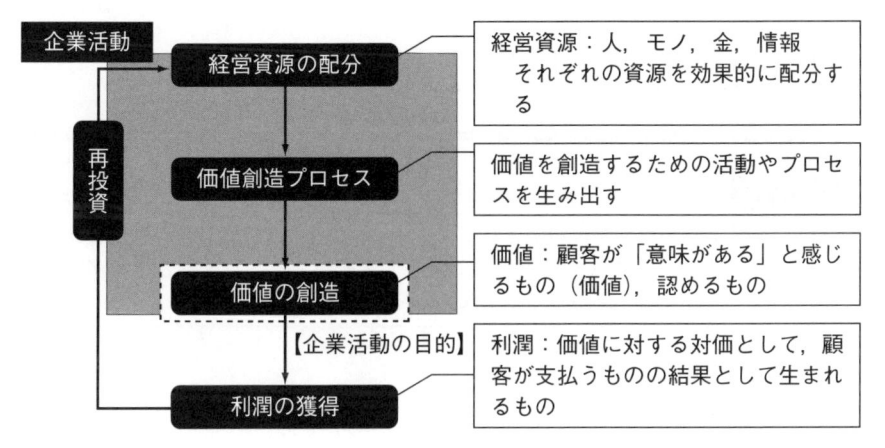

```
企業活動 → 経営資源の配分 ─── 経営資源：人，モノ，金，情報
   ↑↓                      それぞれの資源を効果的に配分する
  再投資
   ↑    価値創造プロセス ─── 価値を創造するための活動やプロセ
   │                         スを生み出す
   │
   │     価値の創造 ─────── 価値：顧客が「意味がある」と感じ
   │                         るもの（価値），認めるもの
   │        ↓【企業活動の目的】
   │                         利潤：価値に対する対価として，顧
   └── 利潤の獲得 ─────────  客が支払うものの結果として生まれ
                             るもの
```

出典：遠藤功著『企業経営入門』日本経済新聞社，2005年，p. 17 より作成。

に「配分」することが必要となる。企業がもっている経営資源には限りがあり，好きなだけ経営資源を企業活動に投入することは不可能である。ここで「効果的」としているのは，その限られた経営資源を満遍なくすべての各活動に配分していてはそれぞれが中途半端になるからである。価値創造プロセスを有効に生み出すには，重視するポイントに経営資源を集中して投入する必要がある。そのために，企業は「どの活動にどの経営資源をどれぐらい配分するのか」を，自社の強みや弱み，他社との競争環境の状況などを踏まえて決定することが必要となる。

最後に，企業が以上の価値を創造するための活動を実行するには，人を雇用して配置したり，工場，生産設備，資材などの物的資源を購入して投入したりするための資金を必要とする。このような企業活動を行っていくための資金源として活用されるのが「利潤」である。企業は価値創造活動を通じて得られた利潤を「再投資」し，それによってまた価値創造プロセスを生み出し，価値を生み出していく。このような循環を繰り返すことによって企業は成長し，社会や人々も豊かになっていく。

キーワード　>>>　経営資源，企業戦略

4 株式会社の仕組み

> **ポイント**
>
> 株式会社の代表的な機関として株主総会，取締役・取締役会，監査役がある。法人である株式会社の行為に対して意思決定を行う機関とその適正をチェックする機関であり，株主保護の機能を果たしている。

1 株主総会

株主総会（shareholders' meeting）とは，株主によって構成される株式会社における最高意思決定機関であり，①**定款**の変更，②合併・解散・営業権譲渡の議決，③取締役や監査役の選任及び解任，④決算や**配当**などの最重要議題を討議・決定する。毎年1回一定の時期に開かれる定時総会と，必要に応じて開かれる臨時総会があり，原則として取締役会の招集決定に従って代表取締役が招集する。株主総会における議決は，株主の議決権数による**資本多数決**に従って行われる。

2 取締役・取締役会

取締役会（board of directors）は，株主総会で選任された**取締役**（director, board member）によって構成され，業務執行に関する意思決定を行い会社の重要方針を決定する。取締役会で議決するものは，①**代表取締役**（president）の選任及び解任，②新株や**社債**の発行，③株式の分割，④株主総会の招集だが，その他にも事業計画や予算，重要な機構改革なども議論する。取締役の人数は，原則として1名以上であればよいが，取締役会設置会社においては3人以上でなければならない。

3 監査役・監査役会

監査役（auditor）は株主総会で選任され，株主に代わって，会社の帳簿書類の調査を行ない，取締役会が株主総会に提出する財務諸表を監査して株主総会にその結果を報告する。監査内容は，**会計監査**（accounting audit：財務諸表が会計上の正当な処理を経ているかどうかや，経営成績や財務内容を適正に示しているかを検討すること）と**業務監査**（operating audit：会計の背後にある，業務の進め方や組織のあり方などについても調査検討すること）に分かれる。

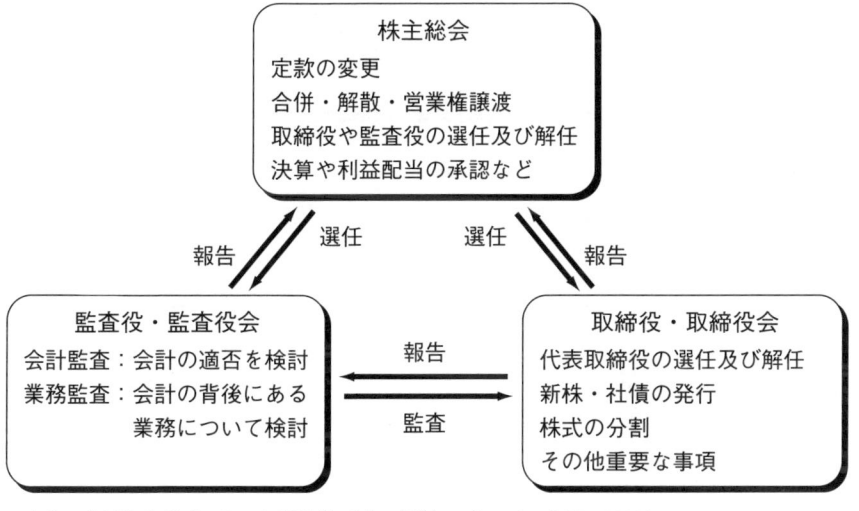

```
           株主総会
           定款の変更
           合併・解散・営業権譲渡
           取締役や監査役の選任及び解任
           決算や利益配当の承認など

      ↑報告  ↓選任    ↓選任  ↑報告

監査役・監査役会              取締役・取締役会
会計監査：会計の適否を検討   ←報告  代表取締役の選任及び解任
業務監査：会計の背後にある   →監査  新株・社債の発行
         業務について検討          株式の分割
                                   その他重要な事項
```

出典：井原久光著『テキスト経営学［第3版］』ミネルヴァ書房，2008年，p. 51。

4 日本企業における株主の無機能化

　株主総会，取締役・取締役会，監査役・監査役会の3つの機関は，出資者である株主を保護するためのしくみであるが，日本企業では必ずしもそれが機能していない。

　株主総会は，株主の議決権数による資本多数決つまり，1人1票ではなく，1株1票であり，大株主に有利な仕組みとなっている。そのため，株主総会に小口の株主（個人投資家）の出席者は少なく，会社提案の議案に対して活発な議論が行われることなく，決定されていくことも多い。つまり，企業の株主構成次第ということになる。取締役については内部昇進者を中心に選任され，個人投資家の提案によって社外の取締役を選任することは容易でない。また，大企業になると，取締役の人数も多く，「常務会」や「経営会議」などの名称で主要取締役による意思決定機関を設け，取締役会として機能していないこともある。監査役については経営者によって推薦された者が選任されることが多く，チェック機能が働いていないことも多い。

キーワード　>>>　定款，資本多数決，配当，社債

5 所有と経営の分離

> **ポイント**
>
> 所有と経営の分離とは，企業の発展に伴い，経営者層が自主的活動主体として生成していく過程を説明した概念である。バーリとミーンズの経営者支配論とバーナムの経営者革命論が代表的である。

1 経営支配の形態

株式会社では最高意思決定機関である株主総会において取締役を選任し，選任された取締役は経営者として会社の経営にあたる。つまり，株主総会こそが株式会社における最高意思決定機関であり，その構成員である株主（＝出資者）が株式会社の所有者である。

バーリ（Baerle, A. A.）とミーンズ（Means, G. C.）は，1929年にアメリカの代表的な株式会社200社を対象に調査し，筆頭株主（最大多数の株式を所有している大株主）の**持ち株比率**（shareholding ratio：発行済み株式に占める株式所有の割合）を基準に5つの経営支配の形態を考えた。

① 完全所有支配：筆頭株主が発行済株式の80％以上を保有し，「所有者＝経営者」として企業を支配している状態（私的所有）
② 過半数所有支配：筆頭株主が発行株式の50％以上80％未満の株式を保有し，過半数を保有し，実質的に筆頭株主が支配している状態（多数派支配）
③ 少数派支配：1人の筆頭株主が20％以上50％未満の株式を保有し，第2位以下の株主が相対的に少ない株式しかもっていないために，その企業を支配している状態（少数所有支配）
④ 法的手段による支配：持株会社による支配や無議決権株の利用により表面的には少数派とみられる株主が実質的に多数の株を支配している状態（法的支配）
⑤ 経営者支配：筆頭株主を含めてすべての株主（所有者）が経営参加による企業支配の意志がなく，株主の意向は経営に反映されない状態（経営者支配）

2 経営者支配論と経営者革命論

経営と所有の分離については2つの議論が代表的である。

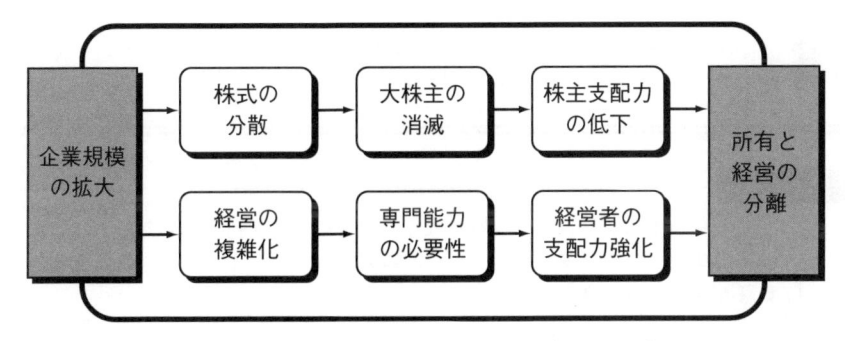

```
企業規模    →  株式の    →  大株主の   →  株主支配力  →  所有と
の拡大        分散         消滅         の低下        経営の
         ↘                                         ↗   分離
            経営の   →  専門能力  →  経営者の
            複雑化      の必要性    支配力強化
```

出典：井原久光『テキスト経営学［第3版］』ミネルヴァ書房, 2008年, p.56。

　一つは，バーリとミーンズが上記の調査結果から主張した**経営者支配論**である。企業の資本が大きくなるに従って，株式所有者が増大し，株式の分散が進む。その結果，大株主の株式保有比率は小さくなり，1人で企業を支配できるほどの大株主が消滅したとするものである。もう一つは，バーナム（Burnham, J.）の主張する**経営者革命論**である。バーナムは，企業規模の拡大は，経営環境の複雑化に対応する質的な変化を伴うことを主張した。そのためには，経営者としての特殊能力や専門的知識が必要であり，**専門経営者**（professional manager）が登場してくるとした。

3 所有と経営の分離によるメリットとデメリット

　所有と経営が分離することによって，広範な資金調達が可能になることや，多様な事業展開を効率的に進めるなどのメリットがある。また，株式会社の制度にみられるように，株主総会，取締役会，監査役の3つの機関が公正に機能することが期待される。一方で，経営者は株主の利益を重視した行動をとることになり，短期的な利潤を追求せざるをえず，長期性・継続性を追求したビジネスに取り組みにくいなどのデメリットもある。

キーワード　>>>　持ち株比率，経営者支配，専門経営者

I　経営学と企業制度

6 ステークホルダー

> **ポイント**
> ステークホルダーとは，企業を取り巻くさまざまな利害関係者のことである。近年は，このステークホルダーの範囲が広くとらえられ，企業の社会的責任が重視される傾向にある。

1 ステークホルダー

　企業が事業活動を行うためには，内外のさまざまな関係者の協力が不可欠である。企業と利害関係をもつさまざまな個人や法人，機関などを**ステークホルダー**（stakeholder）とよぶ。ステークホルダーは企業活動に大きな影響を与えるため，企業経営を行う上では，常にこうしたステークホルダーとの関係性を意識し，良好な関係を保つ必要がある。

　ステークホルダーには，さまざまな人々が含まれる。まず，企業活動を行う上での資金を提供してくれるのは，通常，株主・投資家や銀行などである。彼らに対しては，利益の還元や負債の返済とともに事業経過を報告するなどして，友好的な関係を維持しなければならない。こうした出資者・投資家に対する活動は**IR**（investor relations）**活動**とよばれる。

　次に，企業活動に実際に労働力を提供してくれるのは，従業員である。従業員や従業員で組織される労働組合も重要なステークホルダーであり，彼（女）らに対しても，適正な対価を支払うともに，「働きがい」の提供などを通して従業員満足を高めていくことが必要である。さらに，企業活動を行う上では，納入業者など取引先の企業とも協力しなければならないし，マスコミなどのジャーナリズムに対しても良好な関係を維持しなければならない。こうしたマスコミなどに対する活動は，**PR**（public relations）**活動**とよばれる。

　それ以外にも，企業は各種の法律などに規制されているため，事業を展開するために許認可を受けるなど制約を受けている。そのため，政府・行政機関や監視機関との関係も大切にしなければならない。また，消費者団体や市民グループなどとの関係にも配慮する必要があるし，工場進出や大規模店舗の出店などにあたっては地域住民や地域の商店街などとの関係を良好に保つ必要がある。

　このように企業は，多様なステークホルダーとの関係の中で企業活動を行って

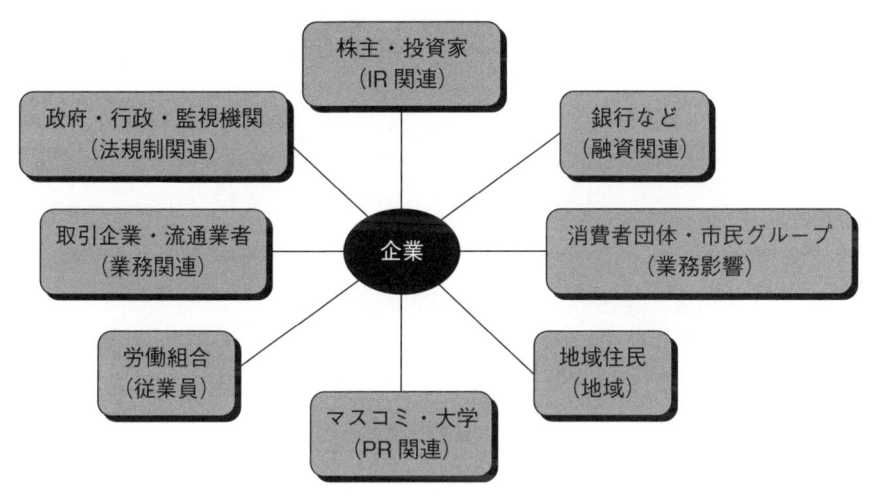

［図中］
株主・投資家（IR関連）
政府・行政・監視機関（法規制関連）
銀行など（融資関連）
取引企業・流通業者（業務関連）
企業
消費者団体・市民グループ（業務影響）
労働組合（従業員）
地域住民（地域）
マスコミ・大学（PR関連）

出典：井原久光『テキスト経営学［第3版］』ミネルヴァ書房，2008年，p. 22。

いる。それらステークホルダーとの関係を適切に維持することが，企業活動を続ける上では必要不可欠なのである。

2 CSR（企業の社会的責任）

近年ではステークホルダーの範囲をより広くとらえ，地域社会や国，自治体，さらには地球環境への影響なども含めて，より広範囲のステークホルダーの要求に応えることが求められるようになってきている。こうした企業の責任は，**CSR**（corporate social responsibility：企業の社会的責任）とよばれている。

このCSRとは，企業が利益を追求するだけではなく，社会の一員として社会へ与える影響に責任をもつべきであるという考え方である。具体的には，**法令遵守**（コンプライアンス：compliance）や，持続可能な社会を目指すための積極的な環境対策，地域コミュニティに対するさまざまな支援，障害者の雇用や貧困撲滅支援などといった社会的福祉などさまざまな活動が含まれる。

近年では，財務報告書とともにCSR報告書を発行する企業も増えてきている。また，そのようなCSR活動に応じて投資行動を行う投資家もみられるようになってきている。

キーワード　>>>　CSR，コンプライアンス，サステナビリティ，法人，機関

さらに，経営学の基礎や企業制度を学ぶためには?

1 教科書で学ぼう！

- 井原久光（著）『テキスト経営学［第3版］』ミネルヴァ書房，2008年
- 東北大学経営学グループ（著）『ケースに学ぶ経営学［新版］』有斐閣，2008年
- 遠藤ひとみ（著）『経営学を学ぶ』勁草書房，2011年

2 専門書や原典を読んでみよう！

- バーリ／ミーンズ（著），北島忠男（訳）『近代株式会社と私有財産』文雅堂書店，1958年
- 車戸實編『企業形態論』八千代出版，1991年
- ドラッカー（著），上田惇生（訳）『新訳　経営者の条件』ダイヤモンド社，2006年

Ⅱ 経営戦略

7	経営戦略とは	18	VRIO
8	経営管理論と経営戦略論	19	市場地位別の競争戦略
9	経営理念と企業目標	20	製品・市場マトリクス
10	ヴィジョンとミッション	21	SWOT分析
11	企業戦略と事業戦略	22	経験曲線
12	ドメインの定義	23	規模の経済
13	PPM	24	範囲の経済
14	産業組織論とポーター理論	25	ネットワーク外部性
15	ファイブ・フォース分析	26	3つの経済性
16	基本戦略	27	M&Aとアライアンス
17	バリュー・チェーン		

7 経営戦略とは

> **ポイント**
> ここでは戦略論に見られる一般的な特徴を整理してみたい。

1 環境適応と競争優位

　経営戦略論は，環境にどのように適応するかという課題をもっている。それは，変化する環境の中で，競争にいかに勝ち残るかという競争優位の議論につながる。

　環境適応と競争優位を得るために，何らかの構想や，将来の方向性をもつ必要がある。このため，戦略論では，経営理念，ミッション，ヴィジョン，ドメイン，企業目的などが議論される。

　しかし，目標や方向性が決まるだけでは環境適応も競争優位も実現しないので，手段を適切に選んだり，組織をうまく変えたり，道筋（シナリオ）を作らなければならない。企業戦略（全体）と事業戦略（部分）の関係が議論されたり，統合性やシナジー効果が注目されるのもこのためで，戦略は，単なる計画ではなく，実現性をともなった構想，意思決定，組織展開，パターンといえる。

2 適合概念と選択概念

　以上のような議論から，さまざまな**適合**（fit）概念が生じる。第1に，外部環境の変化に応じて内部資源をどのように選択し展開していくかという，組織の外部と内部の適合である。第2に，目標に対して手段をどう選択し展開していくかという適合である。第3に，過去から学んだことを未来へ投影する適合作業（学習能力）が含まれる。

　外部環境を見て目標を定めることは「何をすべきか（should）」という方向性を示し，内部資源を見て手段を定めることは「何ができるか（could）」という可能性を示している。これは should と could の適合と見ることもできる。

　戦略を実現するには，市場や資源をうまく選択して効果的に活用する必要がある。これは限られた資源や手段を，標的市場や事業／製品に集中するという考え方で，一般には「**選択と集中**」という言葉で要約される。このうち，最も有利な市場や事業領域や製品を選択してうまく位置取りを確保するというのが**ポジショニング・アプローチ**であり，最も有効な経営資源を選択し競争力の手段にするの

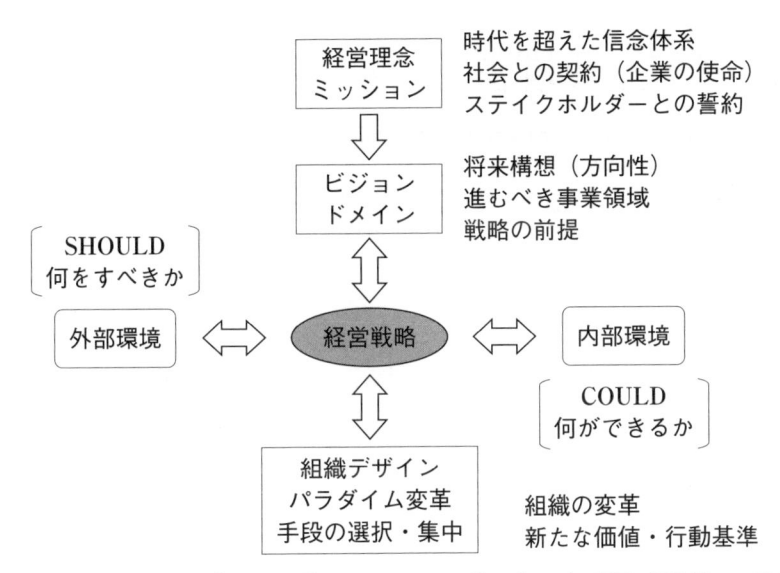

```
                経営理念        時代を超えた信念体系
                ミッション      社会との契約（企業の使命）
                    │          ステイクホルダーとの誓約
                    ↓
                ビジョン        将来構想（方向性）
                ドメイン        進むべき事業領域
                    ↕          戦略の前提
    ┌ SHOULD ┐
    └ 何をすべきか ┘
    外部環境  ⇔  経営戦略  ⇔  内部環境
                    ↕          ┌ COULD ┐
                                └ 何ができるか ┘
                組織デザイン
                パラダイム変革   組織の変革
                手段の選択・集中  新たな価値・行動基準
```

出典：井原久光著『ケースで学ぶマーケティング』ミネルヴァ書房，2001年，p. 117。

がリソース・ベースト・ビューである。このような選択（集中）概念は，適合概念の裏返しであり，両者は表裏一体といえる。

3 戦略と戦術

　戦略は，場当たりや思いつきの正反対に位置づけられるもので，戦略そのものに多様な手段や意思決定や企業活動をまとめる一貫性や全体性や統合性が求められる。統合力は組織内部を取りまとめるためだけでなく，顧客や社会に向けて一貫性のあるメッセージを発信し，シナジー効果を発揮する統合的な組織展開を図るためでもある。つまり，戦略とは，企業のアイデンティティ（自己同一性）を保つものである。

　この関連で，戦略と戦術の違いを述べると，**戦術**（tactics）が「短期的戦果を目的にした局地的技術」であるのに対して，**戦略**（strategy）は「長期的戦果を目的にした大局的な構想や道筋」である。時間的に「継続性」をもち，組織的に「全体性」をもつのが戦略である。

キーワード　>>>　ポジショニング・アプローチ，リソース・ベースト・ビュー，戦術

8 経営管理論と経営戦略論

ポイント
ここでは経営戦略論を，経営管理論と対比することで位置づけてみたい。

[1] 経営管理論と経営戦略論

経営学は，大別して経営管理論と経営戦略論に分けることができる。両者とも組織の長期的目標を達成しながら組織を存続に導くという点では共通しており，管理が戦略の前提になり，戦略が管理の前提になるという表裏一体の関係にある。

経営管理論（management theory）は，組織の統制によって企業の存続をはかるという課題をもっており，組織の内部をいかに統制する（まとめる）かを主たるテーマにしている。そのために，経営管理論は組織を構成している資源別に区分することも可能で，ヒト，モノ，カネ，チエ（ジョウホウ）といった経営資源によれば，人事管理論，生産管理論，財務管理論，情報管理論などに分類される。

経営戦略論（strategic management theory）は，長期的目標への道筋を示しながら組織を外部環境にうまく適応させるという課題をもっており，外部との競争に勝てる状況や，競争をしないで済む状態を作り出すことで企業を存続に導く。戦略論の分類は難しいが，ここでは，企業全体の戦略である企業戦略，事業レベルの戦略である事業戦略と，人事，生産，情報システムなど分野ごとに分けた機能別戦略をあげておきたい。

[2] 経営管理論の流れ

経営管理論は，テイラー（Taylor, F. W.）の科学的管理論やファヨール（Fayol, J. H.）の管理過程論に始まり，ホーソン実験における人間関係論，リーダーシップ論を含む行動科学，バーナード（Bernard, C. I.）のシステム的協働の理論，サイモン（Simon, H. A.）の意思決定論などに引き継がれて，1つの流れが，組織管理と環境条件との適合関係を考えるコンティンジェンシー理論に行き着いた。この理論は，環境条件に応じて管理方法を変えるべきという主張から始まったが，やがて組織そのものを変える組織学習やオートポイエーシス理論，組織に応じて環境を選択したり，環境に働きかける資源依存理論にも踏み込んでいった。こうして最近の管理論は，環境適応的な戦略論と一体となってきている。

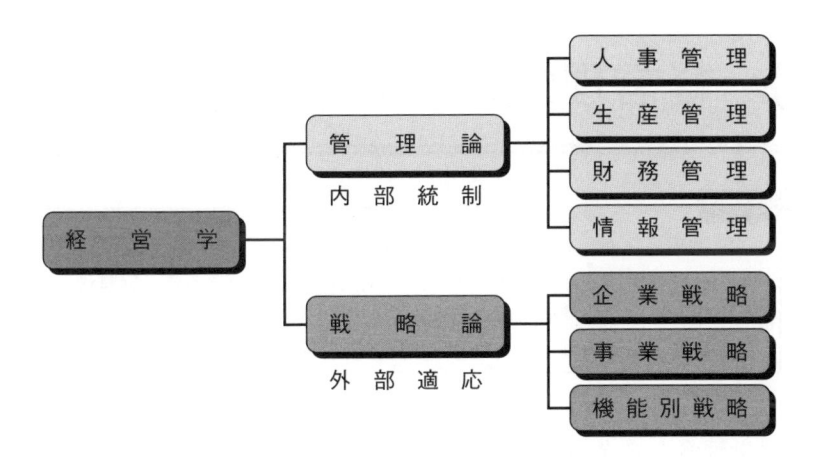

```
経営学 ─┬─ 管理論     ─┬─ 人事管理
        │  内部統制    ├─ 生産管理
        │              ├─ 財務管理
        │              └─ 情報管理
        │
        └─ 戦略論     ─┬─ 企業戦略
           外部適応    ├─ 事業戦略
                       └─ 機能別戦略
```

③ 経営戦略論の流れ

　経営戦略論は，経営管理論に比べて遅れて出発した。戦略論が後から生まれた第1の理由は，戦略が，諸機能の相互作用を調整するという複雑な課題を抱えていることにある。つまり，管理の諸理論が成熟してくることが，戦略論の進化に不可欠だったともいえる。第2の理由は，管理（内部統制）だけで競争優位を保つことができた歴史もある。

　ところが，1960年代になると，環境変化が激しくなり，異なる環境に出る国際化も始まって内部管理をうまくやっても外部環境の変化に対応できない状況が生まれた。その中で，チャンドラー（Chandler, Jr. A. D.）やアンゾフ（Ansoff, H. I.）の戦略論が登場した。

　その後，アンドリューズ（Andrews, K. R.）などハーバード学派の中で，1980年代に，競争戦略論として体系化したのがポーター（Porter, M. E.）である。彼の戦略論は，競争要因を分析し，競争上有利なポジショニング（位置づけ）を見つけることに主眼が置かれているため，ポジショニング・アプローチとよばれる。

　これに対して，バーニー（Barney, J. B.）など，競争優位の源泉を，企業の内部資源や組織能力に求めるというリソース・ベースト・ビュー（RBV：resource-based view）の立場もあれば，ミンツバーグ（Mintzberg, H.）のように，意図しないパターン（一貫した行動）として実現していく創発型の戦略論を展開する立場もある。

キーワード　>>>　経営資源，企業戦略，事業戦略

9 経営理念と企業目標

> **ポイント**
>
> 経営理念とは,「この企業はなぜ存在するのか,何のために存在するのか」という普遍的な価値観や考え方を明文化したものである。経営理念が,企業の普遍的な価値観や考え方を示すのに対して,企業目標とは,その経営理念を具現化する形で示された,その企業の具体的な目標である。

1 経営理念と企業目標の役割

　経営者は,企業の進むべき基本的な方向や,具体的に到達すべき目標を設定して,組織をある一定の方向に導いていくことが必要である。そのためには,企業におけるあらゆる活動の拠りどころとなる**経営理念**(managerial ideology)や,その経営理念に基づいて具体的なゴールを示した**企業目標**(business goal)を明確に設定することが求められる。

① 経営理念

　経営理念とは,「その企業が何のために存在するのか」を示す,企業におけるあらゆる活動の拠りどころや原点となるもので,時代を超えて普遍的に守られていくものである。その企業が「どのような価値を創出して社会に貢献するのか」という企業活動の目的に直結するものである。たとえば,1923年に設立された米国のウォルト・ディズニー・カンパニー(The Walt Disney Company)では,創業者であるウォルト・ディズニー(Disney, W.)が「われわれの想像力を活かして,人々を幸せにする」という経営理念を打ち出した。当時掲げられた経営理念は,現在でも同社が展開しているディズニーランドやアニメーション映画事業に具現化されている。また,日本のパナソニック(元松下電器産業)では,松下幸之助が「生産・販売活動を通じて社会生活の改善と向上を図り,世界文化の進展に寄与すること」を経営理念として掲げた。パナソニックでは,現在でもあらゆる事業活動がこの考えを基本として展開されている。企業において経営理念が重要なのは,従業員の考え方・行動・意思決定の指針となるとともに,掲げた経営理念に対して従業員の共感が得られれば,企業全体のあらゆる活動にとっての精神的支柱や活力となるためである。また,経営理念はその企業の存在理由を明示することで,企業独自の価値観や企業文化を形成するベースともなる。

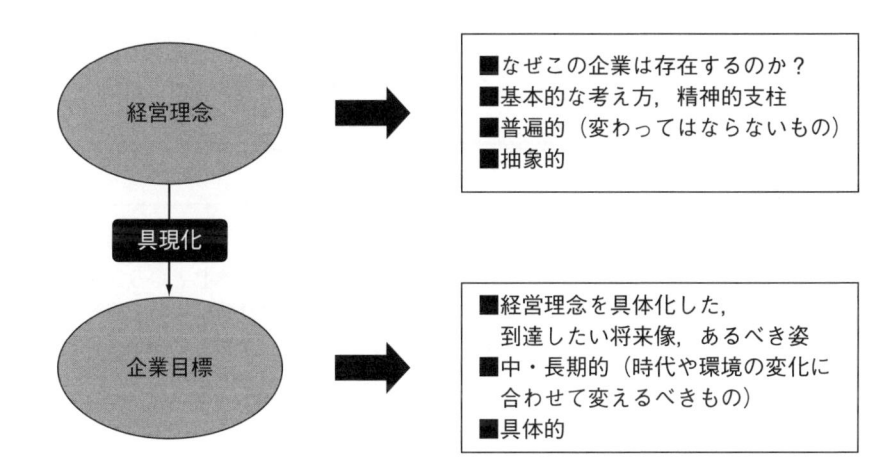

```
経営理念  ■なぜこの企業は存在するのか？
         ■基本的な考え方，精神的支柱
         ■普遍的（変わってはならないもの）
         ■抽象的

  ↓ 具現化

企業目標  ■経営理念を具体化した，
           到達したい将来像，あるべき姿
         ■中・長期的（時代や環境の変化に
           合わせて変えるべきもの）
         ■具体的
```

② 企業目標

　企業目標とは，企業の中・長期的なゴールを具体的な数字などに表して示したものである。たとえば，トヨタ自動車では，2002年に「グローバル15」という企業目標を掲げた。これは，全世界のシェア15％を握ることを目標とするものである。そして，販売台数として年900万台を目指すとし，その達成のために日本，北米，欧州以外での100万台の販売増を課題として明示した。このように数値化するなど，具体的な企業目標を示すことにより，企業の活動は１つの方向に導かれ，より大きな成果を生むことを目指すことが可能となる。

2　経営理念と企業目標を設定するうえでの留意点

　経営理念は普遍的なものであり，企業経営の最上位にくる概念として位置づけられる。この経営理念を掲げるうえでは，「普遍的で，未来に向けて発展性があるか」という将来発展性，「現実に則していて，身の丈に合った内容となっているか」という実現性，「実行する人間が理解し，共感し，納得できる内容となっているか」という納得性の３つのポイントに留意することが重要である。

　一方，経営理念をもとに，自社が目指すべき具体的なゴールを表したものが企業目標である。企業目標を掲げるうえでは，その内容が経営理念を具現化したものであることが求められる。そして，これらが一貫した関係となってはじめて，企業経営において意味をもつようになる。

キーワード　>>>　ミッション，ヴィジョン，企業戦略

10 ヴィジョンとミッション

> **ポイント**
>
> ヴィジョンとは「自社はこうなりたい」という企業が描いて掲げる将来の構想や姿であり，ミッションとは「その企業はこうあるべき」という企業が社会の中で果たすべき使命や誓約である。これらが企業経営において意味をもつためには，企業が掲げるヴィジョンがミッションと合致している必要がある。

1 ヴィジョンとミッションとは

ヴィジョン（vision）とは「自分たちは将来こうなりたい，こうなっていたい」という，企業が描き，掲げる将来の具体的な構想である。それは，企業の立場から「どのような企業になることを目指すのか」「どのような企業になりたいのか」という具体的な企業像を明言したものといえる。

この目指すべき将来の具体的な企業像であるヴィジョンが企業の内外に示されることで，企業はさまざまなメリットを得ることができる。たとえば，具体的な目指すべき方向性が企業内部の従業員に共有されれば，従業員たちは目標に向けて一貫した意思決定や行動をとることができるようになり，従業員を1つの方向に導き，組織全体としてのまとまりや勢いを生み出すことが可能となる。また，顧客，株主，取引企業，地域など，企業外部の**ステークホルダー**（stakeholder）に対してもヴィジョンが明示されることで，彼（女）らから理解や協力を得られるようにもなる。

ミッション（mission）とは，社会の中で「企業はこうあるべき」という，企業が社会の中で果たすべき社会的な使命や誓約である。ヴィジョンが企業側からみた到達したい将来像であるのに対して，ミッションは顧客や社会側からみたあるべき企業像といえる。企業は外的にみれば社会的存在である。つまり，企業は利益を追求する合理的主体ではあるが，一方的に自分の利益だけを追求することはできず，顧客，取引企業，金融機関，株主，政府・行政機関，地域など，社会と良好な関係も作っていかなければならない。そのため，企業は社会を構成する一員として「社会の中でどうあるべきか，何を果たすべきか」という社会的使命や誓約であるミッションを考慮に入れなければならない。

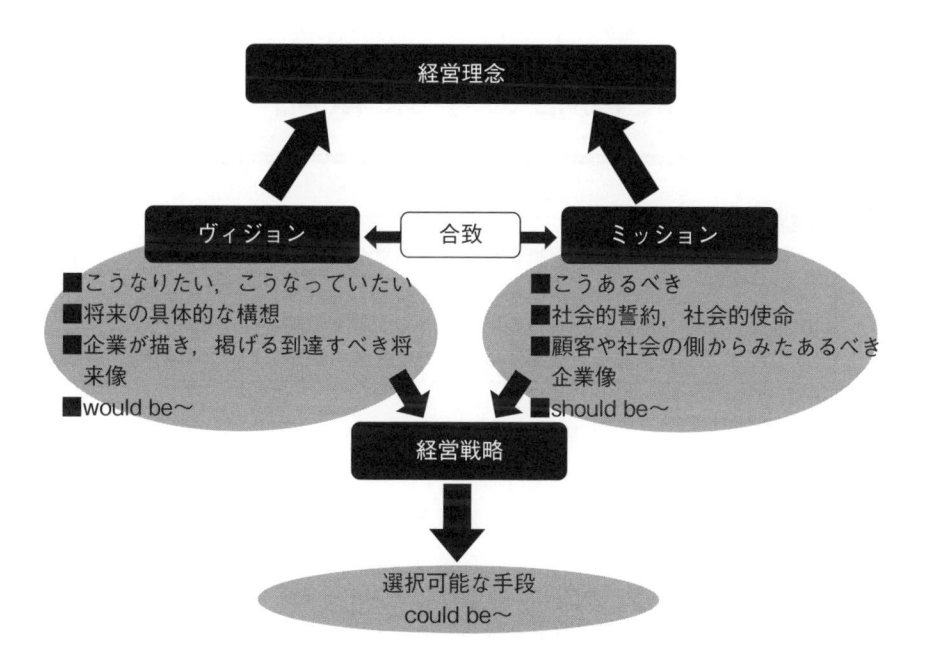

```
          経営理念
            ↑
            │
   ヴィジョン ←合致→ ミッション
  ■こうなりたい，こうなっていたい    ■こうあるべき
  ■将来の具体的な構想              ■社会的誓約，社会的使命
  ■企業が描き，掲げる到達すべき将    ■顧客や社会の側からみたあるべき
    来像                              企業像
  ■would be～                      ■should be～
            ↓        ↓
            経営戦略
              ↓
         選択可能な手段
         could be～
```

2 ヴィジョン，ミッション，経営理念，経営戦略の関係

　ここで重要なのは，ヴィジョンはミッションとの関係の中で構想される必要があるということである。ヴィジョンはあくまで企業が自分で構想した将来像であるため，単に自分たちが到達したい将来の構想を描くだけでは独りよがりになってしまう危険がある。したがって企業は，自社が描いたヴィジョンの内容が，社会的な使命や誓約であるミッションと合致しているかを常にチェックし，合致するよう構想し直していく必要がある。そして**経営戦略**（business strategy）とは，こうしたヴィジョン（would be）やミッション（should be）を選択可能な手段（could be）と結び付けて実現していくプロセスである。また，**経営理念**（manegerial ideology）との関係で考えた場合，ヴィジョンとミッションは，企業の普遍的な価値観や考え方を明示した経営理念を支えるものとして位置づけられる。ヴィジョン，ミッション，経営理念，経営戦略が企業経営において意味をもつためには，これらすべてがバラバラではなく一貫・整合した関係となっていることが不可欠である。

　キーワード　>>>　経営理念，企業目標，企業戦略

11 企業戦略と事業戦略

> **ポイント**
>
> 経営戦略は，企業戦略と事業戦略の2つに分けて考えることができる。企業戦略とは，企業全体の視点から事業の組み合わせや各事業への経営資源の配分を考える「成長」のための戦略である。事業戦略とは，個々の事業単位でどのように競争優位を構築するのかを考える「競争」のための戦略である。

1 戦略の2つの階層

　経営戦略には，大きく分けて**企業戦略**（corporate strategy）と**事業戦略**（divisional strategy）の2つの階層がある。複数の事業を展開する多角化企業や子会社を複数抱える企業，海外に事業会社を展開する企業などは，個々の事業についての個別の事業戦略と，企業全体としての方向性やバランスを考える企業戦略の両方が必要となる。

　企業戦略ではまず，その企業がどのような領域で事業を行うのかを明らかにする（**ドメイン**（domain）**の定義**）。これは自社が持続的に成長したり優位性を構築したりするために，どの領域で戦い，どの領域では戦わないのかを決めることである。またその中では，他社が容易に真似のできない技術，製品，販売の仕組み，組織能力など，何を自社の中核的な強み（**コア・コンピタンス**（core competence））とするのかも明らかにしなければならない。さらに，複数の事業を展開していく中で，どのような事業の組み合わせ（**ポートフォリオ**（portfolio））をもち，各事業にどのように経営資源を配分するのかを決定することも必要となる。なぜなら，企業が抱える経営資源には限りがあり，すべての事業に満遍なく経営資源を配分するわけにはいかないからである。ここでは，全社的な視点から各事業の評価をするとともに事業間の調整を行い，資源配分の優先順位を決定することが求められる。

　一方，事業戦略では，個々の事業における競争に勝つために，差別化を図ったり，競争相手よりも優位な地位を築くための決定を行ったりする。事業戦略では，具体的な個々の事業を扱う。そのため，事業そのものの特性を把握したり，事業のライフサイクル（life cycle）がどのような段階にあるのかなどを分析したりすることが必要となる。また，競合他社との競争関係などの外部環境の分析や，自

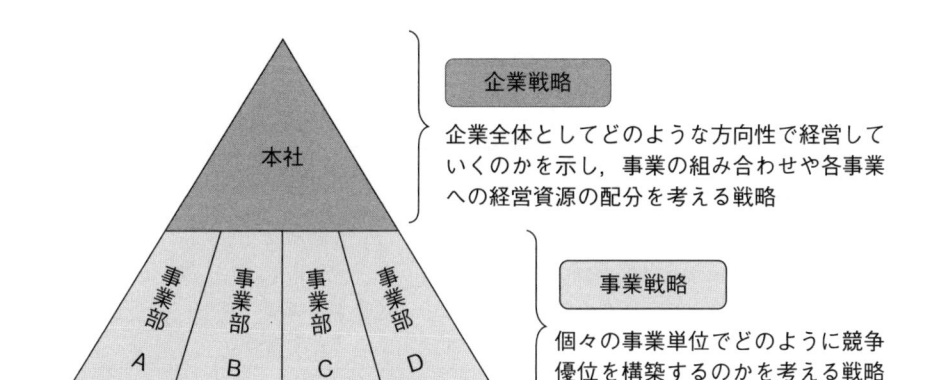

```
        ┌─ 企業戦略
本社    │  企業全体としてどのような方向性で経営して
        │  いくのかを示し，事業の組み合わせや各事業
        └─ への経営資源の配分を考える戦略

事業部A  事業部B  事業部C  事業部D
        ┌─ 事業戦略
        │  個々の事業単位でどのように競争
        └─ 優位を構築するのかを考える戦略
```

社の有する経営資源や組織能力などの内部環境を分析することも必要となる。そのうえで，より具体的な事業の目標やプランを策定することが求められる。このように事業戦略では，個々の事業単位での競争優位の創出を目指す。

② 戦略策定におけるポイント

企業戦略と事業戦略では，それぞれの役割，視点，検討される内容は大きく異なるが，両方の戦略が車の両輪のようにうまく連動するようバランスよく組み立てることが重要である。また，企業戦略と事業戦略が同じ方向を向いており，双方の間に整合性が保たれているとともに，それぞれの戦略と組織・経営資源・オペレーションが連携し，首尾一貫していることも重要である。

なお，基本的には，グループ全体や全事業を対象とする企業戦略は経営トップが担う一方で，個々の事業戦略は，それぞれの事業責任者（事業部長など）が担うこととなる。

キーワード　>>>　ドメイン，コア・コンピタンス，ポートフォリオ

12 ドメインの定義

> **ポイント**
>
> ドメインとは，活動領域や事業領域とよばれるもので，それは「企業が対象とする事業の活動の範囲ないしは領域」のことを指す。したがって，ドメインの定義とは，その企業が存在あるいは活動する領域，すなわち「その企業が何を行い，何を行わないのか」を決定することである。

1 ドメインを定義する考え方と方法

　経営者は，「我が社はどのような企業であるのか。どのような企業になろうとしているのか，そのためにどのような事業を行うべきか」という問いにはっきりと答えなければならない。そして，このような問いに対する答えの中から，ドメイン（domain）が決定される。

① 物理的定義と機能的定義

　ドメインの定義には，「物理的定義」と「機能的定義」という2つの考え方がある。物理的定義とは，製品やサービスそのものによって定義することである。機能的定義とは，その製品やサービスがどのような価値や便益を提供するのかという観点から定義することである。20世紀前半に富と栄華を誇ったアメリカの鉄道会社が，人の移動や物の輸送の需要が急成長を続ける中で衰退していった原因は，ドメインの定義にあると指摘されている。当時のアメリカの鉄道会社は，自らのドメインを「鉄道会社」と物理的に定義した。しかしながら，輸送手段には鉄道のほかにも，自動車，バス，トラック，飛行機などもある。仮にアメリカの鉄道会社が，自らのドメインを「輸送サービスの提供」と機能的に定義すれば，さまざまな輸送手段への対抗策や異なった事業展開の可能性が開けたかもしれない。このように，物理的定義は，空間的にも時間的にも限定的で，長期的な発展には望ましくないといえる。

② ドメインを定義する3つの次元

　デレック・F・エーベル（Abell, D. F.）は，(1)どのような顧客層に対して（who），(2)どのような顧客機能（価値）を（what），(3)どのような技術（手段）を用いて提供するか（how），という3つの次元からドメインを定義できると提起した。企業がこの3つの次元に基づいてドメインを定義する際に重要なのは，各次元の

顧客機能（what）

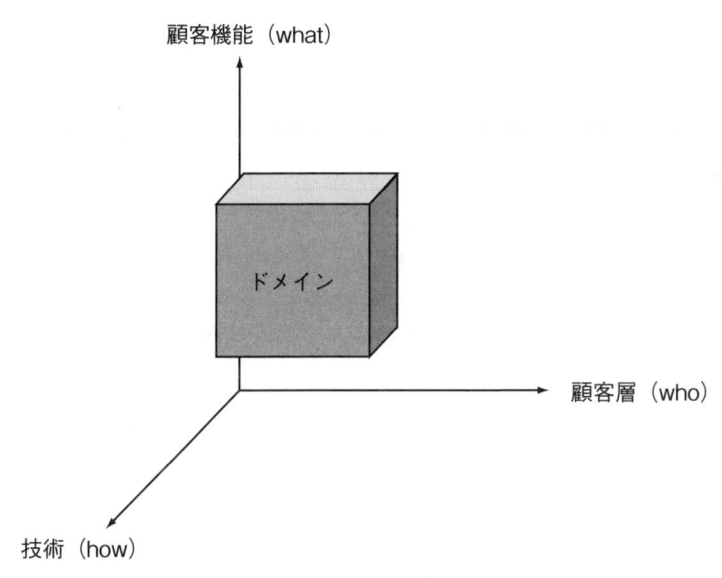

ドメイン

顧客層（who）

技術（how）

出典：デレック・F・エーベル著『事業の定義』千倉書房，1984年，p.37 より作成。

間の関連性とドメイン自体の広がりを検討することである。なぜなら，3つの次元がお互いにマッチしていない領域は，事業として成り立ちにくくなるからである。また，お互いにマッチしていたとしても，事業としての広がりに乏しければ成長は期待できない。

2 ドメインの定義の意義と重要性

　ドメインの定義の仕方は，企業活動に重要な影響を及ぼす。例えば，石油を供給する企業が，自社事業を「石油供給事業」と定義するか，「エネルギー供給事業」と定義するかでは，事業の幅や継続性，発展可能性，競合会社，市場機会の認識，原料に対する備え方などがまったく違ってくる。「エネルギー供給」と定義すれば，仮に地球上の石油がすべて使い果たされたとしても，他のエネルギーによって代替が可能であるため事業を継続できる。また，競合企業は同じ石油供給企業だけでなく，火力，風力，原子力，水力など，さまざまなエネルギーを供給する企業となり，参入する市場や競合企業への対抗策も変わってくる。

キーワード　>>>　企業戦略，マーケティング近視眼

13 PPM

> **ポイント**
>
> プロダクト・ポートフォリオ・マネジメント（PPM）とは，ボストン・コンサルティング・グループが考案した分析ツールで，複数の事業を営む企業が限られた経営資源を最適に配分するために，各事業を評価し，資金を生み出す事業と投資が必要な事業を区分したうえで，企業戦略を明らかにしようとする考え方である。

1 PPMの考え方

　企業は**企業戦略**（corporate strategy）を構想するにあたり，各事業の状況を評価し，限られた経営資源を事業ごとにどの程度配分したらよいのかを戦略的に判断する必要がある。なぜなら，企業が所有する経営資源には限りがあり，各事業に満遍なく経営資源を配分していては，個別事業で他社に対して高い優位性を築き，企業全体として成長していくことが困難になるからである。各事業の評価・分析や経営資源の最適な配分を決定するための手法としてボストン・コンサルティング・グループ（BCG：The Boston Consulting Group）が開発したものが，**プロダクト・ポートフォリオ・マネジメント**（PPM：Product Portfolio Management）である。

　PPMでは，市場成長率が高いか低いか（資金の流出が大きいか小さいか），相対的マーケットシェアが高いか低いか（資金の流入が大きいか小さいか）という2つの軸によって，以下の4つに事業が分類され，それぞれの分類ごとに戦略や経営資源配分の考え方が異なってくる。

　花形事業（stars）は，相対的マーケットシェアが高く資金流入が大きいが，市場成長率が高く資金流出も大きい。この事業は，マーケットシェアが高く競争力があり利益は出るが，成長期にあるため設備などの投資を必要とする。そのため，集中的に経営資源を投入することで，マーケットシェアを維持しながら，将来資金を生み出す金のなる木に育てる必要がある。

　金のなる木（cash cow）は，相対的マーケットシェアが高く資金流入が大きいうえに，市場成長率は低く資金流出は少ない。そのため，この事業からは潤沢な資金を得ることが期待できる。したがって，この事業で得られた資金は，新規事

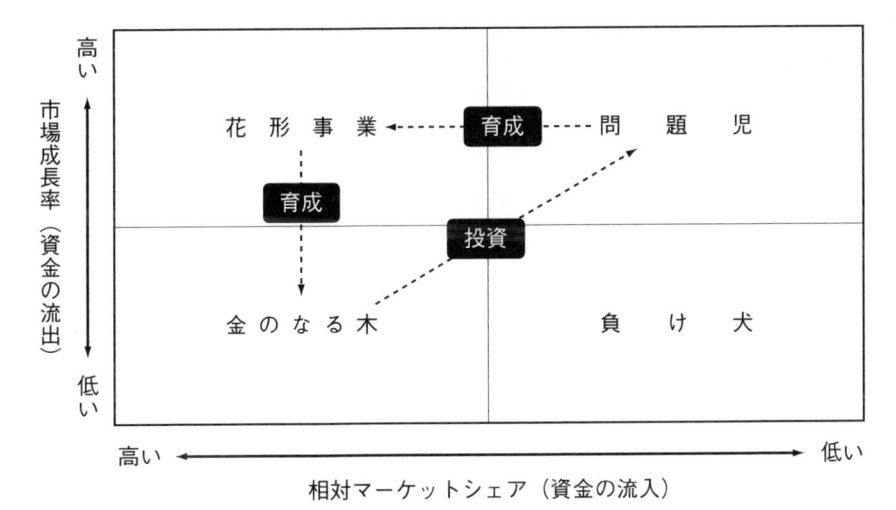

```
          高い
           ↑
市         ┌─────────────────────────────────────┐
場         │                                     │
成         │   花 形 事 業  ←---  育成  --- 問 題 児  │
長         │                                     │
率         │         育成                        │
（         │          ↓      投資                │
資         ├─────────────────────────────────────┤
金         │                 ↗                   │
の         │              ↗                      │
流         │   金 の な る 木      負 け 犬         │
出         │                                     │
）         │                                     │
           └─────────────────────────────────────┘
          低い
           高い ←──────────────────────────→ 低い
              相対マーケットシェア（資金の流入）
```

業や問題児の資金源として活用していくことが有効となる。

問題児（problem child, question mark）は，相対的マーケットシェアが低く資金流入は小さいが，市場成長率が高く資金流出が大きくなる。この事業の成長性は期待できるが，設備投資等の多額の投資を必要とする。したがって，この事業を将来のために育成する事業ととらえる場合は，一気に投資を行って相対的マーケットシェアを高めて花形事業へと育てることが有効である。一方，財務状況やシェア挽回の見込みによっては，思い切って撤退する判断も有り得る。

負け犬（dogs）は，相対的マーケットシェアも市場成長率も低いため，事業として成功する見込みが低い。この事業は，もはや高い収益も期待できないため，潔く撤退すべきと判断される。

2 PPM の活用による各事業のマネジメント

PPM の目的は，各事業間のバランスをみて，企業戦略の観点から最適な資源配分を検討することである。PPM では，金のなる木から得られた資金を問題児に投入することで，その問題児のシェアを高めて花形事業に育てる。さらに，その花形事業のシェアを維持しながら，将来潤沢な資金を生み出す金のなる木へと育てあげていく，という一連のステップをふむことが理想とされる。

キーワード　>>>　企業戦略，経営資源，ポートフォリオ

14 産業組織論とポーター理論

> **ポイント**
> 経営学と経済学の違いについて，産業組織論の立場とポーターの理論を比較して検討してみたい。

1 産業組織論

産業組織論（theory of industrial organization）は，企業や産業を研究分野とするミクロ経済学の1分野で，反独占政策の理論的基礎としてアメリカで成立した。特に有名な古典理論に，産業の組織構造から経済性を考える SCP モデルがある。

このモデルは，売り手や買い手の数，製品の差異化の程度，参入障壁の高さなどのS（Structure：市場構造）が，価格や生産量あるいは設備投資などのC（Conduct：企業行動）を決定づけ，それが効率や操業度や利益といったP（Performance：市場成果）に結びつくという立場をとっている。それぞれの主な構成要素は以下のようなものである。

- S（市場構造）の要素：売り手と買い手の数，製品の差異化の程度，参入障壁の高さ，コスト構造，垂直統合の度合い，多角化の度合いなど
- C（企業行動）の要素：価格政策，製品，流通，広告などの違い，生産量や設備投資の度合い，法的戦術など
- P（市場成果）の要素：生産・配分効率の度合い，技術進歩，雇用水準，利益や資産の増大

このモデルは，完全競争が市場構造として最も効率的で理想であるという経済学的な立場をとっており，たとえば，①市場シェアが高まったり，②製品の差異化が進んだり，③特定市場への集中により参入障壁が高くなると，独占的構造になって，競争が阻害されるという「市場構造→企業行動」の考え方に立っている。

2 ポーター理論

これに対して，ポーター（Porter, M. E.）は，競争的な脅威を寄せつけないところに企業を置くポジショニング・アプローチをとっており，意図的に，①市場

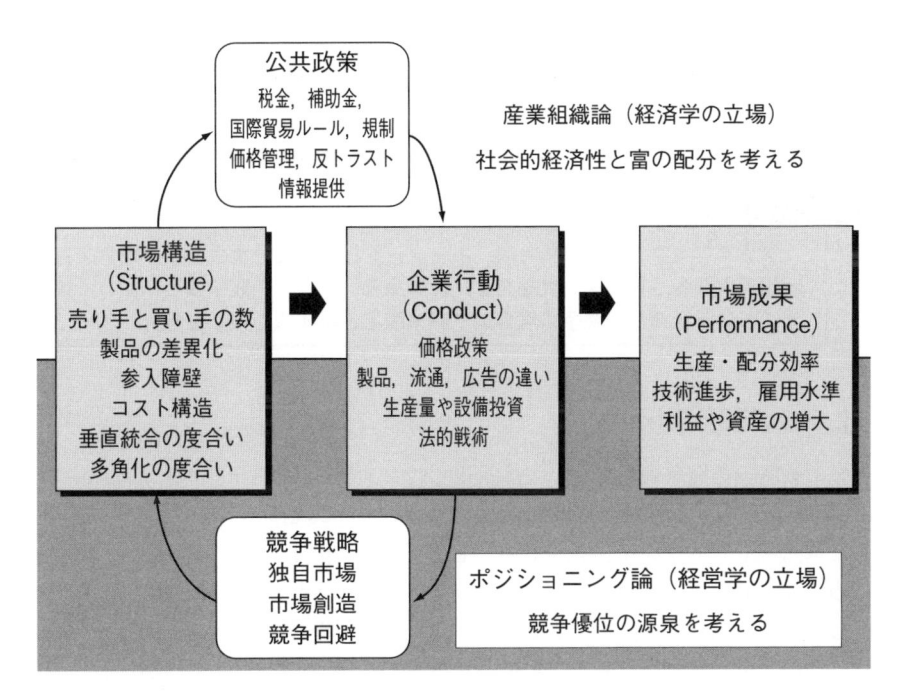

```
                    公共政策
                 税金, 補助金,
                 国際貿易ルール, 規制    産業組織論（経済学の立場）
                 価格管理, 反トラスト
                 情報提供             社会的経済性と富の配分を考える

    市場構造              企業行動              市場成果
   (Structure)           (Conduct)          (Performance)
  売り手と買い手の数    →    価格政策       →    生産・配分効率
   製品の差異化          製品, 流通, 広告の違い     技術進歩, 雇用水準
    参入障壁            生産量や設備投資         利益や資産の増大
    コスト構造              法的戦術
  垂直統合の度合い
   多角化の度合い

                    競争戦略
                     独自市場       ポジショニング論（経営学の立場）
                     市場創造
                     競争回避       競争優位の源泉を考える
```

シェアを高めたり，②製品を差異化したり，③独自の市場（たとえばニッチ市場）に集中したりして，自ら参入障壁を高めて自社に有利な状態を作ることが競争戦略であると考え，これらを，それぞれ，①コスト・リーダーシップ戦略，②差異化戦略，③集中戦略と呼んだ。

つまり，ポーター理論は「企業行動→市場構造」という発想に立っており，市場構造が企業行動を決定するという産業組織論とは正反対の立場をとっている。

このことについて，経済学的な考え方に慣れた人は，こうした競争制限的な企業行動が社会的な富の公正な配分に反していると考えるかもしれない。ところが，経営学では必ずしもそう考えない。むしろ，こうした企業行動こそが，競争を促しているのであり，市場を創造し富を創り出していると考える。

経済学は，需要と供給が成り立ち，価格が決定されるところを市場と考えているから，どうしても，複数の企業があり多数の消費者がいるような市場を想定してしまうが，経営学は，市場のないところこそ市場になると考え，競争しないで済むことが最も競争優位であるという発想をもっている。

キーワード >>> ポジショニング・アプローチ，経営学，経済学

15 ファイブ・フォース分析

> **ポイント**
>
> ファイブ・フォース分析とは，ポーターが提唱した分析手法で，競争業者，新規参入業者，買い手，供給業者，代替品という5つの競争要因に従い，業界における企業間の競争の度合いや魅力度を分析するものである。

1 5つの競争要因

　経営戦略論を競争戦略論として体系化したマイケル・E・ポーター（Porter, M. E.）は，企業の競争環境を**産業組織論**（theory of industrial organization）を利用して構造化した。そして，競争戦略の目標を，「競争的な脅威を寄せつけないところに身をおくこと」だと考えた。その身をおくべきところを探し出したり，分析したりするための手法が，**ファイブ・フォース分析**（five forces analysis）である。この分析では，競争業者，新規参入業者，買い手，供給業者，代替品という5つの競争要因に従い，業界の構造や魅力度（収益力）を分析する。

① **競争業者：同じ業界内の競争関係から生じる脅威**

　業界内の企業間の競争の激しさは，競争企業の数・規模・力関係，産業の成長性，退出障壁の高さなどから影響を受ける。たとえば，小規模の市場に多数の競争企業がいたり，競争企業間の規模や力が対等の場合は，業界内の競争が激しくなる。一方，規模が大きく成長が見込める業界では，比較的競争は緩和される。

② **新規参入業者：新たに業界に参入する業者がもたらす脅威**

　参入をもくろむ企業が，業界内の企業を上回る資金力や技術力をもつ場合には脅威となる。一方，業界の寡占度や法規制など参入を阻止する高い障壁がある場合や，参入をもくろむ企業が既存企業からの激しい反撃を予想する場合，参入をもくろむ企業は新規参入の脅威とはならない。

③ **買い手：自社製品を購入する顧客がもたらす脅威**

　自社製品を購入する顧客である買い手は，値下げやより高品質の製品・サービスの提供を要求したり，業界内の企業同士を競争させたりすることによって，強力な交渉力をもつ。たとえば，顧客の購入量が大量の場合や，顧客が購入する製品・サービスが差別化されたものではない場合は，顧客が強力な交渉力をもつ。

④ **供給業者：売り手がもたらす脅威**

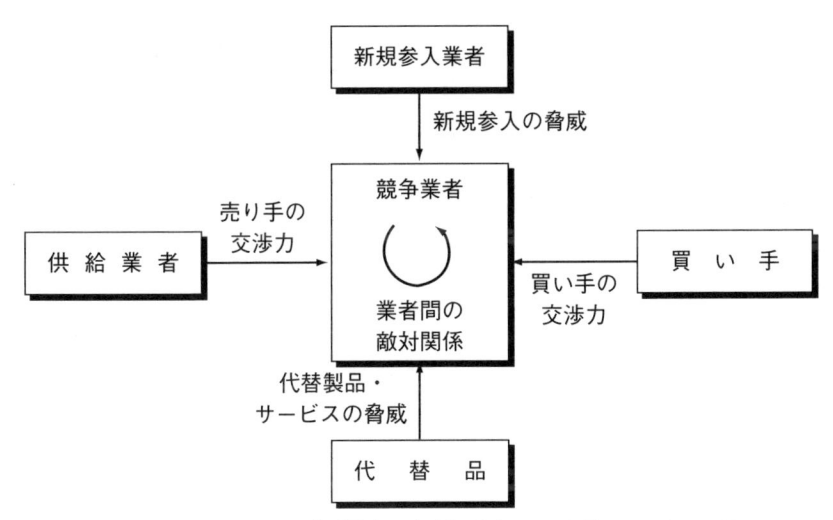

```
           ┌─────────────┐
           │ 新規参入業者 │
           └──────┬──────┘
                  │ 新規参入の脅威
                  ▼
┌────────┐ 売り手の ┌─────────┐ 買い手の ┌──────┐
│供給業者 │─交渉力─▶│競争業者 │◀─交渉力─│買い手│
└────────┘         │業者間の │         └──────┘
                   │敵対関係 │
                   └────▲────┘
                   代替製品・
                   サービスの脅威
                   ┌────┴────┐
                   │ 代 替 品 │
                   └─────────┘
```

出典：マイケル・E・ポーター著『競争の戦略』ダイヤモンド社，1982年，p. 18。

供給業者は，供給する製品やサービスの価格を引き上げたり，たとえ価格が同じでもその品質を下げたりすることによって，その業界の企業に対し交渉力を行使することができる。たとえば，原材料の供給業者が数少ない場合や，供給業者が供給する製品が独創的で差別化されている場合などは，供給業者が強力な交渉力をもつ。

⑤ **代替品：同じ買い手のニーズを満たす代替品による脅威**

代替する製品・サービスが，その業界の既存の製品・サービスに対して費用対効果の面で優位に立つ場合，その業界の収益性を低下させる脅威をもつ。このような場合，その業界の既存企業は，製品の品質を向上させたり，製品の差別化を図ったりしなければ，収益性や成長性を制限されてしまう。

② 5つの競争要因に基づいた戦略計画

ファイブ・フォース分析は，その業界の構造や魅力度を表すとともに，先発企業の優位性が持続しやすいか，新規参入をもくろむ企業にチャンスがあるか，についての知見を与えてくれる。企業は，5つの要因が市場の中でいかに作用し，自社にいかなる影響を及ぼすのかを，競争相手よりも正しく理解し，そのうえで優れたポジションをとったり，競争ルールを変えたりして主導権を握る必要がある。

キーワード　>>>　基本戦略，競争優位，差別化

16 基本戦略

> **ポイント**
>
> 基本戦略とは競争相手に対して優位を築くための戦略であり，競争優位の源泉と戦略ターゲットの幅という2つの観点から，コスト・リーダーシップ戦略，差別化戦略，集中戦略という3つの戦略に分けられる。これはポーターが提唱した考え方で，いずれもファイブ・フォース分析の5つの競争要因にうまく対処するためのものである。

1　3つの基本戦略

① コスト・リーダーシップ戦略

　コスト・リーダーシップ戦略（cost leadership）とは，業界内の広い範囲を対象に，競争相手よりも低コストを実現することを基本目標とする戦略である。企業は，低コストのリーダー的地位を確立することで，競合他社との値引き合戦に勝てるし，買い手の値引きや供給業者の値上げ要求にも対処できる。またコスト競争力に勝れば，参入障壁が高まって，新規参入者や代替品からの脅威にも対応できる。コスト・リーダーシップ戦略を追求するためには，効率のよい規模の生産設備を導入して**規模の経済**（economics of scale）を働かせたり，経験による学習を増やして**経験効果**（experience effect）を働かせたりすることが必要となる。また，サービス，研究開発，広告などにおいて，徹底したコストの切り詰めを図ることも求められる。

② 差別化戦略

　差別化戦略（differenciation）とは，業界内の広い範囲において，品質や機能，ブランド・イメージ，流通の仕組みなどにおいて，競争相手が真似できない「ユニークな何か」を創造することを基本目標とする戦略である。企業は，差別化戦略に成功できれば，競争相手による値下げ攻勢を回避できたり，新規参入者や代替品の脅威などに対抗できたりするなど，**ファイブ・フォース分析**（five force analysis）における5つの競争要因に対処できる安全な地位を築き，業界の平均以上の収益を得ることができるようになる。差別化戦略を成功させるためには，顧客が「意味がある」と感じる競争相手との違いを創り出すことが必要である。またその違いは，競争相手が簡単に真似をできないもので，長期にわたって優位

競争優位の源泉

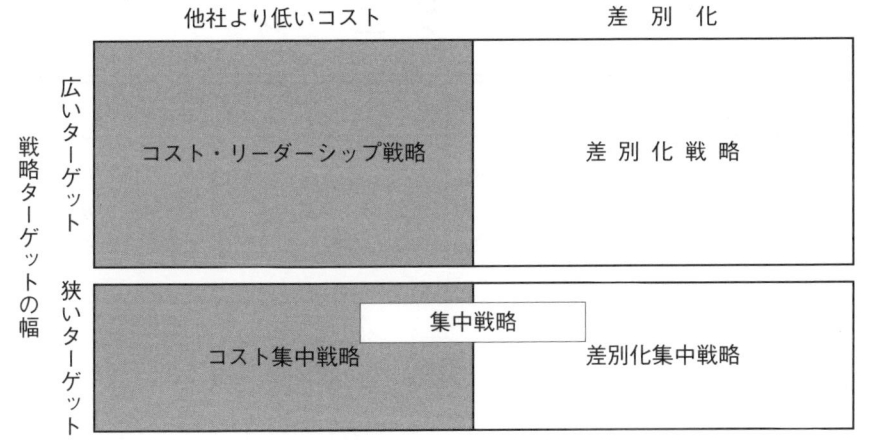

	他社より低いコスト	差別化
広いターゲット	コスト・リーダーシップ戦略	差別化戦略
狭いターゲット	コスト集中戦略	差別化集中戦略

戦略ターゲットの幅

集中戦略

出典：マイケル・E・ポーター著『競争の戦略』ダイヤモンド社，1982年，p.61を一部修正。

な立場を維持できるものが求められる。

③ 集中戦略

集中戦略（focus）とは，特定の製品・サービス，顧客層，地域など，限定した領域に集中することで競争優位を生み出そうとする戦略である。コスト・リーダーシップ戦略と差別化戦略が，業界内のすべてにわたって競争を仕掛けるのに対して，集中戦略は，業界内の狭い範囲の中で特定のターゲットだけを狙うものである。企業は集中戦略をとることで，より効果的で効率的な戦いができるようになる。この集中戦略には，コスト集中戦略（cost focus）と差別化集中戦略（differenciation focus）の2つがある。コスト集中戦略とは，特定の分野やターゲットに特化して低コスト化を図ることで，差別化集中戦略とは，特定の分野やターゲットに特化して差別化を図ることである。

2 基本戦略の実行における重要なポイント

3つの基本戦略のうち，1つも戦略をつくれない企業は，業界で厳しい立場に追い込まれる。また，企業が基本戦略を選択する場合は，その企業の強みに合致するもので，競合他社が一番応戦しにくい戦略を選ぶことがポイントである。

キーワード >>> ファイブ・フォース分析，競争戦略，競争優位

17 バリュー・チェーン

> **ポイント**
>
> バリュー・チェーン（価値連鎖）とは，ポーターが考案したフレームワークで，企業が創出して提供する付加価値が，企業内のどの活動から生み出されているのか，企業内の各活動のどのような結びつきによって生み出されているのかを分析する手法である。

1 バリュー・チェーンの分析

　バリュー・チェーン（Value Chain）とは，原材料や労働力の調達から，製品・サービスを顧客に届けるまでの一連の活動を，価値（Value）の連鎖（Chain）としてとらえる考え方である。ポーター（Porter, M. E.）は，企業の活動を「購買物流」「製造」「出荷物流」「販売・マーケティング」「サービス」という5つの主活動と，「人事・労務管理」「技術開発」「調達活動」及び「全般管理」という4つの支援活動に分けて，このフレームワークを示した。バリュー・チェーンは，価値をつくる活動（主活動と支援活動）とマージン（利益）から構成される。マージン（利益）とは，企業が提供する総価値と，価値をつくる活動で発生する総コストの「差」である。そのため，企業がマージン（利益）を獲得するためには，活動に要した総コストを上回る総価値を生み出すことが必要となる。
　バリュー・チェーンを活用する目的は，企業の活動を各機能に分解し，それぞれの活動の役割やコストを明らかにするとともに，どの機能（活動）が付加価値の創出に貢献しているのかを分析することである。そうすることで，事業の戦略を見直し，改善していくことができるようになる。
　ユニクロは，バリュー・チェーンの分析によって競争優位を実現した好例である。従来のアパレル業界では，バリュー・チェーンの各段階を，製造業者，卸売業者，小売業者など，多数の企業で分担していた。この仕組みでは，各業者が独自の情報に基づいて企画・生産を行ったり，情報がスムーズに交換されなかったりしてロスが生じたり，中間業者がマージンをとる分コストがかかっていた。また，小売業者の影響が強く，売れ残った品物は仕入先に返品されるという特異な商習慣があった。そのため製造業者や卸売業者は，返品を見越した高い値段で小売業者に販売し，その分販売価格が割高となっていた。これに対してユニクロは，

支援活動	全般管理(インフラストラクチュア)					マージン
	人事・労務管理					
	技術開発					
	調達活動					
	購買物流	製造	出荷物流	販売・マーケティング	サービス	

主活動

出典：マイケル・E・ポーター著『競争優位の戦略』ダイヤモンド社，1985年，p. 49。

製品の企画・製造・小売に至る一連の流れを自社で一貫して管理する業態を生み出した。バリュー・チェーンの上流から下流までを自社でコントロールすることで，情報の流れをスムーズにしたり，中間業者に支払うマージンや返品をなくしたりすることでコストを削減し，低価格を実現したのである。

② バリュー・チェーンの分析による戦略の立案と改善

企業はバリュー・チェーンの分析を，戦略の立案や改善に役立てることができる。たとえば，付加価値にそれほど貢献しない活動や自社が不得意な活動は外部から調達することとしたり，付加価値の創出にとって重要な影響を及ぼす活動や自社が得意とする活動には経営資源を重点的に投入して強化したりするなどの意思決定ができる。また，バリュー・チェーンの分析は，**基本戦略**（generic strategy）において何を競争優位の源泉とするかを検討する際にも役立つ。たとえば，バリュー・チェーンの中でコスト削減が可能な活動を見出せばコスト・リーダーシップ戦略を検討できるし，高い付加価値を創出できる活動があれば差別化戦略を検討することができる。

キーワード　>>>　内部分析，基本戦略

18　VRIO

> **ポイント**
>
> VRIOとは，企業が持続的に競争優位を保つために必要な経営資源の要因を，経済価値，希少性，模倣困難性，それらを活用する組織能力という，4つの尺度によって評価分析する枠組みである。

1　VRIOによる経営資源の分析

　企業の競争優位の源泉を，戦略そのものより，戦略を有効に実行するための経営資源や能力をベースに考える視点を，リソース・ベースト・ビュー（RBV：resource-based-view）という。たとえば，繁盛しているラーメン店の真似をしようとする場合，その店で出しているメニューは容易に真似ることができるが，同じ味のラーメンを作るためには，麺やスープの元となる同じ素材を手に入れて，それを調理するための厨房を構えなければならない。また，スープの素材の配合や麺を茹でる加減についての知識や技術をもつ人材も確保しなければならない。さらに，そのラーメン店が繁盛している原因は以上の要素が複雑に関係して成り立っているため，他の店が真似をしようとしても容易にできるものではない。

　ジェイ・B・バーニー（Barney, J. B.）は，このようなリソース・ベースト・ビューの考え方に立ち，企業の持続的競争優位の源泉となるための4つの条件として，経済価値（Value），希少性（Rarity），模倣困難性（Inimitability），組織能力（Organization）を提唱し，これらの尺度に関する問いかけを通じて，その企業の持続的競争優位性を評価分析できるとした。これを**VRIOフレームワーク**（VRIO framework）とよぶ。各尺度についての具体的な問いは，以下の通りである。

　第1に，経済価値（V）については，「その企業の保有する経営資源が，顧客の嗜好，業界の構造，技術動向などに照らして，市場で受け入れられ，経済的価値をもたらすか」，「その経営資源をもつことで，脅威やリスクが減るのか，機会が増大するのか」を問う。第2に，希少性（R）については，「現時点で，競合企業のうちどれぐらいの企業が，その特定の価値ある経営資源をもっているのか」「その経営資源が，ごく少数の企業しか所有していない希少な資源であるのか」を問う。第3に，模倣困難性（I）については，「その経営資源は，競合他社

競争力の向上 ↑

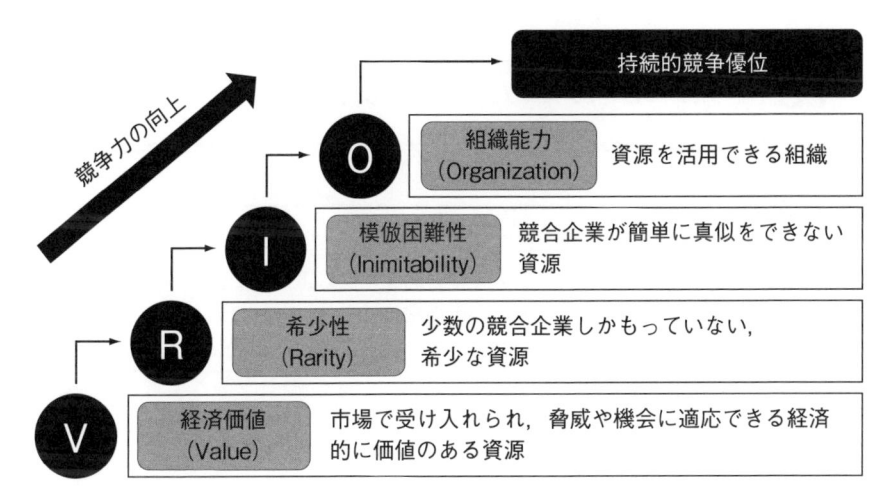

- 持続的競争優位
- **O** 組織能力 (Organization) — 資源を活用できる組織
- **I** 模倣困難性 (Inimitability) — 競合企業が簡単に真似をできない資源
- **R** 希少性 (Rarity) — 少数の競合企業しかもっていない，希少な資源
- **V** 経済価値 (Value) — 市場で受け入れられ，脅威や機会に適応できる経済的に価値のある資源

出典：井口嘉則・井原久光・日沖健著『経営戦略のフレームワークがわかる』産業能率大学出版部，2011年，p. 150 より作成。

が真似のできない資源であるかどうか」「競合他社が類似の資源を獲得するために，技術開発やチャネル形成，ブランド構築などで莫大なコストがかかるのか」，つまり「競合他社が模倣するのにコストがかかる資源であるか」を問う。最後に，組織能力（O）については，「経済的価値があり，希少で，模倣困難な資源を活用するための組織能力があるか」，具体的には「組織的な方針や手続き，命令・報告系統，マネジメントシステムなどが整っているか」を問う。

2 VRIO フレームワークの活用のポイント

VRIO フレームワークにおける条件のうち1つも満たすことのできない企業は競争劣位に陥ってしまう。経済価値（V）のみを満たす企業は，生き残ることは可能だが業績は標準的となる。また，経済価値（V）に加え希少性（R）も満たすが模倣困難性（I）は満たしていない企業は，一時的な競争優位を築くことはできるが，その地位を持続させることは困難となる。企業が持続的競争優位を実現するためには，VRIO フレームワークにおける条件をすべて満たす経営資源の開発を目指し，そのための組織を適切に編成していくことが必要である。

キーワード　>>>　リソース・ベースト・ビュー，経営資源，競争優位

19 市場地位別の競争戦略

> **ポイント**
>
> 市場地位別の競争戦略とは，業界のあらゆる企業にとって共通の望ましい戦略とはなく，それぞれの企業の相対的な地位によって，望ましい戦略が異なってくるという考え方である。市場地位は，リーダー，チャレンジャー，ニッチャー，フォロワーという4つに分けられる。

1 4つの市場地位とその競争戦略

　市場が大きい場合，その同じ市場の中で競争する企業同士であっても，市場の中での地位によってとるべき競争戦略はそれぞれ異なる。この市場における地位とその戦略は，以下の4つに区分される。

　リーダー（leader）は，市場でもっとも大きなシェアを確保している企業である。リーダーの目的は，そのナンバーワンの地位を維持することである。そのためにとるべき戦略は，マーケット全体の規模をさらに大きくするとともに，既存市場において最適なシェアを維持することである。また，競争相手が新しい製品やサービスによって差別化戦略をとってきた場合は，同質化という方法で，優位な経営資源でそれらを模倣・追随するとともに，シェアの大きさやコストを武器に他社の差別化効果をなくす戦略をとるのが効果的である。

　チャレンジャー（challenger）は，リーダーに次ぐ地位にいる企業で，リーダー企業の座を奪おうと挑戦する姿勢をもった企業である。チャレンジャーがとるべき戦略は，リーダーが真似できないような製品・サービスの差別化で対抗することである。そのためには，リーダーが保有しない経営資源に基づいた差別化を行うなどの方策がある。これにより，新たな顧客を開拓したり，リーダーが提供する製品に飽きてきた消費者を取り込もうとする。ただし，リーダーが同質化戦略で類似製品を出して対抗してくるため，常に自ら差別化し続けなければならない。

　ニッチャー（nicher）とは，リーダー企業に対する挑戦姿勢は示さないが，提供する製品・サービスやターゲットとする顧客がユニークな企業である。ニッチャーは，リーダーのような量的な拡大を狙わず，マーケットの中の特定の領域を対象市場として生きていこうとする。特に，リーダーやそれに追随している企業が見過ごすか無視している領域，あるいは比較的弱い領域を選び，その領域の

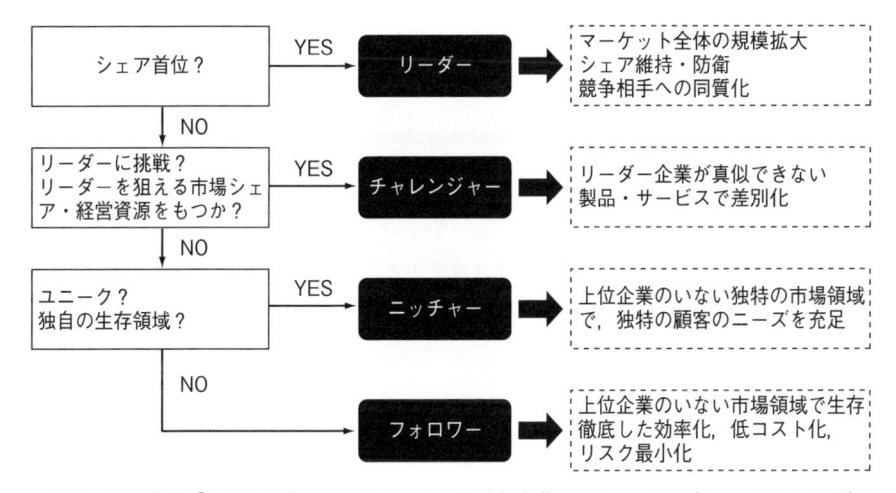

```
┌─────────────┐ YES  ┌─────────┐    ┌──────────────────────┐
│ シェア首位? ├─────→│ リーダー ├──→│ マーケット全体の規模拡大 │
└──────┬──────┘      └─────────┘    │ シェア維持・防衛        │
       │ NO                          │ 競争相手への同質化      │
       ↓                             └──────────────────────┘
┌─────────────────┐ YES ┌───────────┐  ┌──────────────────────┐
│ リーダーに挑戦?  ├───→│ チャレンジャー├→│ リーダー企業が真似できない│
│ リーダーを狙える市場シェ│    └───────────┘  │ 製品・サービスで差別化   │
│ ア・経営資源をもつか? │                      └──────────────────────┘
└──────┬──────────┘
       │ NO
       ↓
┌─────────────┐ YES  ┌─────────┐    ┌──────────────────────┐
│ ユニーク?    ├─────→│ ニッチャー ├──→│ 上位企業のいない独特の市場領域│
│ 独自の生存領域?│     └─────────┘    │ で,独特の顧客のニーズを充足│
└──────┬──────┘                     └──────────────────────┘
       │ NO
       ↓
                      ┌─────────┐    ┌──────────────────────┐
                      │ フォロワー ├──→│ 上位企業のいない市場領域で生存│
                      └─────────┘    │ 徹底した効率化,低コスト化,  │
                                     │ リスク最小化              │
                                     └──────────────────────┘
```

出典:沼上幹著『わかりやすいマーケティング戦略』有斐閣アルマ,2000年,p.119および網倉久永・新宅純二郎著『経営戦略入門』日本経済新聞社,2011年,p.229より作成。

顧客のニーズに最大限に応えることで独自のポジションを築こうとする。

フォロワー (follower) とは,リーダー企業をはじめとする上位企業にやみくもに挑戦し,消耗して脱落していくことは避け,一定の利潤を確保しながら自らの生存期間を長らえようとする企業である。フォロワーは、上位企業が対象としないあまり魅力的でない市場を対象としたり、上位企業と似たような製品を低価格で販売するなど,効率化と低コスト化を図り,リスクを最小限にしようとする。

② 留意点

以上のように,同じ市場の中でも,その地位によってとるべき戦略の考え方や可能性は大きく異なる。市場のトップの地位にあるリーダーは,トップという地位を活かした戦略をとることができる。それに対して,たとえば小規模な企業であれば,トップの企業と同じ戦略をとることは不可能であり,小規模であるという特徴を活かした戦略をとるという考え方がある。企業経営者は,自社がどの地位に位置するのかを冷静に見極め,自社および競合他社の強みや弱みに照らし合わせて有効な戦略を立案する必要がある。

キーワード >>> 競争戦略,競争優位

20 製品・市場マトリクス

> **ポイント**
>
> 製品・市場マトリクスとは，製品と市場の関連においてそれぞれの組み合わせを決定し，企業が選択すべき成長の方向性を示すものである。アンゾフによって提唱されたこのマトリクスは，「成長ベクトル」「成長マトリクス」ともよばれる。

1 製品・市場マトリクスにおける4つの戦略

アンゾフ（Ansoff, H. I.）は，図のように，製品と市場を軸としてそれぞれを新規と既存に分けることで，2次元のマトリクスをつくり，企業が選択すべき事業領域と成長戦略を，以下の4つに分類した。

① **市場浸透戦略：既存市場×既存製品**

市場浸透戦略（market penetration）は，既存の市場に対して，既存製品の販売を伸ばしたりシェアを拡大したりしようとする戦略である。そのために，たとえば，広告宣伝を強化したり，価格の引き下げを行ったり，販売拠点を増やしたりするなどして，既存顧客に既存製品をより多く購入してもらうとともに，製品の使用頻度を上げたり，使用量を増大させることを目指す。

② **製品開発戦略：既存市場×新製品**

製品開発戦略（product development）は，既存市場に対して，新製品を開発して投入していく戦略である。そのために，たとえば，製品のモデルチェンジ，バージョンアップ（製品改良），新機能の追加などを行う。

③ **市場開発戦略：新市場×既存製品**

市場開発戦略（market development）は，新市場に対して既存製品を投入することで，新しい市場や顧客を開拓する戦略である。たとえば，国内向けだった製品を海外市場にも販売したり，ベビー用のスキンケアを女性用に展開したりすることが当てはまる。

④ **多角化戦略：新市場×新製品**

多角化戦略（diversification）は，新市場に対して新製品を投入し，新しい事業分野に乗り出していく戦略である。この戦略は，既存の市場や製品を利用しないため，**シナジー効果**（synergy effect）が弱い分野に新規事業を展開する戦略とと

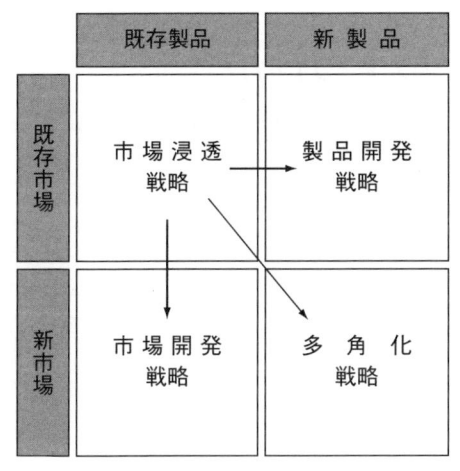

	既存製品	新製品
既存市場	市場浸透戦略	製品開発戦略
新市場	市場開発戦略	多角化戦略

出典：H・イゴール・アンゾフ著『企業戦略論』
産業能率大学出版部，1969年，p.137．

らえられる。シナジーが弱くなるほど不確実性が増すため，多角化戦略の実施はリスクが高くなる。

② 製品・市場マトリクスの活用

　製品・市場マトリクスを，プロダクト・ライフサイクル (product life cycle) との関係からみると，ライフサイクルの各段階において適合の可能性の高い戦略を考えることができる。導入期や成長期では，広告宣伝で知名度を上げたり，販売拠点を増やしてシェアを拡大させたりするなど，市場浸透戦略が有効であるといえる。成熟期になると，モデルチェンジなどを行う製品開発戦略や新規顧客獲得を狙う市場開発が必要になってくる。最後に，多角化戦略は，既存製品の需要が期待できなくなる衰退期に必要となる戦略といえる。

　また，製品・市場マトリクスは，企業が多角化する場合における，既存事業との関連性の重要性を示している。企業が異なる事業を新たに展開する場合でも，既存事業で培った技術や市場をもとに展開することで，シナジー効果を発揮できるなどのメリットが得られることが示唆される。たとえば，共通の技術，ブランド，人材，流通チャネルなどを活用することで，シナジー効果を生み出したり，多角化のリスクを分散することが期待できる。

キーワード　>>>　多角化，成長戦略，プロダクト・ライフサイクル

21 SWOT 分析

> **ポイント**
>
> SWOT 分析とは，自社の強み，自社の弱み，機会，脅威の4つを分析することで，これら4つの英語表記の頭文字をとった呼び方である。これによって，自社にとっての事業機会を発見したり，事業の成功要因を導き出すとともに，自社が競争優位を築くうえで何が源泉となり，何が欠けているのかを明らかにする。

1 SWOT 分析の考え方

SWOT 分析（SWOT analysis）とは，ハーバード・ビジネス・スクールのアンドリューズ（Andrews, K. R.）をはじめとする研究者が，スティーブンソン（Stevenson, H. H.）の博士論文（"Defining Corporate Strength and Weakness", 1969）などの経営方針に関する理論からヒントを得て生み出した分析方法がもととなったものである。それが後にコンサルタントらによって精緻化された。このSWOT 分析では，企業の外部と内部という2つの視点から，図のようなマトリクスを作成して経営環境を整理・分析する。内部分析では，自社と競争相手を比較分析し，自社の強みと弱みを把握する。一方，外部分析では，自社にとっての機会を探るとともに，自社にとっての脅威となる要素を検討する。

① 強み（Strengths）

内部における強みの分析では，製品・サービス，技術，ブランド，マーケットシェア，コスト，財務，生産，経営者の能力，人材，組織風土など，主要な経営資源の中から該当するものを見出す。

② 弱み（Weaknesses）

内部における弱みの分析では，強みの分析同様に，主要な経営資源の中から該当するものを見出す。

③ 機会（Opportunities）

外部における機会の分析では，自社を取り巻く環境において，自社の製品やサービスに影響を与える変化や，市場で見過ごされているニーズなどを探る。そのために，政治的，経済的，社会・文化的，技術的なマクロ環境に関する変化や，市場環境や競合環境に関する変化などから，重要な要素を見出す。

		内部環分析	
		強み (S)	弱み (W)
外部分析	機会 (O)	SO 戦略 強みを機会に活かす	WO 戦略 弱みを補完して機会に活かす
	脅威 (T)	ST 戦略 強みで脅威に対処	WT 戦略 弱みと脅威を最小化

内部分析：強み Strengths／弱み Weaknesses
外部分析：機会 Opportunities／脅威 Threats

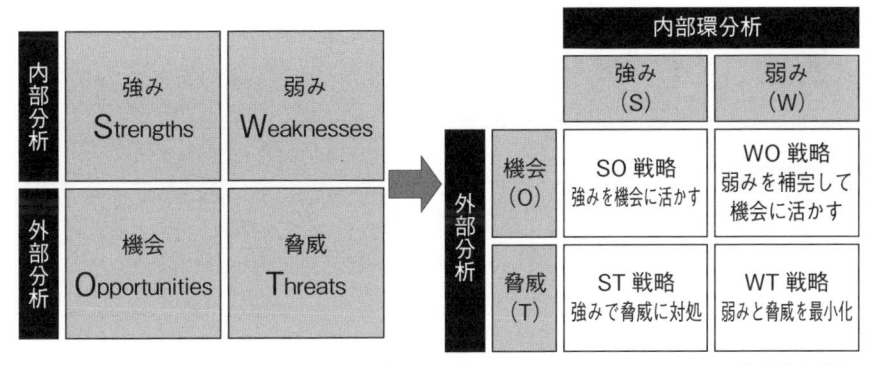

出典：井口嘉則・井原久光・日沖健著『経営戦略のフレームワークがわかる』産業能率大学出版部，2011年，p. 173 より作成。

④ **脅威（Threats）**

外部における脅威の分析では，自社を取り巻く環境において，現在あるいは将来に自社事業に負の影響を及ぼす変化や要素を探る。そのために，機会の分析同様に，マクロ環境の変化や，市場環境，競合環境の変化を分析する。

2 SWOT 分析の実践方法：TOWS マトリクス

SWOT 分析の目的は，市場における機会と脅威を見出すとともに，自社の強みと弱みを把握することである。そのうえで，市場における機会と脅威に対して，自社の強みを活かし，弱みを克服するにはどうすればよいかを検討することが重要となる。

SWOT 分析をよりやりやすくする方法として，**TOWS マトリクス**がある。これは，図のように SWOT の各要素を配置し，2 つずつ組み合わせて分析する手法である。この分析によって，強み（S）と機会（O）を組み合わせる「SO 戦略」（強みを機会に活かす），弱み（W）と機会（O）を組み合わせる「WO 戦略」（弱みを補完して機会に活かす），強み（S）と脅威（T）を組み合わせる ST 戦略（強みで脅威に対処），弱み（W）と脅威（T）を組み合わせる WT 戦略（弱みと脅威を最小化）という 4 つの戦略が導かれる。組み合わせは自由だが，整合性がとれ，経営資源に対する成果が最大になる組み合わせを検討することが重要である。

キーワード ≫≫ 外部分析，内部分析，競争優位

22 経験曲線

> **ポイント**
>
> 経験曲線とは，コストと生産量の関係についての経験則であり，同一製品の累積生産量が増えるに従って，製品1個あたりの費用（限界費用）が一定の割合で低下する現象のことである。

1 経験曲線とは

"同一製品の累積生産量が増えるに従って，**限界費用**（marginal cost）が一定の割合で低下していく"というパターンを示すのが**経験曲線**（experience curve）であり，それによる効果を「経験曲線効果」あるいは「経験効果」という。一般に，累積生産量が倍増するごとに，限界費用が20〜30％ずつ低減するとされるが，その率（習熟率）は業界や製品によって異なる。

このコンセプトに従うと，競争企業に対して累積生産量を2倍にすれば，コスト競争力を維持できることになる。そしてコスト競争力は競争要因としてきわめて重要であり，かつ経験曲線効果は自然発生的なものではなく企業の努力が必要であることから，経験曲線の提唱者であるボストン・コンサルティング・グループは，企業の投資の重要性を説いている。

2 経験曲線が生じる要因

ここでは製造部門において経験曲線が生じる理由を取り上げてみる。

① 労働者の熟練

従業員が同様の作業を続けることによって，技能を習得し，効率的に作業を遂行できるようになる。とくに，**学習効果**（learning effects）といわれる。

② 作業の専門化と方法の改善

特定の作業に専念することにより，習熟が高まると同時に，作業上の問題点を見つけ出し，改善を図るようになる。

③ 新しい生産工程

特に，**資本集約的**な産業においては，製法を新規に開発したり，改善したりすることがコスト低減の重要な源泉になり得る。

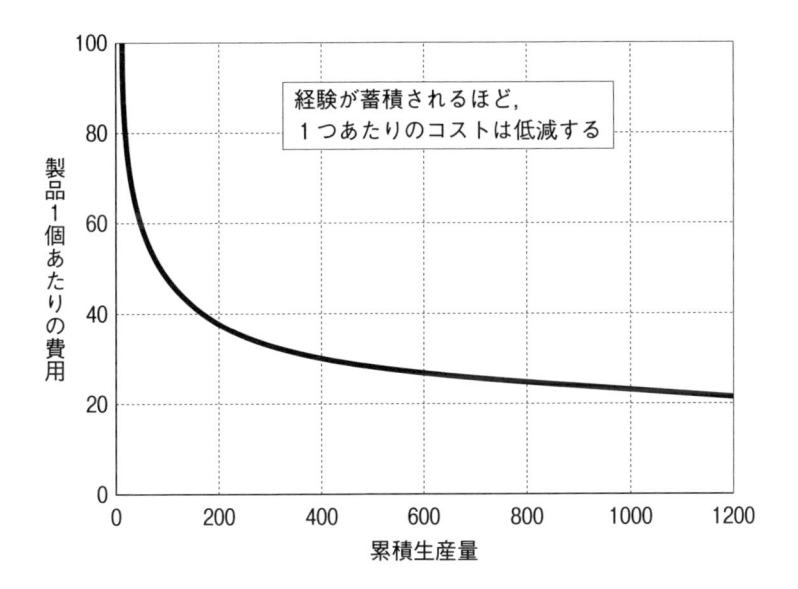

経験が蓄積されるほど，1つあたりのコストは低減する

④ 生産設備の能率向上
　生産設備の使用経験は，生産効率の向上につながる方法の発見につながることがある。
⑤ 活用資源の組み合わせの変更
　経験が蓄積されるにしたがって，熟練工から非熟練工への入れ替えや労働力から自動機械への置き換えなど費用節約的な資源を活用できるようになる。
⑥ 製品の標準化
　標準化（standardization）は，労働者が習熟するのに必要な作業の反復を可能にする。
⑦ 製品設計の変更
　製品についての経験が蓄積されるにつれ，顧客が製品に求める性能を明確に理解できるようになり，不要あるいは過剰な性能を省くような設計の変更が可能になる。
　以上のような要因は，経験に基づく原価の低減が自然発生的に起こるのではなく，原価低減を目指した企業努力によって生み出されたものであるということができる。

キーワード　>>>　限界費用，資本集約的，標準化

23 規模の経済

> **ポイント**
> 規模の経済とは,「規模の利益」とよばれるもので,生産や販売の規模が拡大するに従って平均費用(製品1個あたりの生産コスト)が減少することで,利益率が高まること傾向をいう。

1 規模の経済とは

　規模の経済(economies of scale)とは,生産など企業活動の規模が拡大するに従って平均費用が低減していく現象を指す。

　これにより低減する費用には2つの側面がある。1つは,人件費や**減価償却費**など売上高に関係なく発生する固定費であり,生産や販売の規模が大きくなるほど,平均費用に占めるその割合は小さくなる。もう1つは,仕入原価や材料費など売上高や販売個数に応じて,増減する変動費であり,取引単位が大きくなるほど価格交渉力が大きくなり,仕入原価を引き下げることができる。

　また他にも,「**マス・リザーブの原理**」(principle of pooled reserves),や「**専門化によるメリット**」なども規模の経済を生み出すことにつながる。「マス・リザーブの原理」とは,生産規模の拡大により,事業における変動を吸収することができるだけの余裕をもたせることができることで生じる効果をいう。規模が小さければ,1つの突発的なトラブルやミスが致命的な影響を引き起こすこともあるが,予備品や予備生産能力が確保されていれば,影響を最小限に抑えることができる。「専門化によるメリット」とは,生産規模の拡大が専門化した作業組織の編成や生産設備の導入につながり,**分業**(division of labor)が高度化することで生じる効果である。それによって従業員も活動の関心を限定することができ,専門性の高い技術を身に付ける可能性が高まる。

　ただし,規模の拡大がすべてのコストを低減させるわけではない。たとえば,組織の規模が大きくなるに従って,コミュニケーションの希薄化や意思決定の複雑化を引き起こしたり,生産現場においても一定の生産量を超えると,生産ラインの細分化に伴う管理コストの増大など,結果的に平均費用が増大することがある。これらを**規模の不経済**(diseconomies of scale)という。

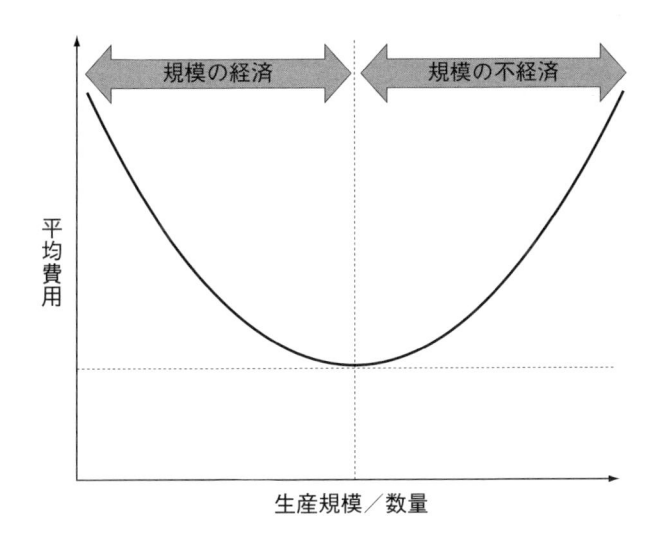

図中ラベル: 規模の経済／規模の不経済／平均費用／生産規模／数量

2 日本経済の発展と規模の経済

　規模の経済による効果は，戦後日本の製造業の発展にも大きくつながってきた。つまり，繊維，鉄鋼，テレビ，VTR，半導体集積回路などが我が国の主要輸出製品であったが，これらはいずれも規格化しやすく，大量生産に適しているという共通点をもつ。当然，これらの製品が販売・消費される市場が存在することが不可欠となるが，国内市場の拡大のテンポが鈍化したときに，海外市場への輸出が実現してきた。まさに**量産効果**（volume efficiency）により，コストの削減が実現し，それが国際競争力にもつながってきた。

3 マーケット・シェアと規模の経済

　マーケット・シェア（市場占有率）とは，特定の市場において，ある企業の商品やサービスが占める割合である。規模の経済が働きやすい産業やビジネスモデルにおいては，他の企業よりも先に市場を切り拓く，あるいは市場に参入することで，いち早く生産量を拡大した企業がさらに競争力を強め，市場において有利な地位を確立する傾向がある。シェア拡大はコスト競争力の向上にもつながることから，短期的な利益を犠牲にした低価格販売を行うなどシェア重視が経営目標として優先的に扱われる。

キーワード　>>>　減価償却費，マーケット・シェア，ビジネスモデル

24 範囲の経済

> **ポイント**
> 範囲の経済とは，企業が複数の事業活動を同時に営むことによって，それぞれの事業を独立に行っているときよりも，コストが割安になる現象を指す。

1 範囲の経済とは

　範囲の経済（economies of scope）は，複数の事業を営むことにより，何らかの経営資源（ヒト・モノ・情報など）を共有することが可能になり，それを有効に利用することで経済性が高まる（単位当たりのコストが割安になる）ことである。規模の経済は規模が大きくなるにつれて生産物の単位当りコストが小さくなるのに対して，範囲の経済は，**業務の多角化**（diversification）の際に，他の生産プロセスで培われた生産要素（**経営資源**）を転用することが可能となることで，全体のコストが相対的に低下することを意味する。たとえば，複数の製品を生産・販売するのに，共通して利用できる機械や設備，流通システムなどが存在するのであれば，範囲の経済が成り立つことになる。

　範囲の経済が生まれる理由は，事業の中には未利用の資源があることによる。一つの事業を行うのに必要とされる資源が，その事業では完全に利用できないものであったり，あるいは一つの事業を行っているうちに生み出された新たな経営資源が活用されることなく，埋没するケースがあるからである。

2 モノを活用した範囲の経済

　経営資源としてのモノとは，会社がもつ製品や設備，備品などを意味するが，ここでは生産設備を例に考えてみる。新規製品を生産する際に，既存製品の生産に使用されていた生産設備を使用することができれば，追加の設備投資を行う必要がないことになる。食品業界においては，1つの商品に対して複数の味付けをラインナップしたり，季節限定商品を投入するなどのケースが多くみられる。当然に商品開発のための費用は必要であるが，生産設備を最小限度の変更によって共有することにより，低コストで複数の商品を生産することが可能になる。

```
        ┌─────────────────────┐
        │     範 囲 の 経 済      │
        └─────────────────────┘
           ↑        ↑        ↑
          用途     用途      用途
           │        │        │
        ┌─────────────────────┐
        │      経 営 資 源        │
        └─────────────────────┘
         （ヒト・モノ・情報など）
```

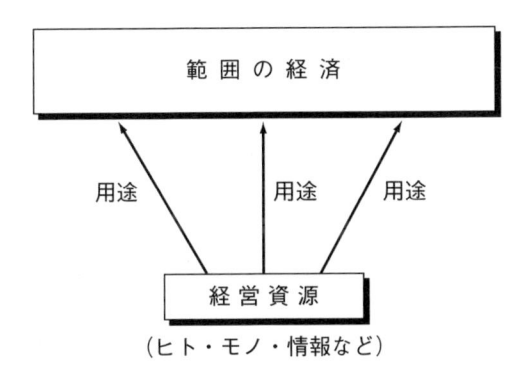

③ 情報を活用した範囲の経済

　知的財産 (intellectual property) としての情報は，企業経営にとって重要な経営資源である。知的財産とは，**特許** (patent) や**商標** (trademark)，**著作権** (copyright) など幅広い意味をもつものだが，ここでは**コーポレート・ブランド** (corporate brand) を例に考えてみることにする。

　コーポレート・ブランドとは「企業名など，その企業のすべての製品やサービスに展開しているブランド」であり，消費者にとっては信頼を置く基準の一つとなるものでもある。たとえば，ある電気機器メーカーのエアコンを購入して，良い印象をもった消費者に対して，冷蔵庫の購入時にもそのメーカーへの信頼が購入理由の一つになるなどの効果があげられる。

　また，一企業を超えて，企業グループ間でそのブランドを共有し，より大きな効果を発揮しているケースもある。たとえば，電気機器メーカーであるソニーの銀行や損害保険，生命保険業務への進出や，松下グループ（現在のパナソニック・グループ）の住宅事業への進出などがあげられる。消費者による認知・信頼に既存の事業で得た顧客やノウハウの転用が加わることで，範囲の経済が働くことになる。

キーワード　>>>　業務の多角化，経営資源，知的財産

25 ネットワーク外部性

> **ポイント**
> ネットワーク外部性とは，ある製品を使っているユーザーの数が大きければ，大きいほど，ユーザーの便益が増大するという経済性である。

1 ネットワーク外部性

　ネットワーク外部性（network externality）の「外部性」とは，経済学の概念で，ある経済活動が，それとは直接関係のない他の（外部の）経済活動に影響を与えることを意味している。たとえば，工場の稼働によって環境が汚染され，それによって地域の住民が健康被害を受ける「公害」は，「負の外部性（外部不経済）」の典型例である。

　この外部性には，外部に負の影響を与える者だけではなく，外部に正の影響を与えるものもある。この正の外部性は，典型的には通信サービスにおいて良くみられる。たとえば，米国で電話が普及しはじめた時には，複数の電話会社が競い合っており，異なる電話会社間の通話は不可能だった。そのため，なるべく多くの相手と通話するには，最も契約者が多い電話会社と契約する必要があった。契約者数が増えれば増えるほど，新規契約を考えている潜在顧客にとっての便益が増大する。これが典型的な正の外部性である。このように，ある製品を利用している人が増えれば増えるほど，つまり「ネットワーク」の規模が大きいほど，ユーザーのメリットが増大することをネットワーク外部性があるというのである。

2 補完財を通してのネットワーク外部性

　DVDプレーヤーとDVDソフトなど，互いに補完しあってユーザーに便益を提供する財のことを**補完財**（complementarygoods）という。この補完財が介在する場合にも，ネットワーク外部性が発生することが多い。上記の電話会社の例を「直接効果」とすると，補完財を通しての「間接効果」が発生するのである。

　スマートフォンを例にとって説明しよう。スマートフォンの場合，基本ソフト（OS）ごとに使用できるアプリケーション・ソフトウェアが異なる。具体的にいえば，アップルのiPhone用iOS，グーグルのAndroid，マイクロソフトのWindows Phone 7などのOSごとに「アプリ」が異なっている。この場合，アプ

ユーザーにとっての製品価値

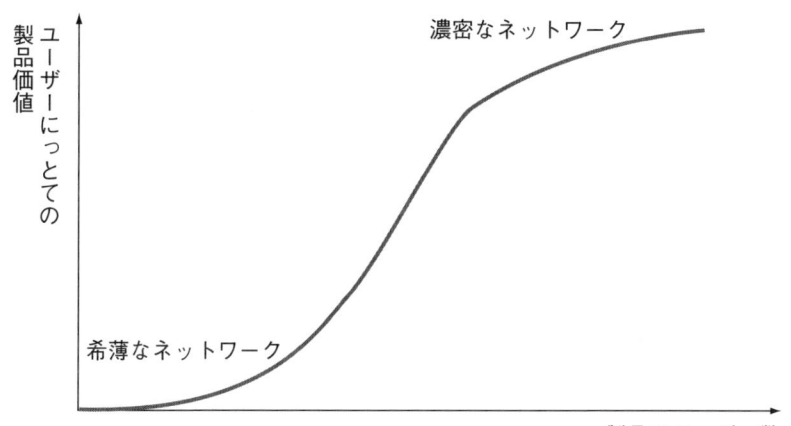

濃密なネットワーク

希薄なネットワーク

製品のユーザー数

リの開発者は，自分のアプリの売上を伸ばすためには，多くの顧客を期待できるOS向けにアプリを開発しようとする。その結果，ユーザーの多いOS向けには多数のアプリが開発され，ユーザーの少ないOS向けのアプリは少なくなる。アプリの豊富さに魅力を感じる顧客は，ユーザーの多いOSを採用したスマートフォンを選択するようになる。そうしてユーザー数が増加すると，さらに魅力的なアプリが数多く提供されるようになる。このようにして，OSとアプリの間の好循環サイクルが生まれるのが，間接的なネットワーク外部性の典型例である。

③ 勝者総取りと事実上の標準

　ネットワーク外部性が存在する場合には，ネットワークが大きいことがユーザー便益を増大させるため，規模の大きなネットワークは一層規模を拡大していき，**勝者総取り**（winner takes all）の状態になりやすい。古くは，ビデオの普及期に，VHSとベータの2つの規格が競争した結果，ベータは駆逐され，市場に残ったのは勝ったVHSのみであった。このように，ネットワーク外部性が強く作用する業界においては，市場での競争の結果として業界の標準規格が決まる場合がある。それを，**事実上の標準**（デファクト・スタンダード：*de facto* standard）という。ネットワーク外部性が作用する場合には，製品の導入・立ち上げ期の企業行動が事業の勝敗を大きく左右するのである。

キーワード　>>>　潜在顧客，補完財，事業上の標準（デファクト・スタンダード）

26 3つの経済性

> **ポイント**
> 規模の経済，範囲の経済，ネットワーク外部性について整理してみたい。

1 内部経済性と外部経済性

マーシャル（Marshall, A.）は，企業の内部努力によってもたらされる経済的効果を**内部経済性**（internal economics）とよび，企業の外部要因によってもたらされる経済的効果を**外部経済性**（external economics）とよんだ。

量産効果（大量生産にともなう経済効果）には，分業や専門化によって習熟度が向上してコストが削減される「経験効果」が知られているが，これは，主に企業内部で生じる内部経済性に基づいている。

規模の経済には，労働資本の効率化（これが「経験効果」である）のほか，機械資本の専門化によるコスト低減という内部経済性と，大量仕入れによる調達コストの低減という，外部経済性が同時に働いている。

2 「規模の経済」とネットワークの外部性

規模の経済は，1つの製品（同一製品）を大量生産することで生じる経済効果で，生産者が材料，部品，設計などを統一する「規格上の標準化」で実現する。これに対して，**ネットワーク外部性**は，消費者が1つの製品（同一製品）を使うことで生じる「デファクト・スタンダード（事実上の標準化）」をともなう。

図左上部の①は，生産品目を，A，B，C製品の中から，A製品だけに生産を集中し，規格を統一した結果生じる「規模の経済」を示しており，右上部の②は，A，B，C製品のうち，A製品を使用する顧客のネットワークが市場で拡大した結果，A製品がデファクト・スタンダードを獲得したことを示している。

3 「範囲の経済」とネットワーク外部性

範囲の経済は，1つの資源（生産設備，販売チャネル，ブランド，固有技術など）を多様な製品に活用することで生じる経済効果で，内部資源の範囲拡張であるから，外部経済性のメリットを享受できない。図の③は，1つの内部資源の上に，X，Y，Z製品が乗っていることを示している。つまり，「規模の経済」と

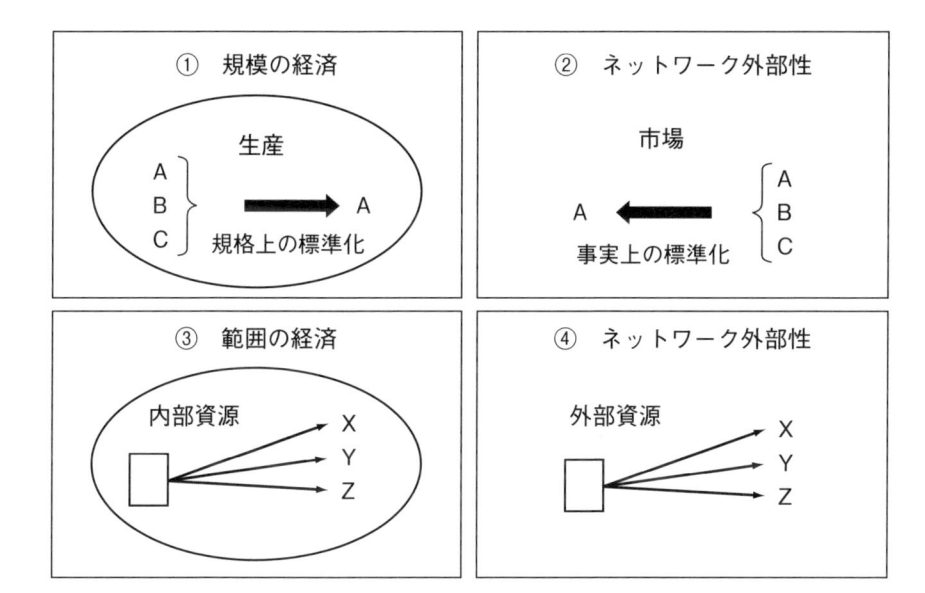

```
┌─────────────────────────────┬─────────────────────────────┐
│  ① 規模の経済                │  ② ネットワーク外部性         │
│      生産                    │      市場                     │
│    A ⎫                       │          ⎧ A                  │
│    B ⎬ ⟶ A                   │    A ⟵   ⎨ B                  │
│    C ⎭                       │          ⎩ C                  │
│      規格上の標準化           │      事実上の標準化            │
├─────────────────────────────┼─────────────────────────────┤
│  ③ 範囲の経済                │  ④ ネットワーク外部性         │
│                    X         │                    X          │
│   内部資源    ⟶   Y          │   外部資源    ⟶   Y           │
│                    Z         │                    Z          │
└─────────────────────────────┴─────────────────────────────┘
```

「範囲の経済」は，製品の種類を絞り込むか，多様化するかで対照的である。アウトプット（完成品）レベルの共有化を「規模の経済」，インプット（資源）レベルの共有化を「範囲の経済」と理解してもよい。

ネットワーク外部性は，市場が1つの製品（図の②ではA製品）を選ぶことで成立するが，一旦，A製品がデファクト・スタンダードになると，その製品によって生じた同一の仕様や技術（これをフォーマットやプラットフォームという）を使って多様なサービスが活用できるので，「範囲の経済」に似た状況が生まれる。図の④は，外部資源としてのプラットフォームをベースに，X，Y，Z製品が提供されていることを示している。

たとえば，他社と連携して仕様や技術や販売チャネルを共有化してデファクト・スタンダードを獲得する戦略もある。このように，厳密には外部経済性を活用するわけだが，連携企業と同じ資源を準内部資源として活用するような経済性のことを「連結の経済性」ということができる。

図表は，簡略化したもので，左側の①と③が楕円で囲まれているように内部経済性を示し，右側の②と④が外部経済性を表している。

キーワード >>> 規模の経済，範囲の経済，ネットワーク外部性，経験曲線

27 M&A とアライアンス

> **ポイント**
>
> M&A とは，合併（複数の企業が合同して1つの企業になること）と買収（他社を丸ごとあるいは他社の一部の事業を自社に取り込むこと）のことを指す。アライアンス（提携）とは，複数の企業同士が互いの競争優位の確立と維持を目指して，協力関係を結ぶことである。

1 M&A とアライアンスの基本的な考え方と特徴

M&A（Mergers and Acquisitions）もアライアンス（alliance）も，事業拡大や多角化を図る成長戦略の手段の1つである。企業はこの M&A やアライアンスを活用することで，自力で事業拡大や多角化を行うよりも，外部の経営資源を短時間で手に入れ，効果的に活用することができる。

① M&A（合併・買収）

M&A とは，他企業や他企業の事業と統合すること，あるいはそれを取得することで，自社にない製品，人材，販売チャネル，生産設備，ブランドなどを一気に手に入れることである。そのため，事業拡大や多角化に要する時間を大きく短縮することが可能となる。

同一業種内で行う M&A には，水平統合型と垂直統合型がある。水平統合型では，同業他社を吸収することで，マーケット・シェアの拡大，**規模の経済**（economies of scale）の効果によるコスト優位性の構築，商圏の拡大などを図る。一方，垂直統合型では，原材料メーカーや販売会社など自社が展開する事業の川上や川下の事業を買収し，自社がコントロールできる事業範囲を広げ，競合他社に対する優位性を構築することを図る。その他，他企業の研究開発システムや技術そのものを買収することで，技術の革新や高度化を図ろうとする M&A もある。

以上のように，M&A は相手先企業または事業のほとんどを手に入れるという特徴があり，それゆえ，他社に対する管理は全面的に及ぶことになる。

② アライアンス（提携）

M&A が強力な統合を推し進める手段であるのに対して，アライアンスは，同盟を結んだ企業同士による柔軟で緩やかな結びつきである。それは，提携を結んだ企業同士が共通の目的をもち，互恵的で対等な関係にあるという特徴がある。

	自社内の内部活動	M&A	商取引	アライアンス
活動の焦点	自社の強みとなる能力の強化を，自社内部で独自に行う	買収した相手企業がもつ経営資源や能力をほとんど一括して獲得する	必要とする経営資源や財・サービスを，市場における取引によって獲得する	他社との継続的な協力関係を結び，迅速かつ低リスクで経営資源や能力を補完・獲得する
管理の範囲	全面的	全面的	当初の契約条件による	継続的に相互に調整する
リスク負担者	単独で行うため，自社のみが負う	買収した側が負う	供給業者と自社が，それぞれ別々に負う	協力関係を結んだ企業間で共有化する

出典：ジョルダン・L・ルイス著『アライアンス戦略――連携による企業成長の実現』ダイヤモンド社，1993年。

アライアンスを組む企業の目的は，主に，経営資源の補完，共同研究開発・共同生産による規模の経済の獲得とコスト削減，自社の能力を超えた活動に対するリスク軽減，他社との共同による**シナジー効果**（synergy effect）の発揮などがある。また，相手企業からさまざまな知識を学習することで，自社の企業変革能力を習得することも期待される。このように，企業はアライアンスを活用することで，外部資源の活用によって自社能力を拡張するとともに，それによって競争上の強みを築くことができるようになる。

2 M&A とアライアンス実行における留意点

M&A もアライアンスも，実行する前に戦略的意図を明確にしておくとともに，手段として戦略と整合するかを慎重に検討するなど，いくつか留意しなければならない点がある。

M&A では，統合・吸収してしまえば容易に解消はできないため注意が必要である。また，対象企業と自社との組織的相性や適合性も十分に検討する必要がある。実行後に，組織文化等の違いが事業活動に悪影響を及ぼすことも有り得る。

アライアンスでは，相手企業のメリットが消滅したり，相手企業の経営状況が大幅に変化したりするなど，時間の経過とともにアライアンスの効果がなくなっていく場合がある。また，相手企業に自社の中核的な能力が流出してしまう危険もある。

キーワード >>> シナジー効果，多角化，規模の経済

さらに，経営戦略を学ぶためには？

1 教科書で学ぼう！

- 井口嘉則・井原久光・日沖健（著）『経営戦略のフレームワークがわかる』産業能率大学出版部，2011年
- 網倉久永・新宅純二郎（著）『マネジメント・テキスト　経営戦略入門』日本経済新聞社，2011年
- 大滝精一・山田英夫・金井一頼・岩田智（著）『経営戦略——論理性・創造性・社会性の追求』有斐閣アルマ，2006年
- 石井淳蔵・加護野忠男・奥村昭博・野中郁次郎（著）『経営戦略論』有斐閣，1996年

2 専門書や原典を読んでみよう！

- マイケル・E・ポーター（著），土岐坤・服部照夫・中辻万治（訳）『競争の戦略』ダイヤモンド社，1995年
- マイケル・E・ポーター（著），土岐坤（訳）『競争優位の戦略——いかに高業績を持続させるか』出版社，1985年
- ジェイ・B・バーニー（著），岡田正大（訳）『企業戦略論』（上・中・下），ダイヤモンド社，2003年
- H・イゴール・アンゾフ（著），広田寿亮（訳）『企業戦略論』産業能率大学出版部，1985年

III マーケティング

- 28 マーケティング・コンセプト
- 29 製品コンセプト
- 30 マーケティング・ミックス
- 31 STPマーケティング
- 32 プッシュ戦略とプル戦略
- 33 イノベーションの普及
- 34 イノベーター理論
- 35 プロダクト・ライフサイクル
- 36 AIDMAモデル
- 37 市場調査
- 38 ブランドの管理
- 39 サプライチェーン・マネジメント

28 マーケティング・コンセプト

> **ポイント**
> マーケティング活動を束ねる基本理念の変遷を整理してみたい。

1 マーケティング・コンセプトとは

　マーケティング・コンセプト（marketing concept）とは，マーケティング諸活動の拠り所となる基本的な理念である。

　そもそも，コンセプト（concept）とは，送り手の考える理想や活動内容の本質，あるいは全体を貫く中心的アイデアを短い言葉で表現したもので，マーケティング・コンセプトは，製品コンセプト，広告コンセプト，ストア（店舗）コンセプトなど，個別のマーケティング領域のコンセプトを束ねる役割を果たしている。

2 歴史的変遷

　マーケティング・コンセプトの変遷は，キース（Keith, R. J.）が歴史的な状況をふまえて類型化したもので，生産志向⇒製品志向⇒販売志向⇒顧客志向⇒社会志向と変遷するモデルが知られている。

　第1に需要が供給を上回る売手市場では，「より安い品をより多く提供する」という「生産志向」のコンセプトが機能する。第2に，需要に供給が追いついてくると，顧客は同じ品なら品質の良いものを求めるので，「製品志向」のコンセプトが登場する。しかし，この段階での品質改善は「売り手」の発想の中にある。第3に，供給が需要を上回る買手市場になると，販売技術などを通じて購買意欲を刺激する「販売志向」のコンセプトが重要になる。

　第1から第3の販売志向までは「売ること」自体が目的化して，高圧的販売（押し売り）や小手先の刺激策に走る傾向があり，かえって需要減退を招きかねない。社会的にみても**依存効果**のような，無駄な欲望と精神的欠乏状態を生み出す。

　そこで，第4に，顧客ニーズを探索しそれを充足しようという「顧客志向」のコンセプトが登場する。ここでは，長期的に顧客の信用を得るような全社的な目標が掲げられ，あらゆる階層や現場で顧客志向のマインドをもって連携・協力する全社的統合活動が展開される。

　第5に，社会全体や顧客が高い環境意識や権利意識をもつようになると，社会

	市場	顧客 (前提)	理念 (コンセプト)	手段	利益
生産志向	売手市場 ↓ 成長市場	顧客は同じ品でも安ければ好んで買う	より安い品を多く提供する	生産技術や生産方式や流通効率	生産増による
製品志向		顧客は価格に比して性能や品質の良い品を買う	売り手から見て,より良い品を提供する	製品改良や品質改善（主に技術部門の努力）	性能・品質による
販売志向	買手市場 ↓ 成熟市場	顧客は何もしなければその品を選ばない	購買意欲を高めること売上を伸ばす	販売技術・人的販売・広告宣伝など刺激策	売上増による
顧客志向		顧客は長期的には販売刺激策に踊らされない	顧客ニーズを探索しそれを充足する品を提供する	全社的統合活動	顧客満足による
社会志向	共生市場	顧客は生活者として高い意識をもっている	社会ニーズを顧客ニーズと合わせて探索し充足する	全社的統合活動	共生実現による

出典：井原久光『ケースで学ぶマーケティング』ミネルヴァ書房，2001年，p. 112。

ニーズを探索し充足する「社会志向」のコンセプトに移行する。

ここに見られるのは「迂回の論理」である。生産すれば売れる時代から，広告しても売れない時代になり，顧客ニーズを探求しても不十分な時代になると，さらにその背後にある社会や環境のニーズも考えなければならない。マーケティング・コンセプトの変遷は「遠回りした方が近道」だということを示唆している。

なお，コトラー（Kotler, P.）は，**マネジリアル・マーケティング**（managerial marketing）という立場にたって，「顧客志向」のコンセプトそのものをマーケティング・コンセプトとよんでいる。

3 製品コンセプトとの関係

マーケティング・コンセプトは，企業全体の方向性を示す経営理念と，製品コンセプトや広告コンセプトなど個別のコンセプトを結びつける役割を担っている。「29　製品コンセプト」で説明するように，顧客は，製品ですらパッケージやブランド名にすら意味を感じ取る。したがって，コンセプトを作成する時には，さまざまなマーケティング活動を通じて顧客が感じ取る「便益の束」をどう束ねて，明確に顧客に伝達し訴求できるかがポイントになる。

キーワード　>>>　マネジリアル・マーケティング，依存効果，コンセプト

29 製品コンセプト

> **ポイント**
> 製品コンセプトとは，「その製品が誰にどのような便益を提供するのか」ということを簡潔な言葉で表現したものであり，新製品開発やプロモーションなどの製品計画の基盤となるものである。

1 製品コンセプト

いざ製品を作り販売しようとする時，どのような製品を作ればよいだろうか。実は，この問題に答えるには，「製品とは何か」という基本的な問いをしっかりと考える必要がある。マーケティングにおいて，最も支持されている答えは，製品を顧客のニーズを満たすための**便益の束**（bundle of benefit）としてとらえる考え方である。たとえば，女性が口紅を買うのは，単に口紅そのものが欲しいというよりも，美しくなりたいという目的のために買うのだということが，マーケティングの世界でよくいわれることである。実際に，世界最大の化粧品会社ロレアルの調査によれば，75％の女性が「口紅を塗ると自信が増す」と答えている。彼女らは，口紅を単なるモノとしてとらえているわけではないのである。

このように顧客のニーズを満たす便益の束として製品をとらえたとき，製品を販売する企業は，「その製品が誰にどのような便益を提供するのか」ということを考える必要がある。それを簡潔な言葉で表現したものを**製品コンセプト**（product concept）とよぶのである。

2 マーケティング近視眼

消費者ニーズの視点から製品を考えることの重要性を端的に指摘したのが，レビット（Levitt, T.）である。彼は，アメリカの鉄道会社を例にあげ，鉄道会社が鉄道という物理的製品に縛られて事業を「鉄道事業」と定義したために自動車や飛行機との競争に敗れて衰退したとして，顧客ではなく製品に焦点を当ててしまうことを**マーケティング近視眼**（marketing myopia）と名づけた。鉄道会社が自らの事業を「輸送サービス」という顧客に提供する便益にもとづいて定義していれば，別の戦略が見えてきたというのである。

製品コンセプトをしっかりと考え，誰にどのような便益を提供していくのかと

製品による定義	顧客ニーズによる定義
4分の1インチ・ドリル	4分の1インチの穴
鉄道会社	輸送
映画会社	娯楽
石油会社	エネルギー供給
写真フィルム	情報の記録
引越サービス	生活の移植
コンピュータ	問題の解決
ゲーム機器	ゲーム
コピー機械	オフィス事務の合理化

出典：石井淳蔵・加護野忠男・奥村昭博・野中郁次郎『経営戦略論（新版）』有斐閣，1996年，p. 87。

いうことを明確にすると，どのような製品を作れば良いのか，また自分たちがどのような競争相手と争っているのかが見えてくる。たとえば，喫茶店をひとつ作ろうという時でも，本質的に顧客に「飲食」を提供しようと考えるか，あるいは「時間と居場所」を提供しようと考えるか，いずれの選択をとるかによって，必要な店舗デザインやメニュー，接客サービスも異なれば，競い合うライバルも異なってくるのである。

③ 製品の付随的機能

製品の中心的な便益の話をしてきたが，製品が便益の「束」であるという点には，注意が必要である。実際に製品を購入する際には，その製品の中心的な機能ばかりではなく，パッケージやブランド名，デザインなど製品のさまざまな要素が考慮されるだろうし，配達の速さやアフターサービスの有無など製品に付随する機能も購買の意思決定に大きな影響を与えるだろう。製品コンセプトを考える際には，その製品の中核部分ばかりではなく，パッケージやデザインなどの実態部分と配送や保証などの付随部分も合わせて考える必要があるのである。このような要素も合わせて考えた製品コンセプトを，**総合的製品コンセプト**（total product conept）という。

キーワード　>>>　製品計画，便益の束，ドメイン，総合的製品コンセプト

30 マーケティング・ミックス

> **ポイント**
> マーケティング・ミックスとは，企業が市場に働きかけるためのマーケティング・ツールの組み合わせである。一般的には，製品・価格・流通チャネル・プロモーションの4つを指すことが多い。

1 マーケティング・ミックスとは

　企業が顧客にさまざまな働きかけを行う一連の手法や活動のことを**マーケティング・ミックス**（marketing mix）と呼ぶ。これらの手法や活動は，**製品**（Product），**価格**（Price），**流通チャネル**（Place），**プロモーション**（Promotion）の4つに分けてとらえるのが一般的である。これらの4つはその頭文字をとって「マーケティングの4P」とよばれる。

　この4Pはいずれも顧客の購買行動を大きく左右する要因である。まず市場において人々が対価を支払い購入しようとする直接の対象が製品である。また，顧客がその製品を購入してくれるかどうかは，その購入に必要となる金額や支払いの条件にも影響される。さらに，製品や価格がいかに優れていても，流通していなかったり，顧客にその良さが伝わっていなかったりすれば，顧客は製品を購買してはくれないだろう。すなわち，企業が顧客に製品を購入してもらうためには適切なマーケティング・ミックスの設計が不可欠なのである。

2 マーケティング・ミックスのフィット（整合性）

　マーケティング・ミックスの実行にあたっては，3つのフィットを考える必要がある。

　まず何よりもマーケティング・ミックスは，ターゲットとする顧客のニーズや消費行動とフィットしていなければならない。具体的に4Pで言えば，ある製品の4Pを考える場合には，ターゲットとする顧客が，そのプロモーション（Promotion）に反応して，その製品（Product）を，その場所（Place）で，その価格（Price）で買ってくれなければならない。このようにマーケティング・ミックスは，まずターゲット顧客にフィットしていることが第一条件である。

　第2に，個々の要素（マーケティング手段）間のフィットも大切である。それ

マーケティング・ミックスとその構成要素

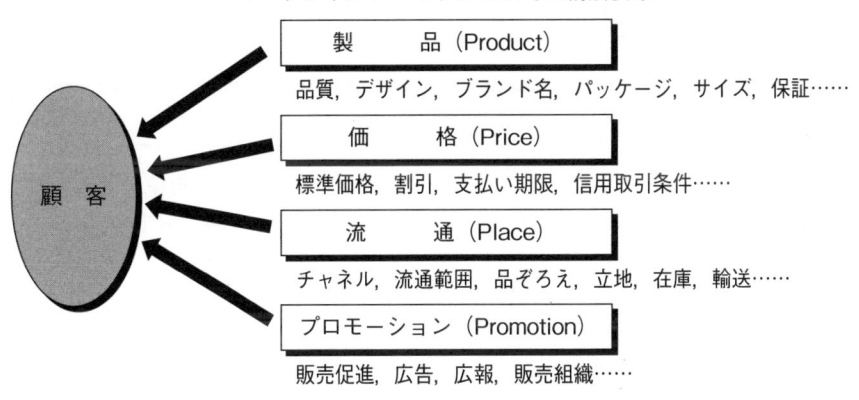

```
            ┌─────────────────────────────────────┐
            │         製　　品（Product）          │
            ├─────────────────────────────────────┤
            │ 品質，デザイン，ブランド名，パッケージ，サイズ，保証……│
            └─────────────────────────────────────┘
            ┌─────────────────────────────────────┐
            │         価　　格（Price）           │
  顧　客    ├─────────────────────────────────────┤
            │ 標準価格，割引，支払い期限，信用取引条件……  │
            └─────────────────────────────────────┘
            ┌─────────────────────────────────────┐
            │         流　　通（Place）           │
            ├─────────────────────────────────────┤
            │ チャネル，流通範囲，品ぞろえ，立地，在庫，輸送……│
            └─────────────────────────────────────┘
            ┌─────────────────────────────────────┐
            │      プロモーション（Promotion）     │
            ├─────────────────────────────────────┤
            │ 販売促進，広告，広報，販売組織……        │
            └─────────────────────────────────────┘
```

ぞれの「P」は独立したものではなく，相互に関連がある。たとえば，製品の品質やブランド力は，価格に強い影響を与えているし，その価格もプロモーションや流通の仕方と密接につながっている。高品質のブランド・イメージを維持するためには，流通チャネルをコントロールしなければならない。消費者に対して，製品と価格と広告イメージは整合性のあるものでなければならない。各要素がバラバラであっては，マーケティング・ミックスの訴求力は弱くなってしまう。

　第3に，個々のマーケティング・ミックスは，全社戦略や事業戦略と密接に結びついており，企業の戦略との整合性が重要である。消費者は製品イメージに企業イメージを重ねて見ているため，マーケティング・マネージャーは全社戦略や事業戦略と4Pの整合性をしっかりとっていかなければならない。

③ 顧客側から捉えた4C

　「4P」は企業側から見たマーケティング手段であるが，これを顧客側の観点からみると顧客の問題解決に関わる「4つのC」になるといわれている。Productは顧客の抱える問題解決（Customer solution），Priceは顧客が支払う対価（Customer cost），Placeは顧客にとっての利便性（Convenience），Promotionは企業と顧客のコミュニケーション（Communication）ととらえることができるのである。このように顧客の側から考える視点も効果的なマーケティング・ミックスを設計するためには重要な視点である。

キーワード　>>>　ターゲティング，プロダクト・プランニング

31 STP マーケティング

> **ポイント**
>
> STP マーケティングとは，どの顧客に対してどのような価値を提供するのかを明確にするための手法である。セグメンテーション（Segmentation），ターゲティング（Targeting），ポジショニング（Positioning）の3つの頭文字をとり STP マーケティングとよばれる。

1 セグメンテーション（市場細分化）

どのようなタイプの顧客に商品を提供するかを考えるためには，まず市場にいる顧客を大まかに分類しなければならない。市場をさまざまな基準で分割することを，**マーケット・セグメンテーション**（市場細分化：market segmentation）という。

市場細分化を行う際には，以下の4種類の基準が組み合わされて用いられる。
① 地理的基準：地域・人口・気候など
② 人口統計的基準：性別・年齢・職業・所得・教育（学歴）など
③ 心理的基準：ライフスタイル・性格・価値観など
④ 行動的基準：使用頻度・ブランド・ロイヤルティーなど

上の2つの基準は地域や統計データで区分できるため，客観的で便利である。しかしながら，必ずしも地域や年齢などでは十分に顧客を区別できない場合には，顧客の嗜好やライフスタイルまで踏み込んで分析することが重要となる。

2 ターゲティング

顧客を大まかなタイプに分類することができれば，次に行うのは商品を提供する顧客の選択である。このターゲット顧客を選択する過程を**ターゲティング**（targeting）という。ターゲットの選択方法には，基本的に3つの方法がある。1つ目は，単一ターゲット・アプローチである。1つの顧客セグメントだけを選び，その顧客セグメントに特化したマーケティング・ミックスを構築する方法である。集中マーケティングともよばれる。2つ目は，複数ターゲット・アプローチである。これは複数のセグメントを選択し，セグメントごとに個別のマーケティング・ミックスを構築する方法である。フルラインメーカーが採用する戦略

セグメンテーション ➡ ターゲティング ➡ ポジショニング

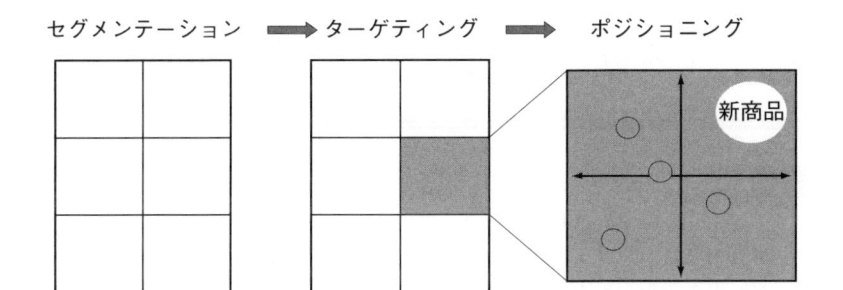

であり，差別化マーケティングともよばれる。3つ目が結合ターゲット・アプローチである。これは複数のセグメントに対して，同一のマーケティング・ミックスで対応する方法である。製品の売上を考えた時には，どうしても最初からたくさんの顧客セグメントを狙おうと考えてしまうことがあるが，これには注意が必要である。多くの顧客セグメントを狙おうとすると，どうしても顧客のイメージがあいまいになり，「いろいろな人に売れる商品」を作ろうとして，結局のところ，誰の心にも訴えかけない商品になってしまうことが多いのである。まずは鮮明に顧客像を思い浮かべられるぐらいにターゲット顧客を絞ることが，ターゲティングの基本である。

3 ポジショニング

ターゲット顧客を選んだあとには，その顧客に対して自社がどのような商品を提供するのかを決めることになる。この際の基本的な手順として，ターゲット顧客がさまざまな商品をどのように評価しているのかを検討したうえで，自社の商品をどこに位置づけてもらえばよいのかを決定するのが望ましい。この位置づけのことを**ポジショニング**（Positioning）という。製品スペックなどの物質的差別化とは異なり，あくまで顧客の頭の中の認知マップ上での差別化であることには注意が必要である。

このポジショニングまでが済むと，それをマーケティング・ミックスに落とし込むことが必要となる。ただし，ここまでSTPの順で述べてきたけれども，実際にSTPマーケティングを行う際には，STPを繰り返し行い反復的に考えることが重要である。

キーワード >>> セグメンテーション，差別化，ブランド・ロイヤルティー，製品スペック

32 プッシュ戦略とプル戦略

> **ポイント**
>
> プッシュ戦略とプル戦略とは，プロモーションにおける2つの対照的な戦略である。プッシュ戦略は「メーカー」→「流通業者」→「消費者」の順に自社製品の取引拡大を促す戦略である。プル戦略とは消費者に製品のブランドを認知してもらい「消費者」→「流通業者」→「メーカー」の順に指名買いの流れを促す戦略である。

1 プッシュ戦略

プッシュ戦略（push strategy）は，取引流通の川上から川下に沿って自社製品の取引拡大を促していく戦略である。メーカーの側から消費者の方向へ製品が「押し出される」ようにして動くため「プッシュ戦略」といわれる。

この戦略では，卸売業者や小売業者など流通業者に対して，メーカーの営業マンが活発に営業活動を行うことが成功のカギとなる。さらには，リベートや販売奨励金などをつけるなどして，流通業者に自社製品を扱うインセンティブを与えることも重要である。また，小売業者に対して，看板などの商材の提供や販売員の派遣などを通して直接的に販売支援を行うことも効果的である。

2 プル戦略

プル戦略（pull strategy）とは，プッシュ戦略とは対照的に，まず消費者に製品のブランドを認知してもらい，それにより「消費者」→「流通業者」→「メーカー」の順に指名買いの流れを促す戦略である。消費者の側から製品が「引っ張られる」ようにして動くため「プル戦略」とよばれる。

この戦略を成功させるためには，消費者に商品の良さを直接的に訴えかけて，消費者が小売店の店頭で商品を指名買いするところまでもっていくことが必要である。そのためのプロモーション活動としては，とりわけテレビ・新聞などによって消費者に直接訴えるマス広告が行われる。また，マス広告以外にもダイレクトメールなどの直接広告が行われることも多い。

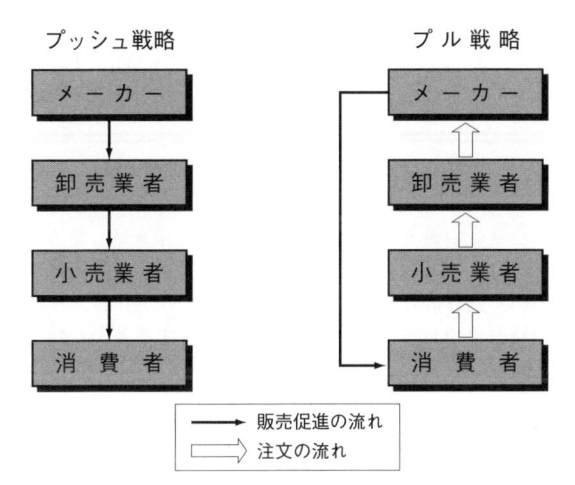

```
プッシュ戦略              プル戦略
  メーカー               メーカー
    ↓                    ⇧
  卸売業者              卸売業者
    ↓                    ⇧
  小売業者              小売業者
    ↓                    ⇧
  消費者       ──→     消費者

         ──→ 販売促進の流れ
         ⇒   注文の流れ
```

出典：井原久光著『ケースで学ぶマーケティング』ミネルヴァ書房，2008年，p. 249。

3 それぞれの戦略が有効な場合

　プッシュ戦略がとりわけ有効となるのは，消費者の購買の意思決定に対して，流通業者の行動が強い影響を与える製品の場合である。たとえば，医薬品や保険など販売に詳細な商品説明が必要な場合や，自動車などアフターサービスが重要な商品の場合には，小売業者次第で売り上げが変化する。また，顧客が性能やブランドをあまり気にしない商品の場合にも，小売店の棚の良い位置に並んでいるかどうかが消費者の購買に最も大きな影響を与えるため，小売店の協力を取り付けることが不可欠となる。

　プルの戦略が有効となるのは，逆に，消費者が購売の意思決定において強い影響をもつ場合である。消費者が製品の使用方法を熟知している場合や，消費者がマス広告に反応しやすい場合にはプル戦略が有効となる。ただし，現実的にはどちらかの戦略だけを採用するということはまれである。多くの企業は2つの戦略を同時に採用し，どちらかの戦略に，よりウェイトを置くのである。

キーワード　>>>　卸売業，小売業，流通チャネル，リベート，サプライチェーン

33 イノベーションの普及

> **ポイント**
>
> イノベーションの普及とは，あるイノベーションが，ある社会のメンバーの間で，あるコミュニケーション・チャネルを通じて，時間の経過とともに伝達されていく過程のことである。この普及の仕方には，S字型の曲線をたどるという特徴と口コミによって効果的に普及するという特徴がある。

1 イノベーションが普及していく過程

① イノベーション達成と普及

イノベーション（innovation）は，革新的な新しい技術，アイデア，仕組みなどが創り出されるだけでなく，それらが市場や顧客に受け入れられてはじめて達成される。つまり，イノベーションは普及されなければ意味をなさないのである。

イノベーションの普及は，それが客観的にみて新しいかどうかというより，それを受け入れる個人が新しいと知覚するかどうかによって決まる。つまり，イノベーションを受け入れる人間の認知や価値観，その背後にある社会の文化や規範などが，イノベーションの普及に重要な影響を与えるのである。

かつてペルーの公衆衛生部局では，村民の健康状態の改善と長寿命化を図るために，飲み水を煮沸することを奨励するキャンペーンを行った。しかし，煮沸を取り入れたのは200世帯のうち11世帯だけであった。村には病人のみが調理された熱い湯を使うという風習があり，病気でなければ湯を飲んではならず，村人は煮沸というイノベーションをふさわしくないと知覚してしまったのである。受け入れた世帯は，病人や村の外から移り住んできた人たちであった。地域の衛生指導員は，こうした規範や文化的背景を理解せずにキャンペーンを実施し，普及に失敗してしまった。

② イノベーション普及のS字カーブ

イノベーションの普及は，図のようなS字型の曲線をたどる。普及し始めてから時間が経過するにつれて，徐々に普及が進み，最後に成熟して普及率が鈍化していくというパターンを経る。普及は，まず新しいものに積極的な初期の採用者が受け入れることによってはじまるが，採用率が16％を超えたあたりから急激に増加する（「普及率16％の論理」とよばれる）。その後，追随する後期の採用者が

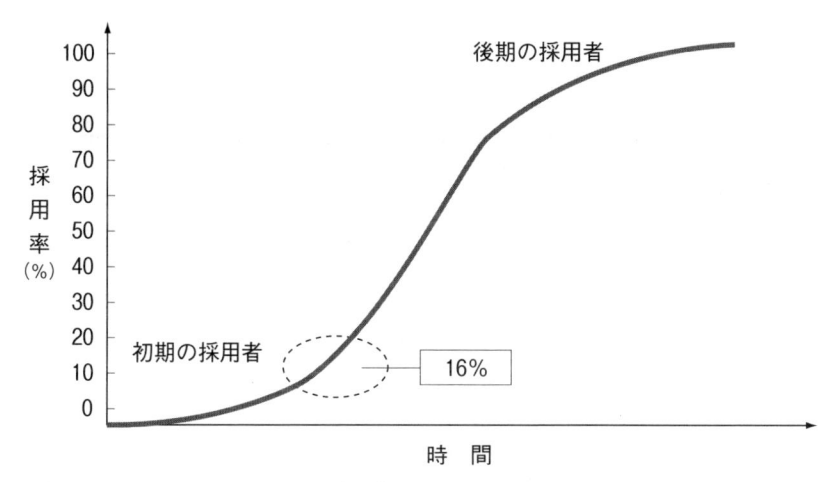

出典：エベレット・M・ロジャーズ著『イノベーションの普及』翔泳社，2007年，p. 17 より作成。

受け入れ，徐々に普及率が伸びていく。

　ここで重要なのは，イノベーションはマスメディアや人間間の口コミを通じて普及していくということである。特に口コミは，個人を説得して新しいものを受け入れさせるのに有効である。なぜなら多くの人は，客観的な基準ではなく，身近な人間の主観的な評価に従いやすく，他人の行動を模倣しやすいからである。

2 イノベーション普及の要件

　イノベーションの普及を早く進めるためには，価値ある製品を提供することはもちろんだが，受け入れる社会の文化や規範などの特徴を踏まえる必要がある。また電話やファクシミリのように，それを使うユーザーがある程度いないと価値が生まれない性質をもつ製品・サービスの場合（**ネットワーク外部性**（network externality））は，他社に先駆けて普及を進めなければ失敗に終わってしまう危険がある。

キーワード　>>>　イノベーション，ネットワーク外部性

34 イノベーター理論

> **ポイント**
> イノベーター理論とは，ロジャーズが提唱したイノベーション（新製品）の普及に関する理論のことである。

1 イノベーター理論とは

　米国の農村社会学者ロジャーズ（Rogers, E. M.）が提唱したイノベーション（新しいアイデアや商品）の普及に関する理論である。ロジャーズは，新しい農業技術や医療方法の普及に関する数多くの事例研究から，どのようにイノベーションが広がるかに関する理論を構築した。この理論はさまざまな領域で活用されているが，マーケティングの領域でも新商品の普及を考える際の重要な基盤となっている。

2 潜在的採用者の5つのタイプ

　イノベーションが採用される過程は，その採用までの時間によって5つの段階に分類できる。まず，イノベーションを最初に導入する人々が，**革新者**（innovators）である。彼（女）らは新しいものや珍しいものが好きで，自分の生活様式を変えるのに積極であるため，新商品にはいち早く飛びつく。ただし，一般大衆とは価値観や感性がかい離していて，流行が始まると別のものに関心が移る傾向がある。

　その革新者に比べて，**初期採用者**（early adopters）は一般大衆の価値観からのかい離が小さい。そのため，イノベーションが社会全体に適合的かどうかを判断する役割を担うことになる。また，ロジャーズの普及理論では，初期採用者に普及しきった状態の16%を超えると，S字カーブが急激に上昇して普及率が進む（「普及率16%の論理」）。すなわち，初期採用者がその後の採用者に大きな影響を与えると考えられているのである。そのため，この初期採用者は「オピニオンリーダー」とも呼ばれ，新商品のマーケティングにおいては特に重視される存在となっている。

　革新者や初期採用者にイノベーションが普及しきると，いわゆる普通の人々がイノベーションの採用を始める。その中で，初期採用者の影響を受けて，平均よ

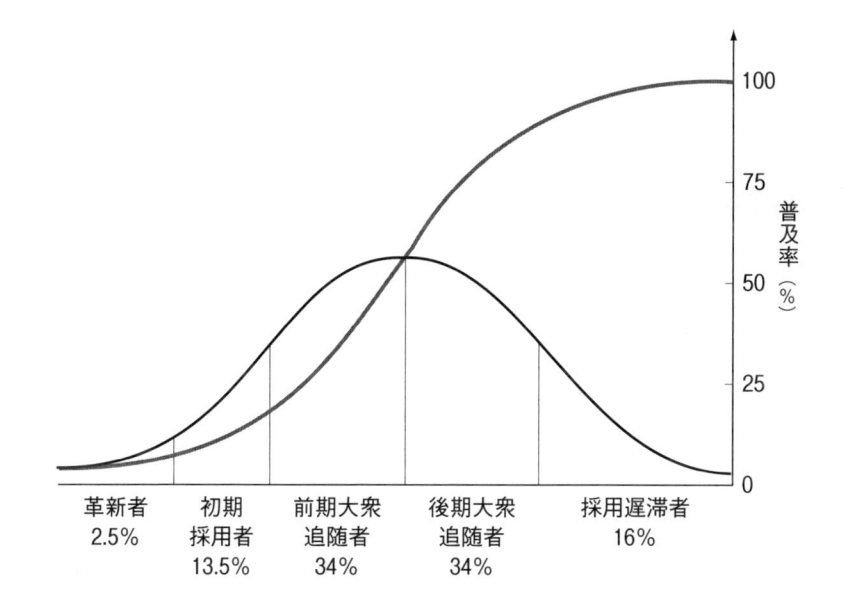

区分	革新者	初期採用者	前期大衆追随者	後期大衆追随者	採用遅滞者
割合	2.5%	13.5%	34%	34%	16%

り早くに新しいものを取り入れる人々が**前期大衆追随者**（early majority）である。その後，世の中の過半数の人が採用した後にようやく採用を始める新しいものに懐疑的な人々が**後期大衆追随者**（late majority）である。

　最後に，ここまできてようやく採用を始める人々を**採用遅滞者**（laggards）という，彼（女）らは流行や世の中の動きに対して関心が薄く，また保守的であるため，伝統主義者と呼ばれることも多い。

③ 適用の際の注意点

　ロジャーズ自身も認めているように，このモデルは「理念型」で現実のパターンはより複雑である。そもそもすべての製品で普及が進むわけではない。とりわけ，比較的新しいものを好む初期採用者から実利を重視する初期大衆追随者へと進む段階には「大きな溝」があるといわれている。また，普及するイノベーション自体も全く同じものが普及するのではなく，普及の過程で，さらなる普及を促進するためにさまざまな改善が積み重ねられていくことにも注意が必要である。

キーワード　>>>　イノベーション，プロダクト・ライフサイクル

35 プロダクト・ライフサイクル

> **ポイント**
>
> プロダクト・ライフサイクルとは，製品の誕生から消滅までをモデル化したものである。通常は，導入期・成長期・成熟期・衰退期の4段階に分けられている。

1 プロダクト・ライフサイクルの段階

　プロダクト・ライフサイクルの理論は，製品のたどる段階を一般的に4段階に分けている。まず世の中に新しいタイプの製品が導入され売上高が少ない導入期から始まり，その後，急速に売上高が増大する成長期が訪れ，いつしか売上高の成長が止まる成熟期に入り，最後には売上高が次第に減少していく衰退期がやってくる。

① 導　入　期

　導入期は，製品が市場に導入されたばかりの段階であり，製品の開発費用や市場投入の費用がかさむのに対して，売上高は少なく利益が出ない場合も多い。競合企業も少なく，少数の企業だけがこの新しい製品を扱っている状況である。この段階での課題は，市場の拡大である。製品を使いやすくすることや，製品の用途や効能を顧客に丁寧に説明するプロモーションがこの時期には有効である。

② 成　長　期

　成長期には，製品の売り上げが急速に増加するので，それに伴い利益も急増することが多い。しかし，市場が成長しているので，競合企業もこれをチャンスと見て市場に参入してくる。競合企業よりも多くの顧客を獲得するためには，製品の改善やラインアップの追加を通して，自社製品の魅力を上げる必要がある。

③ 成　熟　期

　製品の売上高の増加が次第に鈍くなってきた段階が成熟期である。需要が伸び悩んでいることから価格競争は激しくなり，利益も徐々に少なくなってくる。成熟期の半ば以降には，競争を避け撤退する企業も出てきて，競合企業数は次第に少なくなっていく。この時期には，成長のないところで企業が互いに顧客を奪い合うことになるため，熾烈な競争になることも多い。この状況で自社のシェアを防衛するためには，製品の改良や販売促進活動の強化などが必要になる。

売上および利益

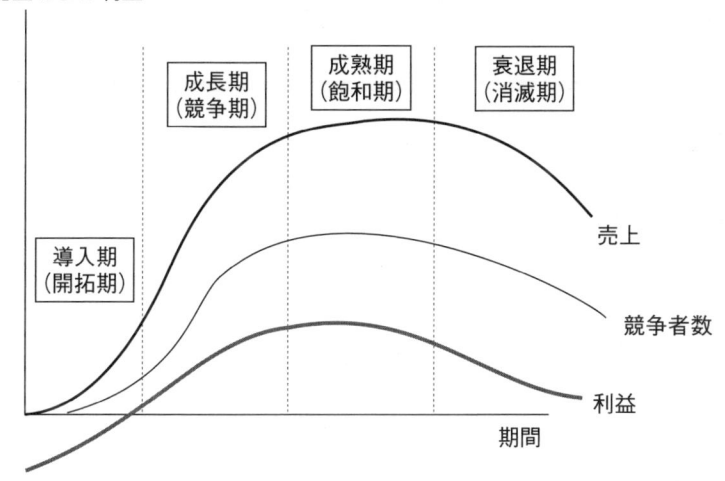

導入期
（開拓期）

成長期
（競争期）

成熟期
（飽和期）

衰退期
（消滅期）

売上

競争者数

利益

期間

出典：井原久光著『テキスト経営学［第3版］』ミネルヴァ書房，2008年，p. 273。

④ 衰 退 期

　衰退期には，業界全体の売上が減少していく。全体としては利益も減少するため，この時期には多くの企業が撤退の時期を検討するようになる。ただし，多くの企業が撤退して次第に競合企業数が減少すると，それでも残っている企業は利益を得られることがある。それを**残存者利益**という。また，いったん衰退した製品が技術革新や新しい用途の発見などによって再び成長することもある。リスクを避け撤退するのか，継続し続け残存者利益を狙うのか，あるいは技術革新に精を出すのか，衰退期の製品を扱う企業は難しい意思決定に迫られるのである。

2 プロダクト・ライフサイクルから得られる示唆

　もちろんすべての製品がこのライフサイクルどおりに推移するわけではない。なかには成長せずに終わってしまう製品もあれば，いちど衰退した後にまた成長するような製品もある。それでも，このモデルは多くの製品に共通する特徴を教えてくれ，各段階でどのような戦略をとればよいのかの手がかりを教えてくれるのである。

キーワード　>>>　ペネトレーション価格設定，スキミング価格設定，残存者利益

36 AIDMA モデル

> **ポイント**
> AIDMA モデルとは，消費者が商品の購買に至るまでの過程をモデル化したものである。Attention ＝注目，Interest ＝興味，Desire ＝欲求，Motive ＝動機，Action ＝行動の頭文字をつなげてアイドマとよぶ。

1 消費者行動の AIDMA モデル

　ターゲット顧客に自社の商品・サービスを購入してもらうには，まずはその商品・サービスを顧客に知ってもらうところから始まり，興味をもってもらう，欲しいと思ってもらうというプロセスを経る必要がある。このプロセスを AIDMA と呼ぶ。図に示されているように，Attention ＝注目，Interest ＝興味，Desire ＝欲求，Motive ＝動機，Action ＝行動の頭文字をつなげてアイドマとよぶ。
　顧客が購買に至るまでには，まずその商品の存在を知っていなければ購買することはないであろうし，知っていても関心をもってくれなければやはり購買しないだろう。さらにいえば，関心をもっていても，おカネを出してでも手に入れたいという欲望や強い動機をもってくれないと，なかなか購買という行動をおこしてもらえないかもしれない。企業が顧客に商品を購入してもらうためには，このような障壁を一つ一つ乗り越えていく必要があるのである。

2 AIDMA モデルに基づくマーケティング施策

　AIDMA モデルは，それぞれの段階で企業がどのようなコミュニケーション目標を掲げ，どのようなマーケティング活動を実行すれば良いかを示唆してくれる。まず，Attention の段階では，顧客に商品・サービスの存在を知ってもらうために，広告・宣伝を打ったり，チラシを入れたり，目につきやすいところにお店を出したりといったことをする必要がある
　Interest の段階では，商品・サービスの特徴や良さをわかってもらう必要があり，「安い」「健康に良い」「楽しい」「共感できる」など商品・サービスの特性に合わせて，なるべく短時間で直感的にわかるように訴求できる必要がある。
　Desire の段階では，お客様が実際の使用をイメージして，自分や家族が喜ぶ顔が浮かべて，「ああそれが欲しい，買いたい」と思えるように誘導する必要が

AIDMA プロセス

プロセス	認知段階	感情段階			行動段階
	Attention（注目）	Interest（興味）	Desire（欲求）	Motive（動機）	Action（行動）
顧客の状態	知らない	知っているが興味はない	興味はあるが欲しいと思っていない	欲しいと思うが動機がない	動機はあるが買う機会がない
コミュニケーション目標	・認知度向上	・商品・サービスに対する評価向上	・ニーズ喚起	・購入動機の喚起・提供	・購入機会提供

※この他に，Mを Memory（記憶）としたり，Mの代わりにC（Conviction）確信を置いたりする考え方もある。

出典：井口嘉則・井原久光・日沖健著『経営戦略のフレームワークがわかる』産業能率大学出版部，2011年。

ある。そして，Motive の段階では，今この時に購入すべきかどうかがポイントになる。「すぐに使える」「すぐに役立つ」など購入動機を引き起こすことが重要になる。Action の段階では，「すぐに買える」「予算以内である」など購買行動につなげられることが重要である。これらのステップをすべてクリアして初めて顧客は自社の商品・サービスを購入してくれるのである。

3 AIDMA モデルの派生形

近年はインターネットの普及により，AISAS というプロセスが注目されるようになっている。AI までは AIDMA と同じで，S は検索（Search），A は購入行動（Action），最後のSは他人とのシェア（Share）を指している。またB to Bのビジネスでは，AIDDA というモデルを使うこともある（2番目のDは意思決定（Decision）を指している）。状況に応じて使い分けるとよいだろう。

キーワード >>> プロモーション，マーケティング・コンセプト

37 市場調査

> **ポイント**
>
> 市場調査とは，市場や消費者のデータを得るための調査活動のことである。観察法・実験法・質問法などさまざまな手法がある。

1 データの必要性

今日のマーケティングにおいて最も重要なことの一つは，市場と消費者を理解することである。それでは，どのようにして市場を理解すればよいだろうか。

ビジネスの世界では，商品の発売前も発売後も，さまざまな方法で市場や顧客のデータを収集・分析し，意思決定に用いることが多くなっている。たとえば，新規にインドでエアコンを販売するとしよう。この場合には，まずインドの地域別の人口構成や所得構成などで，マクロな市場の構造をおさえた上で，実際に消費者調査を行い，インドの人々がどのようなエアコンを好んでいるかを明らかにして製品の開発・販売戦略を構築していくのである。

2 データの種類と調査方法

人口構成や所得構成などのマクロ・データなどは，通常，国が統計資料を開示しているのでそれを利用することができるが，エアコンの嗜好に関する詳細なデータなどは，調査会社に依頼したり，自社で独自に調査したりするなどして，新たに情報を集める必要があるだろう。このように，ある目的のために新規に収集するデータを**一次データ**（primary data），国の統計資料などのように他の目的のために事前に収集されているデータを**二次データ**（secondary data）という。

一次データの収集には，さまざまな方法がある。消費者が実際に製品を購買したり，使用したりする場面を観察することもできるし，複数の店舗で店舗ごとに価格を変え売上がどの程度変わるかを実験することもできる。このような方法をそれぞれ**観察法**（observation techniques），**実験法**（experimental techniques）という。

よりダイレクトに消費者の意見を聞きたい場合には，直接消費者に尋ねてみる**質問法**（questioning techniques）を用いることになる。この質問法にもさまざまな手法があり，それぞれに利点・欠点があるので注意が必要である。6～8名の

質問法における6つの調査手法の比較						
	面接調査	電話調査	郵送調査	留置調査	ファックス調査	インターネット調査
データの量	多い	少ない	中	多い	中	中
複雑な質問	可能	難しい	一部可能	一部可能	一部可能	一部可能
視覚的な用具の利用	可能	一部可能	一部可能	一部可能	一部可能	一部可能
回答率	高い	中	低い	中	低い	中
データの回収時間	短い	短い	長い	長い	中	短い
回答におけるバイアス	高い	中	低い	低い	低い	低い
コスト	非常に高い	中	非常に低い	高い	低い	非常に低い

出典：和田充夫・恩蔵直人・三浦俊彦著『マーケティング戦略［第3版］』有斐閣，2006年，p.81より作成。

消費者を一堂に集め，あるテーマについて意見や感想を述べ合ってもらう**グループ・インタビュー**（group interview）は伝統的に良く利用される**面接調査法**（interview survey）である。この面接調査法では，複雑な質問も可能だし，集められる情報量も多い。しかし，大規模に行うと多大なコストがかかるという欠点がある。逆に，インターネットによる調査では，大きなコストがかからないため，近年は頻繁に用いられる傾向にある。

③ 市場調査の注意点

現代では，企業活動において市場情報を収集し，それを意思決定に利用することは必須になっているといってよい。しかし，よくいわれることではあるが，市場調査にも限界はある。たとえば，消費者が5年後10年後に欲しいと思うような将来のニーズや，まだ見ぬ商品に対して潜在的にもつニーズは，消費者自身が自覚していないことが多いため，市場調査をしても必ずしもわかるわけでない。市場情報を過度に信頼することには注意が必要である。

キーワード　>>>　プロダクト・プランニング，マーケットイン

38 ブランドの管理

> **ポイント**
>
> ブランドの本質とは，顧客がそのブランドに対してもつイメージである．今日の企業では，ブランド・ロイヤルティーの高い顧客を増やすとともに，さまざまな手段でブランドの開発と維持を戦略的に行うことがきわめて重要となっている．

1 ブランドとは何か

ブランド（brand）という言葉は，「焼印を押す（brander）」という言葉から派生した．古くから放牧者たちは，自分たちの家畜を識別するために家畜に自製のマークの焼印（商標の原型）を押していたことに由来しているといわれている．

ブランドには，2つの側面がある．一方では，ブランドとは，その名前やシンボル，ロゴマーク，色彩，ジングルなどの形式的な要素によって構成されている．これらの要素によって，そのブランドの商品は競合他社の商品とは異なる商品として識別されている．しかしながら，もう一方では，ブランドとは，究極的には顧客の心の中で創造されているものである．顧客の中で作り出されているそのブランドに対するイメージこそ，まさにブランドの本質なのである．

2 ブランドの機能

ブランドは，買い手にとってはさまざまな機能をもっている．まず，商品を識別する基本となる．ブランドがあることによって，買い手はその商品に関する情報を容易に獲得し処理することが可能になるのである（ブランドの識別機能）．さらにいえば，ブランドは商品の品質を示してくれる．そのため，買い手にとっては購入のリスクを減らすことができる（ブランドの品質保証機能）．最後に，ブランドは買い手の感情的な経験や自己イメージにも関わっている．高級ブランドなどをイメージしてもらえばわかりやすいと思うが，買い手は特定のブランドを買うことで多かれ少なかれ感情的な経験をする．また，どのブランドを消費するかということによって，自分の嗜好や所属する社会的集団などを示しているのである（ブランドの情緒的機能）．

売り手側にとっては，そのブランドに対して買い手に好意をもってもらい，最

	既存ブランド	新規ブランド
既存市場	ブランド強化	ブランド変更
新規市場	ブランド・リポジショニング	ブランド開発

出典：和田充男・恩蔵直人・三浦俊彦『マーケティング戦略［第3版］』有斐閣，2006年，p. 186。

終的には，ブランド・ロイヤルティー（brand loyalty）をもってもらうことが重要である。ブランド・ロイヤルティーの高い顧客は，他の商品よりも高い価格を払ってでもその商品を買ってくれることが多い。

3 ブランドの基本戦略

　ブランドの管理を進める際には，まず基本的なブランド戦略を決めておく必要がある。この戦略は，対象とする市場が既存なのか新規なのか，採用するブランドが既存なのか新規なのか，という2つの次元によって整理することができる。

　ブランド強化とは，従来の戦略の延長で，既存市場で既存ブランドを用いて戦う戦略であり，最もリスクの少ない戦略である。ブランドの市場への浸透が不十分であったり，他のブランドとの競争が激しくなった場合に，この戦略が採られる。

　ブランド・リポジショニングとは，既存ブランドのまま思い切って新しい顧客セグメントを狙う戦略である。成長している顧客セグメントを狙い撃ちできれば，既存ブランドのまま売上げを増加することができる。

　ブランド変更とは，同じ市場をターゲットとし続けたまま，新規ブランドを投入する戦略である。イメージが悪くなったブランドをやめて，消費者へ新しいブランドで鮮度を訴えることができるなどの効果がある。

　ブランド開発とは，新しい市場に新しいブランドで参入するハイリスク・ハイリターン型の戦略である。現在の自社の事業とは関連性の薄い事業を立ち上げる際には，この戦略を採らざるを得ない。既存のブランド資産が生かせないという点には注意が必要である。

キーワード　>>>　ジングル，差別化，ブランド・ロイヤルティー

39 サプライチェーン・マネジメント

> **ポイント**
>
> サプライチェーン・マネジメントとは，商品が消費者の手元に届くまでの業務の流れ（調達→製造→流通→販売）を「供給の連鎖」ととらえ，企業や組織の壁を越えてプロセス全体の最適化を図る経営手法である。

1 SCM とは

　サプライチェーンとは，原材料や部品の調達・供給から，加工・製造・流通を経て，商品が顧客にわたる一連の流れ（連鎖）のことである。これらの業務の流れは，一つの部門や企業内において完結するものではなく，複数の企業を経るものである。効率的に商品を消費者に届けるためには，それらの諸活動の流れを統合・管理することが必要となる。つまり，**サプライチェーン・マネジメント**（SCM＝supply chain management）は企業や組織の壁を越えて経営資源や情報を共有し，ビジネス・プロセスの最適化を図るものである。

2 SCM の目的

　業務の効率化はいかなる組織においても課題であるが，一企業や一部門における効率化を進めても期待した成果があがるとはかぎらない。業務の流れは，部門間や取引先など企業間の連携があってはじめて実現できるものといえる。たとえば，生産部門の効率化をどれだけすすめても，それを活かす原材料・部品の調達や流通・販売体制が整っていなければ，その生産能力は活かされない。

　SCM の目的は，サプライチェーン全体を改革し，効率的な供給体制を構築することにある。納期短縮や欠品防止による顧客満足の向上，ムダな在庫や輸送をなくすことによるコストダウンやキャッシュフローの最大化などの方法がある。

　そのためには「商品の流れと情報を**同期化**」させることが必要になる。生産と販売における同期化を例に考えてみると，小売店の多くでは **POS**（point of sales）が導入されているが，レジ打ち作業の軽減だけでなく，仕入・棚卸と販売実績を結びつけ，店舗の在庫管理・受発注管理に活用される。つまり，顧客や販売現場からの情報を流通や生産にリアルタイムに反映させることにより，効率化を図ろうとするものである。特に，数か月単位で製品交替が起こるような製品に

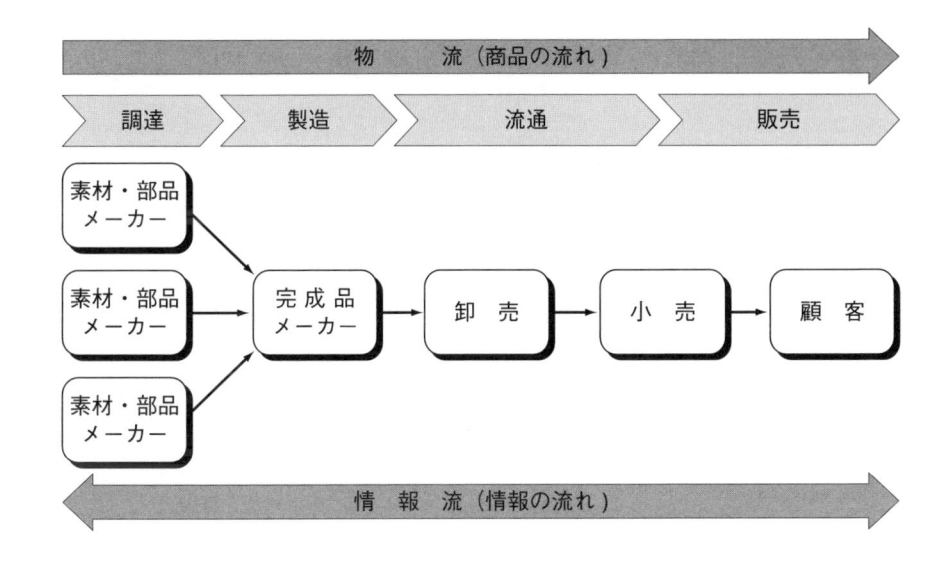

```
←―――――― 物　　流（商品の流れ）――――――→

　調達　〉　製造　〉　流通　〉　販売　〉
```

[素材・部品メーカー]
[素材・部品メーカー] → [完成品メーカー] → [卸売] → [小売] → [顧客]
[素材・部品メーカー]

```
←―――――― 情　報　流（情報の流れ）――――――→
```

おいては在庫をもつことは値引きや廃棄の対象となるため，調達から顧客までのリードタイム（lead time）を短縮した仕組みの構築が目指されている。

3 SCMの課題

　企業間を超えた供給の連鎖であるために，何らかのトラブルが発生した際に一企業内で立て直すことが難しいといった課題もある。特に生産現場を中心としたSCMの場合，自社在庫・中間在庫を可能な限り少なくし，最適化を図ってきた。そのため，1つのサプライヤー（素材・部品メーカー）が災害やトラブルなどでダウンすると，サプライチェーンが寸断され，供給が停滞し，SCM全体にその影響が及ぶことになる。特定の企業との取引が過度に集中しているほど，その影響は大きくなる。適正在庫の見直しや拠点の分散化などの対応が考えられるが，コストの低減と特定の専門技術への依存などのメリットと相反する課題を抱えているものといえる。

　2011年の東日本大震災を受けて，日本でも**BCP**（business continuity plan：事業継続計画）への関心が高まっているが，SCMにおいても緊急時における事業継続のための方法，手段などを取り決める必要に迫られている。

キーワード　>>>　同期化，POS，BCP

さらに，マーケティングを学ぶためには？

1 教科書で学ぼう！

- 石井淳蔵・嶋口充輝・余田拓郎・栗木契（著）『ゼミナール マーケティング入門』日本経済新聞社，2004年
- 小川孔輔（著）『マネジメント・テキスト マーケティング入門』日本経済新聞社，2009年
- 和田充男・恩蔵直人・三浦俊彦（著）『マーケティング戦略［第3版］』有斐閣，2006年
- 井原久光（著）『ケースで学ぶマーケティング』ミネルヴァ書房，2001年
- フィリップ・コトラー／ゲイリー・アームストロング（著），和田充夫（訳）『マーケティング原理［第9版］』ダイヤモンド社，2003年

2 専門書や原典を読んでみよう！

- セオドア・レビット（著），有賀裕子（訳）『T. レビット マーケティング論』ダイヤモンド社，2007年
- デイビッド・A・アーカー（著），阿久津聡（訳）『ブランド・ポートフォリオ戦略』ダイヤモンド社，2005年
- アル・ライズ／ジャック・トラウト（著），川上純子（訳）『ポジショニング戦略（新版）』海と月社，2008年
- ジェフリー・ムーア（著），川又政治（訳）『キャズム』翔泳社，2002年

Ⅳ 経営管理と組織

40	科学的管理法	49	組織構造
41	管理過程	50	組織内の垂直的な関係
42	人間関係論	51	官僚制
43	欲求段階説	52	連結ピン
44	動機づけ衛生理論	53	職能制組織と事業部制組織
45	X理論とY理論	54	マトリクス組織
46	リーダーシップ	55	組織文化
47	期待理論	56	コンティンジェンシー論
48	グループ・ダイナミクス		

40 科学的管理法

> **ポイント**
> 科学的管理法とは，フレデリック・W・テイラーが提唱した工場管理の手法である。従来の管理方法が経験や勘に頼っていたのに対して，テイラーは，観察と測定に基づく合理的な規則と手続きなど，科学的な根拠に基づく正確で客観的な作業管理を行う方法を提唱した。

1 科学的管理法の背景と理論

テイラー（Taylor, F. W.）が**科学的管理法**（Scientific Management）の確立に取り組んだ当時，作業の現場では，作業の成果に応じて賃金が増える**単純出来高払い**（piece rate plan）が採用されていたが，管理者が設定する**賃率**（wage rate）の基準はバラバラでいい加減であった。そのため，労働者の生産量が増大すると賃金が上がり，労働コストも増大すると，管理者が勝手に賃率を下げることがあった。こうして労働者は，働きすぎるほど賃率が切り下げられ，「仕事をしすぎると損になる」と考え，仲間内で生産のペースについての合意をつくり出す**組織的怠業**（systematic soldering）が蔓延するようになった。

テイラーは，労働者の怠業をなくすためには，管理者が公正な賃率を設定するとともに，客観的な基準によって職務（仕事の内容と量）を正しく設計する必要があると考えた。つまり，生産現場の作業管理に「科学」という共通の基盤を導入することで，労使双方の「相互不信」を「相互信頼」に変えようと試みた。

テイラーが科学的管理法で重視したのは，作業を研究することで標準的な課業を明確に設定することである。そのため，熟練労働者の作業の観察を通じて，一連の作業を細かい動作に分解し，個々の動作にかかる時間をストップ・ウォッチで測定し，標準時間を決定するとともに（**時間研究**：time study），無駄な動作や誤った動作を省き，作業に関する最善の方法を見出した（**動作研究**：motion study）。また，作業に使う道具を標準化して作業の効率化も図った。テイラーは，これらすべてを詳細なマニュアルに記し，その内容を作業者が共有化できるようにした（指図票制度）。また，与えられた**課業**（task）を達成した場合には高い賃金を作業者に支払い，達成できなかった場合には低い賃金を支払うという新しい賃金制度をとることによって，労働者の勤労意欲を高めるとともに課業を守る

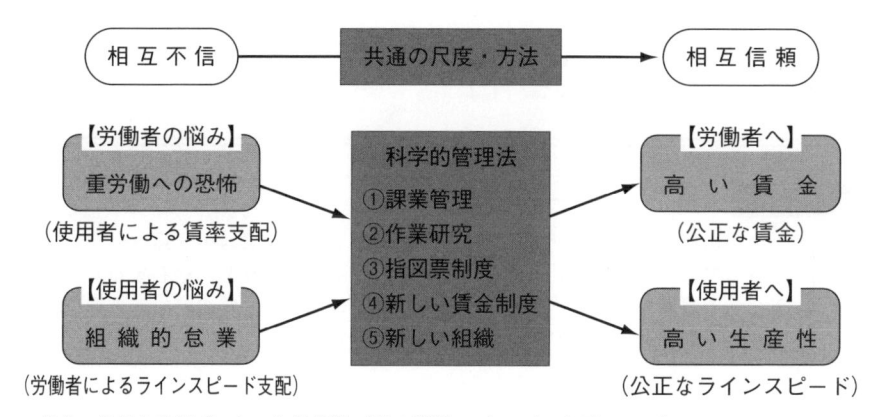

```
┌─────────┐      ┌─────────────┐      ┌─────────┐
│ 相互不信 │─────▶│ 共通の尺度・方法 │─────▶│ 相互信頼 │
└─────────┘      └─────────────┘      └─────────┘
```

【労働者の悩み】	科学的管理法	【労働者へ】
重労働への恐怖	①課業管理	高い賃金
（使用者による賃率支配）	②作業研究	（公正な賃金）
【使用者の悩み】	③指図票制度	【使用者へ】
組織的怠業	④新しい賃金制度	高い生産性
（労働者によるラインスピード支配）	⑤新しい組織	（公正なラインスピード）

出典：井原久光著『テキスト経営学［第3版］』ミネルヴァ書房，2008年，p. 84。

ことを図った。

最後に，以上の標準化された作業を効率的に行うために，職長の機能を計画機能と執行機能に分け，職務の専門化を推し進め，一人の職長が多様な管理業務を行う必要をなくし自分の限られた課業に専念できるようにした。この**職能別職長制**（functional foremanship）は，**ファンクショナル（職能）組織**（functional organization）の原点ともいえるものである。

② 科学的管理法の貢献と問題

科学的管理法がより客観的で，実証的な管理方法を提唱することで，生産管理という考え方が経営に普及するとともに，アメリカの産業発展を支えた大量生産システムの基礎が築かれた。一方，頭脳労働者（ホワイトカラー）と肉体労働者（ブルーカラー）という2つの職能を明確に分離し，その結果，資本家と労働者の間の階級闘争の激化や労働争議の火種となった。また，科学的管理法を推し進めれば，人間の労働は単純作業に分解され，同じ作業を反復させられ，仕事は無味乾燥な画一的な仕事になっていくという人間性の欠如に対する批判が起こった。

キーワード　>>>　時間研究，動作研究，人間関係論，ファンクショナル組織

41 管理過程

> **ポイント**
>
> 管理過程とは，アンリ・ファヨールが提唱した経営管理のプロセスを示したものであり，それは「予測し，組織し，命令し，調整し，統制する」という5つの要素から成る。このファヨールの管理過程は，後の経営管理過程論に多大な影響を与え，現代の経営管理の基礎となった。

1 6つの企業活動における管理活動

管理過程（management process）を提唱したアンリ・ファヨール（Fayol, J. H.）は，フランスの金属鉱業の企業で30歳代前半から会社の一般管理に携わるとともに，1888年から1918年まで社長を務めた。そして，この社長としての経営経験を独自の管理理論にまとめ，経営の科学化と教育に努めた。

ファヨールは，産業企業は，①技術活動（生産，製造，加工），②商業活動（購買，販売，交換），③財務活動（資本の調達と運用），④保全活動（財産と従業員の保護），⑤会計活動（棚卸，貸借対照表，原価計算等），⑥管理活動（予測，組織，命令，調整，統制）の6種類の活動ないし機能をもっていると考えた。

この6つの活動は，企業の本質的な機能であり，そのどれか1つが欠けても企業は衰退・死滅する可能性があるが，ファヨールは，6番目の管理活動を他の活動と分けて強調している。最初の5つの活動がモノを対象とするのに対して，管理活動はもっぱら人間を対象とし，組織の人々の努力を調整し，各活動を調和させる全般的な活動と位置づけられる。また管理活動は，あらゆる組織に普遍的に存在するものであり，係長→課長→部長→社長というように，上級職になればなるほどその比率や重要度が大きくなる。同様に，企業の規模が大きくなればなるほど，管理活動の比重は高くなる。このようにファヨールは，「管理」という活動を他の活動から切り離し，上級職や大規模組織に必要なものと位置づけ，科学的な分析を試みたのである。

2 5つの管理要素

ファヨールは，管理活動の内容を「予測し，組織し，命令し，調整し，統制すること」であると定義した。

【管理活動を業務活動と区別】　　　【管理過程】

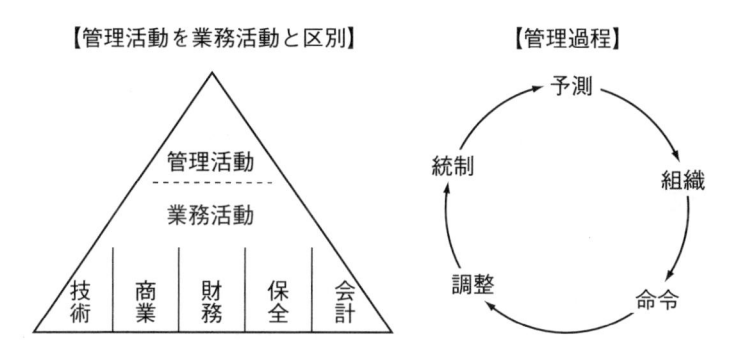

出典：井原久光著『テキスト経営学 [第3版]』ミネルヴァ書房，2008年，p. 109 より作成。

　「予測する」とは，未来を検討して活動計画を立てることである。管理者は未来を見極めて準備を整えなければならない。「組織する」とは，物的・人的な構造を構築することである。つまり，計画が能率的に準備され，遂行されるような組織を構築することである。「命令する」とは，従業員を実際に機能させることである。管理者は，企業が全体として最大の利潤を引き出すことを目的として従業員に命令を下し，最大限可能な業績を引き出さなければならない。「調整する」とは，すべての活動と努力を結集し，団結し，調和させることである。つまり，部門間のヨコの関係や，各部門の活動を企業全体の目的に結びつける全体と部分の間の関係を調整することである。最後の「統制する」とは，すべての活動が，採用された計画，与えられた命令や規則にしたがって行われるように監視することである。効果的に統制を行うためには，統制が迅速に作動し，適切な制裁システムが存在していることが必要である。

　以上のように，ファヨールが管理とは「予測し，組織し，命令し，調整し，統制すること」であると定義した意味は大きく，その後，多くの研究者が同様のマネジメント・プロセスを発表し，**管理過程学派**（management process school）とよばれる研究系譜がつくられた。また，今日企業において提唱されている「Plan（計画）→ Do（実行）→ Check（評価）→ Action（調整）」というサイクルも，管理過程を単純化したものである。

キーワード　>>>　科学的管理法，マネジメント・サイクル

42 人間関係論

> **ポイント**
>
> 人間関係論とは，メイヨーらハーバード大学のグループが行ったホーソン実験を契機として発展した研究である。メイヨーらは，このホーソン実験を通じて，経営学における人間観は感情や連帯意識をもった社会人であり，人間の感情面や職場の非公式な人間関係に焦点を当てるべきだと主張した。

1 ホーソン実験

　ホーソン実験（Hawthorne experiments）とは，アメリカのウエスタン・エレクトリック社のホーソン工場で行われた，作業者の作業能率に関する一連の実験を指す。この実験を行ったメイヨー（Mayo, G. E.）らは，工場の作業者の作業能率に影響を与える条件を特定するために，6名の女子作業員を選んで個室の試験室に移し，作業条件を変えながら作業量の推移を測定した。ここでは，賃金，休憩時間，軽食サービス，部屋の温度・湿度などの条件を変えて測定した。最初，これらの条件が改善されると作業能率が向上した。ところが，これらの条件を元に戻しても作業能率は高い水準で維持される結果が出た。この実験で選ばれた女子作業員たちは，選ばれた誇りや仲間意識をもっていた。また，実験の趣旨や重要度が理解されていたうえに，作業能率の結果が報告され評価されていた。メイヨーらは，このような誇り，責任感，友情，好意的雰囲気，事前情報，事後情報などから，彼女たちの集団に高い士気や団結心が形成され，それが維持されていたために高い作業能率が持続したと分析した。

　メイヨーらは，他の条件を追求するために，面接調査を行った。この調査は，自由な雰囲気と通常の会話によって行われた。面接では，従業員は自分の問題を話しているうちに，その問題の新しい解釈を発見し，面接を行った監督者は，部下の生活状況など職場の背後にあるものを理解することができた。つまり，面接を通じて従業員と監督者の相互理解が高まり，調査そのものが作業能率を向上させたのである。また従業員は，事実に基づく不満と，事実に関係ない不満をもっているが，事実に基づかない不満は感情的なもので，全体的な状況（個人的経歴や職場状況）に左右されることもわかってきた。これらの結果からメイヨーらは，①人間の行動は感情と切り離せないこと，②人間の感情は偽装されること，③感

	科学的管理法	人間関係論
前　提 （仮説）	経済人仮説 人間は孤立的 打算的 合理的	社会人仮説 人間は連帯的 献身的 感情的
勤労意欲	経済的動機による賃金など	社会的動機によるモラール
対象組織	公　式　組　織	非　公　式　組　織

出典：井原久光著『テキスト経営学［第3版］』ミネルヴァ書房，2008年，p. 127。

情の表現は全体的な状況の中で理解すべきこと，を明らかにした。

　さらにメイヨーらは，14人の作業員を1つの部屋に集め，作業者同士の人間関係を詳細に調べた。その結果，この14人の職場には2つの公式組織があったが，その中には仲間集団である**非公式組織**（informal organization）が存在し，この非公式組織が作業員たちの感情や働き方に大きな影響を及ぼし，重要な役割を果たしていることが明らかとなった。具体的には，この非公式組織は，①仕事に精を出すな，②仕事を怠け過ぎるな，③上司に告げ口するな，④偉ぶったりおせっかいをやくな，という感情に支配されていた。つまり，「作業仲間に迷惑をかけずにうまくやる」という感情が働いていたのである。

② 人間関係論（human relations theory）

　メイヨーはホーソン実験の結果を踏まえて，人間は，①経済的成果より社会的成果を求め，②合理的理由よりは感情的理由に左右され，③公式組織より非公式組織の影響を受けやすいと主張した。すなわち，人間は連帯的，献身的，感情的に行動する社会人あるいは情緒人であって，**科学的管理法**（Scientific Management）が前提としたような孤立的，打算的，合理的に行動する経済人ではないと主張し，経営学における人間観を一変させた。

キーワード　>>>　科学的管理法，生産性，非公式組織

43 欲求段階説

> **ポイント**
>
> 欲求段階説とは，人間の欲求が大きく5つ（生理的欲求・安全の欲求・社会的欲求・尊厳欲求・自己実現欲求）に分類可能であり，その5つの欲求が階層状になっているという考え方である。

1 5つの欲求

心理学者であるマズロー（Maslow, A. H.）が唱えたのが，欲求段階説である。マズローは，人間の基本的欲求が5つに分けられると考えた。右の図に書かれているのが，その5つの欲求である。下から順に説明していこう。

① **生理的欲求**（physiological needs）

食欲，排泄欲，睡眠の欲求など，人間の生命の維持活動に直結した欲求である。

② **安全の欲求**（safety needs）

危険や脅威，不安などから逃れようとする欲求である。身体的危険から身を守り，経済的安定を願望することが安全の欲求である。

③ **社会的欲求**（social needs）

集団への帰属や愛情を求める欲求で「愛情と所属の欲求」あるいは「帰属欲求」ともいわれる。人間は社会的動物とも言われ，孤立して生きることは困難である。

④ **尊厳欲求**（esteem needs）

他人から尊敬されたいとか人の注目を得たいという欲求である。名声や地位を求める出世欲もこの欲求の一つである。

⑤ **自己実現の欲求**（needs for self-actualization）

各人が自分の世界観や人生観に基づいて自分の信じる目標に向かって自分を高めていこうとする欲求のことで，潜在的な自分の可能性の探究や自己啓発，創造性への挑戦などを含む。

2 欲求の段階

この5つの欲求は段階的に現われる。つまり，図の下側の低次の欲求が満たされると，次の欲求が現われてくると考えられている。たとえば，災害などに遭遇

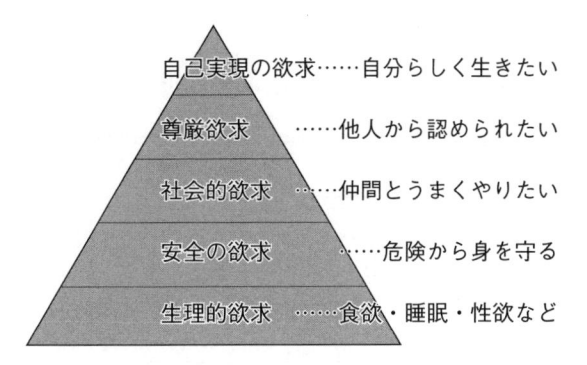

```
        自己実現の欲求……自分らしく生きたい
          尊厳欲求    ……他人から認められたい
          社会的欲求   ……仲間とうまくやりたい
          安全の欲求   ……危険から身を守る
          生理的欲求   ……食欲・睡眠・性欲など
```

出典：井原久光著『テキスト経営学 [第3版]』ミネルヴァ書房，2008年，p. 139 より作成。

した場合，睡眠や食事などが得られ生理的欲求が満足するようになると，多くの人々は家を建て直したり，仕事を軌道に乗せようとしたりする。すなわち，外部から身を守る物理的な砦（家）や経済的な安定（仕事）などを求めるのである。暮らしが一応軌道にのり，安全の欲求が満たされるようになると，人々は仲間を求め，社会の一員として認めてもらいたいと願う。さらに，そのような人間集団への帰属という「社会的欲求」が満たされると，今度は仲間から認められたいという「承認の欲求」が強くなってくる。このような順番に欲求が現れることが欲求の段階性である。

③ 欲求段階説への批判

　実は，実際に調査した結果では，この理論が成り立つことは確認できていない。欲求がこの5つの段階に分けられることや，段階的に欲求が現れるという結果が調査からはなかなか得られないのである。しかしながら，この欲求段階説は，この理論の直感的な理解しやすさのために広く受け入れられている。現在でも，さまざまな改善がなされながら，経営の現場で頻繁に利用されている理論である。

キーワード　>>>　モチベーション，欠乏動機，成長動機

44 動機づけ衛生理論

> **ポイント**
>
> 職務満足の要因と職務不満の要因が別であるという理論である。職務満足をもたらすものは，仕事そのものに関わる要因であり，動機づけ要因と呼ばれる。一方，職務不満足をもたらすものは仕事環境に関わる要因であり，衛生要因とよばれる。

1 動機づけ要因と衛生要因

　アメリカの心理学者ハーズバーグ（Herzberg, F.）は，仕事に対する態度が成功か失敗かを決定するという信念から「人が仕事に何を求めるか」という命題に取り組んで調査研究を行った。具体的には，技術者や経理担当者203名と面接して，①仕事に関してこれ以上よい経験はなかったというほど「例外的によかったと感じた経験」と②これ以上嫌なことはなかったというほど「例外的に嫌な気分を感じた経験」を尋ねて，500例近い体験談を集めて，それを分析したのである。

　分析の結果，彼は職務満足をもたらす要因と職務不満足をもたらす要因が別であるという結論を得た。「良かった経験（職務満足）」に共通して多く表れるのは，①仕事の達成感や，②（達成の）承認，③仕事そのもの，④昇進，⑤仕事による成長などのように仕事の内容に直結したものだった。そのため，この職務満足感をもたらす要因は**動機づけ要因**（motivator factors）と名付けられた。

　その一方で，「嫌な経験（職務不満足）」の方で顕著に目立ったのは，①管理者の質や，②給与・職務保障，③会社の方針，④物理的な作業条件，⑤対人関係などであった。つまり，不満足の要因は満足の要因とは異なり，仕事の内容そのものではなく，仕事の周辺にあるものであった。この不満足の要因は，保険衛生の衛生という言葉から**衛生要因**（hygiene factors）と名付けられている。

2 経営管理への示唆

　我々は通常，「満足」の反対を「不満」であると考えがちであるが，この理論に従えば「満足」の反対は「満足なし」であり，「不満」の反対は「不満なし」である。したがって，給与や物理的な作業環境などで，従業員が感じている不満の原因を取り除いても，不満を緩和させるだけで，従業員の動機付けにはつなが

職務満足感をもたらす動機づけ要因	職務不満足感をもたらす衛生要因
・達　成 ・承　認 ・仕事そのもの ・昇　進 ・成　長	・管理者の質 ・給与・職務保障 ・会社の方針 ・物理的な作業条件 ・対人関係

らないのである。従業員の仕事に対する動機づけを高めたければ，仕事の達成とその承認といった仕事そのものに関わる要因を重視しなければならないのである。

3 動機づけ衛生理論への批判

　この理論に対してもいくつかの批判があるが，ここでは2つ紹介しておこう。第1に，調査方法への批判である。人間はうまくいったことに対しては，自分の手柄として誇り，反対に失敗の責任に関しては環境が悪かったことに因果を帰属させがちである。この点で，上述の結果にはバイアスがかかっている可能性がある。

　第2に，ハーズバーグが発見したのは満足をもたらす要因であって，それを動機づけ要因と呼ぶのは適切ではないという批判である。満足促進要因が動機づけ要因であるというためには，満足しているほど努力するという関係が必要であるが，この関係は必ずしも強くないことが知られている。

　しかし，こうした批判にもかかわらず，この理論もまた広く普及し，多くの経営者によって採用され，現実に大きく影響を与えてきた理論である。

キーワード >>>　職務，モチベーション，欲求段階説，帰属理論

45 X理論とY理論

> **ポイント**
> X理論とY理論とは，人間に対する2つの両極的な見方である。人間に対する否定的な見方がX理論であり，肯定的な見方がY理論である。

1 X理論

産業組織を研究していたマグレガー（McGregor, D.）は，管理職の人々と話し込んでいるときに，彼（女）らの間に「ひとはなぜ働くのか」について，きわめて対照的な考え方が存在することを発見した。その2つの対象的な人間観が**X理論**（Theory X）と**Y理論**（Theory Y）である。

X理論は，以下のような人間観に立っている。
- 普通の人間は生来仕事が嫌いで，できれば仕事はしたくないと思っている。
- 仕事が嫌いだから，強制・統制・命令されたり，処罰や脅しを受けなければ働かない。
- 普通の人間は命令される方が楽で，責任はとらずに済む方がよく，野心はもたず，安全を望む。

マズローの欲求段階説であれば，X理論は人間が低次の生理的欲求や安全欲求に支配されていると考えているのである。このような人間観に立った場合には，いかにして働くのが嫌な人間に働いてもらうのかという考え方が管理法の中心となる。つまり，厳しく監視・命令することで働いてもらう，あるいは業績に対して報酬を与えることで働いてもらうという伝統的管理法の背景にあるのが，このX理論なのである。

2 Y理論

マグレガーは，上述のX理論は古い人間観であるとして，それに基づいた伝統的管理方法を批判している。マグレガーが主張した新しい人間観であるY理論は次のような人間観に立脚している。
- 人間は生まれつき仕事をすることをいとわない。仕事は条件次第で満足の源になる。
- 進んで働きたいと思う人間には統制や命令は役に立たない。

	X理論	Y理論
人間観	人間は生まれながら，仕事が嫌い 強制・命令されなければ働かない 命令される方が良い 責任はとりたくない	人間は生まれながらにして，仕事が好き 命令されなくても進んで仕事に取り組む 自ら創意工夫する 自分の仕事の責任は積極的にとる
管理法	伝統的管理（不信が裏にある） ・ハード・マネジメント（厳しい管理） ・ソフト・マネジメント（甘い管理） ・ハードとソフトの組み合わせ 　（アメとムチ）	目標による管理（信頼ベース） ・自主的な目標設定 ・自己管理 ・業績の自己評価 ・自己啓発

出典：井原久光著『テキスト経営学［第3版］』ミネルヴァ書房，2008年，p.145より作成。

●進んで働く人間は責任も積極的にとるし，創意工夫をして問題を解決する。

こうした人間観に立ってマグレガーは新しい管理方法を提案している。それは現在では一般に**目標による管理**（Management by Objective = MBO）とよばれる方法に近い管理手法である。従業員が主体的に目標設定し，その業績に関しても自己評価をするやり方である。

3 仕事の種類と管理方法

マグレガーは，X理論の人間観を「古い人間観」として，Y理論の方がX理論よりも正しいと主張していた。しかし，マグレガーがこの観察を行った1950年代から半世紀が経った現在でも，X理論の前提をもつ管理者もいれば，Y理論の管理者もいるというのが現実であろう。現在では，仕事の種類やさまざまな状況に応じて，従業員の仕事への態度は異なるし，有効な管理方法も異なるという考え方が主流になっている。

キーワード　>>>　管理職，モチベーション，科学的管理法，MBO

46 リーダーシップ

> **ポイント**
>
> リーダーシップとは，集団に目標達成を促すよう影響を与える能力である。効果的なリーダーシップがどのようなものかに関してはさまざまなアプローチがある。主要なアプローチは，優秀なリーダーには共通の資質があると考える資質論，優秀なリーダーの行動に注目した行動理論，状況に応じて効果的なリーダーシップ・スタイルは異なるとする状況適合理論の3つである。

1 資質論

リーダーには，指導者にふさわしい**資質**（trait）があるというのが**資質論**（trait theories）のポイントである。たとえば，「生まれつきのリーダー」といった表現が，この見方を代表している。

こうした見方は古くからあり，管理原則を提唱したファヨール（Fayol, J. F.）は，管理に必要な能力として，①肉体的な資質（健康，たくましさ，器用さ），②知的な資質（学習能力，判断能力など），③道徳的な資質（気力，堅実さ，責任感，犠牲的精神など），④一般教養，⑤専門知識，⑥経験の6つの能力を挙げている。

こうした初期の資質論は十分な科学的根拠がなかったが，心理学の領域においてパーソナリティーの体系化が進むにつれて，指導者の性格分析などを根拠にリーダーの資質調査が行われるようになってきている。

2 行動理論

リーダーシップが個人的資質に基づくという考え方に対して，**リーダーシップ・スタイル**（leadership style），つまり，リーダーがとる行動によって有効性に差があるという見方がある。これを**行動理論**（behavioral theories）とよぶ。資質論との違いにおいて重要な点は，行動理論の前提に立てば，リーダーシップの有無は特定の行動に基づくために，リーダーシップを教えることも学ぶことも可能であるという点である。

この行動理論には，オハイオ州立大学の研究やミシガン大学の研究など有名な研究がいくつかある。これらの研究に共通するのが，リーダーシップのスタイル

	理論の基本的な前提	代表的研究・理論
資質論	リーダーシップの有無は個人的資質に基づく。	
行動理論	リーダーシップの有効性は、リーダーのとる行動（リーダーシップ・スタイル）によって決まる	・オハイオ州立大学の研究 ・ミシガン大学の研究 ・マネジリアル・グリッド
状況適合理論	有効なリーダーシップ・スタイルは、その状況によって変わる。	・フィードラー理論 ・SL 理論 ・パス・ゴール理論

を2つのタイプに大きく分けていることである。一つが，仕事やタスクに直結した行動で**タスク志向型**（task-oriented）のスタイルとよばれる。もう一つが，人間として部下の感情面にきちんと目配りする行動で**人間関係志向型**（relationship-oriented）のスタイルとよばれる。この2つのタイプのどちらがよいかというのは研究によってやや異なるが，多くの研究においてタスク志向的要因と人間関係志向的要因の両方の程度が高いリーダーが最も高い成果を上げると主張されている。

3 状況適合理論

リーダーシップに関する**状況適合理論**（contingency theories）は，有効なリーダーシップが実現する状況を重視するもので，常に有効な理想のリーダーシップ・スタイルがあるわけではなく，リーダーの置かれた状況（たとえば環境やタスクの性質，部下の成熟度など）に応じて有効なリーダーシップ・スタイルは変わってくると主張する理論である。たとえば，平時と有事では有効なリーダーシップは異なるだろう。現代では，現実の複雑さに対応できるように，より多次元のアプローチが求められるようになっているのである。

キーワード >>> マネジリアル・グリッド，SL 理論，パス・ゴール理論

47 期待理論

> **ポイント**
> 期待理論とは，人間の行動志向が，その行動が報酬につながるという期待の程度と，その報酬に本人が感じる魅力の程度に依拠するという理論である。

1 期待理論

　現在，最も統合的なモチベーション理論だと考えられているのが，**期待理論**（expectancy theory）である。この理論を示したのが右ページの図である。かなり単純化してあるが，重要な内容は表されている。まず上の矢印で示されているのが，人間の行動の流れである。人は，そのモチベーションの高さに応じて，どの程度の努力を投入するかを決定する。努力を行えば，その努力投入量に応じて業績が達成され，人はその業績に応じた報酬を得ることができる。

　期待理論では，人間がこの行動の流れに関して期待をもち，その期待がモチベーションの程度を左右すると考える。すなわち，努力を投入すればそれが結果につながるという期待の程度と，その報酬に本人が感じる魅力の程度によって，モチベーションの程度が左右されるのである。それを示したのが右図の下段の2つの経路である。

2 努力すれば報酬が得られるという期待

　第1に，仕事に努力を投入すれば業績が上がり報酬を得られるということをどの程度信じているかによって，個人が何かをしようという動機の強さは左右される。この期待を（努力→報酬）期待というが，これは（努力→業績）期待と（業績→報酬）期待とに分けて論じられることも多い。

　まず，努力と業績の関係に関して，誰しもが努力をすれば必ず結果が出ると強く信じているわけではない。同じ努力をしても個人によって能力や資質が異なるし，間違った方法で努力をしても結果にはなかなかつながらない。努力が業績につながるという期待は，自信や過去の達成経験によって異なっているのである。

　同じように，業績と報酬の関係も必ずしも明確なものではない。よほど細やかな業績主義の報酬システムが導入されていない限りは，業績をどの程度達成すれば，それが給与やボーナス，昇進・昇給などにどの程度つながるのかというのは

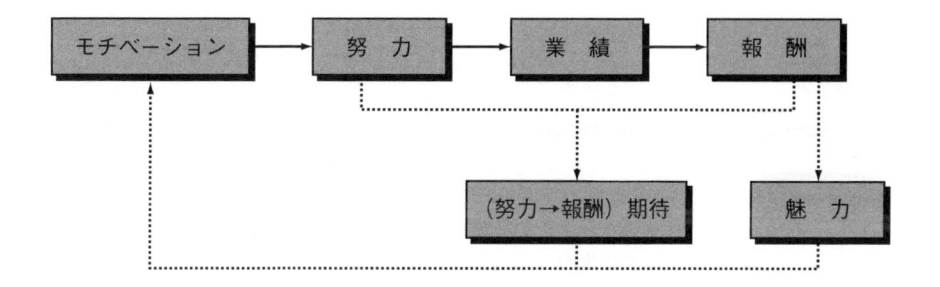

```
モチベーション → 努  力 → 業  績 → 報  酬
                                  ↓       ↓
                          (努力→報酬)期待   魅 力
```

通常の組織では明確にはわからないものである。しかしながら，部下のモチベーションを引き出すためには，業績が達成されればどの程度の報酬が得られるのかということを明確に示すことが必要なのである。

また，注意が必要なのは，必ずしも皆が給与やボーナスなどの外的な報酬を求めているわけではないということである。仕事そのものから生じるやりがいや達成感，成長感などの内的な報酬も重要な報酬である。

3 報酬の魅力

努力が報酬につながるという期待とともに重要なのが，報酬の魅力である。この報酬の魅力も人によって様々であるという点には十分な注意が必要である。たとえば，同じ300万円という給与にしても，満足に思う人もいれば，強い不満を感じる人もいる。また，給与などの外的な報酬を重視する人もいれば，達成感や成長感を重視する人もいる。

この期待理論に対しても，人間はそれほど計算高くないなどの批判があるが，それでも現時点では最も統合的なモデルとして受け入れられている。

キーワード　>>>　モチベーション，外的報酬，内的報酬

48 グループ・ダイナミクス

> **ポイント**
>
> グループ・ダイナミクスとは，集団で行動することで生まれる力学である。必ずしもポジティブな側面ばかりではなく，ネガティブな側面もある。特に，集団圧力や集団浅慮には注意が必要である。

1 集団圧力

　人間が集団で行動するときに生まれる力学を**グループ・ダイナミクス**（group dynamics）という。人間が一人一人では達成できないようなことでも，チームを使って集団で行動することで達成可能になることがある。しかし，集団の力学には，必ずしもプラスな側面ばかりではないことには注意が必要である。

　たとえば，集団の多数意見に負けて，自分の考えを変えてしまったことはないだろうか。心理学者のアッシュ（Asch, S.）は，サクラを使った実験でそのような集団の効果を示している。彼は，8名からなるグループ（実際の被験者は1名だけで，残りの7名は事前に用意されたサクラ）にある問題を解かせるという実験をした。その問題はきわめて簡単なもので，通常では誤答率は1％に満たないような問題である。しかし，他の7人のメンバーが事前の指示に従い誤った答えを言うということを繰り返すと，被験者50名のうち74％の人が少なくとも1回は他の7名に同調して誤った回答を口にしてしまったのである。

　この実験からは，人間は集団に受け入れられたいと望むために，自分の態度や行動を変えてしまうことがわかる。これが**集団圧力**（group pressure）である。集団には私たちに同調するようにプレッシャーを与える圧力があるのである。

2 集団浅慮

　また，集団の意思決定は個人の意思決定よりも的確だ，と我々は思いがちである。しかし，逆に集団で考えるとかえって深く考えずに決定がなされる場合もある。それが**集団浅慮**（group think：グループシンク）である。ジャニス（Janis, I. L.）は，1961年のアメリカによるピッグズ湾侵攻事件を調査し，一人一人は優秀であっても，内輪で親密かつ外部から隔絶した状態にあると，病理的な集団決定を行ってしまうことがあることを明らかにしている。集団浅慮の状態になると，

```
                    集団のありうべきダークサイド
        ┌───────────────────┼───────────────────┐
     集団圧力              集団浅慮             集団凝集性
  個人としては正しい判    集団で考えるとかえっ    集団内の団結の度合い
  断ができていたはずな    て深く考えずに決定が    が高まり、集団間の対
  のに、多数派の力に負    なされてしまう。        立（コンフリクト）が
  けて自分の考えを変え                            発生。
  てしまう。
        │                      │                      │
  自分以外に誰かひとり    誤りを明確に声に出す    至上目標の設定で克服。
  でも正しい判断をして    ことが効果的。
  いれば、集団圧力のマ
  イナス効果は弱まる。
```

出典：金井壽宏著『経営組織』日経文庫, 1999年, p. 82。

アイデアを多面的に見ることや、代替案を受け入れることができなくなってしまうのである。

3 集団凝集性

このような集団の影響の強さに関係するのが、**集団凝集性**（group cohesiveness）である。集団凝集性とは、要するに、集団の団結の度合いである。団結している集団は通常はよい集団だと考えられがちであるが、強い集団圧力をもたらしたり、集団浅慮を引き起こしたりしやすいという点では注意が必要である。実際、集団の凝集性と成果の関係も単純ではない。「高い業績を目指そう」という**集団規範**（group norm）をもっていれば、凝集性が高い集団ほど成果も高まるが、「業績なんて気にしない」という集団規範をもつ場合には、凝集性が高い集団ほどかえって低い成果に甘んじてしまうことになるのである。さらに、集団内で凝集性が高まると、集団間で対立（**コンフリクト**：conflict）が起きやすくなるという問題もある。集団を率いる場合には、このような集団のネガティブな側面も考えることが重要なのである。

キーワード　>>>　集団圧力，集団浅慮，集団凝集性

49 組織構造

> **ポイント**
> 組織構造とは，組織図で示されるような組織の公式的な分業や調整の仕組みである。

1 組織構造

　数人の集団であればリーダーが1人でまとめられるかもしれないが，数十人や数百人の規模になると，何かしらの規則や仕組みが必要になる。とりわけ効率的に組織を動かすためには，仕事の分業とその調整が不可欠である。その分業と調整のための規則や仕組みを**組織構造**（organizational structure）といい，その組織構造を決めることを**組織設計**（organizational design）とよぶ。

　組織構造が端的に表現されるのが，組織図である。右の図は一般的な製造業の会社の組織図を単純化して示したものだと思ってほしい。一番上に社長がいて，その下に開発部門，生産部門，営業部門という3つの部門があり，さらにその下には1課・2課というグループが連なっている。すなわち，この図は，組織のメンバーが開発・生産・営業という役割ごとのグループに分けられているという**部門化**（departmentalization）の仕組みや，開発部門は社長に業務の報告を行い，その命令に従わなくてはいけないという**指揮命令系統**（reporting line）を示しているのである。

　なお，これら業務の遂行に直接関わる組織メンバーは，線でつないだ命令系統をもつことが多いことから**ライン**（line）と呼ばれる。それに対して，人事や法務，戦略立案の策定などラインの仕事を補助する役割を**スタッフ**（staff）とよぶ。

2 組織構造の6要素

　組織図は組織の全体像を理解するのには便利ではあるが，組織構造を包括的に表現できるわけではない。経営者が組織構造を設計するときには，6つの要素を考慮する必要がある。まず，垂直的な関係においては，**指揮命令系統**（reporting line）に加えて，一人の管理者が有効に指揮できるのは何人までかという**管理の幅**（span of control）や，どのレベルの管理者にどの程度の権限をもたせるかという**権限**（authority）の設定を十分に考慮する必要がある。

組織図

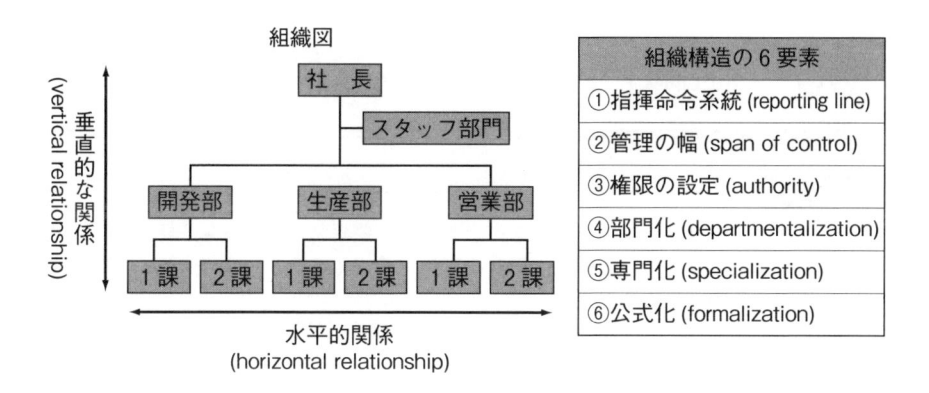

垂直的な関係 (vertical relationship)

- 社長
  - スタッフ部門
  - 開発部
    - 1課
    - 2課
  - 生産部
    - 1課
    - 2課
  - 営業部
    - 1課
    - 2課

水平的関係 (horizontal relationship)

組織構造の6要素
①指揮命令系統 (reporting line)
②管理の幅 (span of control)
③権限の設定 (authority)
④部門化 (departmentalization)
⑤専門化 (specialization)
⑥公式化 (formalization)

同様に、水平的な関係においても、**部門化**（departmentalization）の設定だけではなく、それぞれの職務をどの程度まで細分化して分業するかという**専門化**（specialization）の程度を決定する必要がある。他にも、実際に組織を運営する際には、組織メンバーにどの程度の規則を課すかという**公式化**（formalization）の程度も重要な要素となる。これらの6つの要素をどのように設定するか次第で、組織メンバーの役割や働きやすさは大きく変わってくるのである。

3 「組織は戦略に従う」

組織構造の6要素を決定する際に重要な指針となるのが、組織が遂行する戦略である。「組織は戦略に従う」と唱えたのは、経営史の研究家であるチャンドラー（Chandler, A. D. Jr.）である。彼は、20世紀初頭のアメリカの大規模企業の成立過程を調査し、市場環境が変化すると、それに伴って企業の戦略が変化し、その戦略に合わせて組織構造が変化することを明らかにした。今日でも、技術的革新や消費者行動の変化、国際化の進展などで、経営環境は常に変化し続けている。それら環境の変化と戦略の変化を見すえて、組織構造を考えることが重要なのである。

キーワード >>> 組織構造，組織設計，ライン，スタッフ

50 組織内の垂直的な関係

> **ポイント**
>
> 組織の垂直的な関係を管理する上で重要な要素が，指揮命令系統の整備と，管理の幅の設定による組織の形状の選択，集権化するか分権化するかという権限の設定である。

1 指揮命令系統

　会社で働くようになると一度は耳にする言葉として，上司への「報告」「連絡」「相談」を略して「報・連・相（ホウレンソウ）」とよぶ言葉がある。組織においては，上司と部下がしっかりと情報をやり取りすることきわめて重要なのである。この「誰が誰に報告しなくてはならないのか」「誰が誰に責任を負うのか」という関係を組織のトップから末端のメンバーに至るまで示すのが，指揮命令系統（reporting line）である。指揮命令系統は，通常，ピラミッド状の階層構造となっているため，ヒエラルキー（hierarchy）ともよばれる。

　この指揮命令系統という考え方は，古くから組織設計の要であると考えられてきた。とりわけ，重視されていたのが，それに伴う2つの原則である。一つが，**指揮命令系統の一元化の原則**（principle of unity of command）である。これは命令・指示は「直接の上位者一人」から受けるべきという原則である。他の部署の人や階層を飛び越えた上位者から命令が下されると組織が混乱してしまうことがあるからである。もう一つが，**権限・責任の一致の原則**（principle of authority and responsibility）である。なぜなら，権限がないのに責任だけもたされてもその責任を果たすのは難しいし，逆に，責任がないのに権限があると自由に何をしてもいいことになってしまうからである。

2 管理の幅と組織の形状

　指揮命令系統を設計する際に考慮しなければならないのは，一人の管理者が効果的に指揮できる部下の数はいったい何人なのかという問題である。これは一般的に**管理の幅**（span of control）とよばれる。管理職一人一人の部下の数が少なければ少ないほど，部下の管理は容易で，部下に対して綿密なサポートを提供することができる。

指揮命令系統と管理の幅　　　　組織の形状

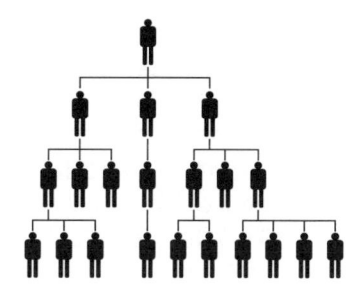

トールな組織　　　　フラットな組織

　しかしながら，管理の幅を狭めることには大きな問題もある。単純に管理職者の数が増えることでコストが増えることに加えて，一人当たりの部下を少なくすればするほど階層数が増えて縦に長いトールな組織になってしまうからである。組織が縦に長くなると，組織内の縦のコミュニケーションが難しくなり，組織の意思決定に時間がかかるようになる。そのため，近年では管理の幅を広くとり，フラットな組織を目指す傾向にある。

③ 集権化と分権化

　組織内の垂直的な関係を考える上で，もう一つ重要なのが権限の設定である。組織のトップが大きな権限をもち，その他のメンバーはトップの命令を伝達・実行するだけという組織もあれば，現場に近い管理者に意思決定を任せている組織も存在する。組織の上位者に権限が集中している場合を**集権化**（centralization）されているといい，逆に，下位レベルのメンバーに権限が与えられている場合を**分権化**（decentralization）とよぶ。また，下位の者に権限を与えることを**権限移譲**（delegation of authority）という。

　現場に近いところで意思決定を行った方が，より柔軟で早い対応が可能であるため，近年は組織を分権化する傾向が顕著である。

キーワード　>>>　官僚制，連結ピン，コンティンジェンシー理論

51 官僚制

> **ポイント**
>
> 官僚制とは，マックス・ウェーバー（Weber, M.）が提唱した，組織目標を効率的に達成するために合理的に体系化された手段である。官僚制では，明文化された規則により，職務の内容を明確にし，個人の自由裁量の範囲を狭め，職務の遂行を非人格化することで，明示された目的が整然と達成される。

1 官僚制の特徴

官僚制（bureaucracy）とは，組織目標を効率的に達成するために合理的に体系化された組織である。前近代における支配形態が，指導者個人の英雄的な能力・資質などのカリスマ的な特性や古くから存在する血縁・身分関係などの伝統的な慣習・先例に基づく「主従関係」であったのに対して，近代の官僚制では，非人格化された客観的な手続きを経て定められた規則に基づく「契約関係」の支配形態をとる。官僚制では，制定された法・規則に命令の根拠があり，服従はその範囲内でなされる。そして，法・規則が公平に全員に適用されることで命令を権威あるものにする。官僚制は，このような合法的な支配に基づき，規則による非人格化，階層化，専門的技術化によって，担当者個人の恣意性を低くして客観性や計算可能性を高め，組織の合理性を達成しようとする。具体的には，以下の6つの特徴がある。

① 法・規則に基づく権限と義務

組織の職務上の義務やその義務を果たすための権限，様々なポジションに就くために必要な条件などについての一連の法・規則が存在し，明文化されている。

② 支配と職位の階層性

上下関係（命令－服従の関係）のはっきりしたピラミッド型の階層が存在し，役職者は各階層に配列され，上位の階層が下の階層を統括・監督する。

③ 文書主義

職務の執行や人事など，あらゆることが文書によって記録・伝達・管理される。

④ 専門的訓練を前提とした職務活動

各役職者は，その役職の仕事の遂行に必要な専門的技能をもっていることを前

	ウェーバーの官僚制	マートンの逆機能
権限の原則	規則と権限による体系	法規万能，前例主義
階層性	ピラミッド型の階層構造	責任回避とたらい回し
非人格性	地位や役割による人格	特権と保身
専門性	機能的に分化した専門性	セクショナリズム
文書主義	文書による事務手続き	繁文縟礼

提に採用・配置される。この専門的に訓練された職員により職務が分業される。
⑤ 専任職員による責任ある職務の執行
　各職員は専業で，その組織の使命のために働き，他の仕事との兼業はしない。
⑥ 専門性と職務能力による職員の選抜および任用
　職務の執行は，法律・行政・経営の技能を習得した官僚により，明確でモレのないルールに従って行われる。

② 官僚制の逆機能

　マートン（Merton, R. K.）らは，官僚制の機能が逆に効率性を損なったり，組織の目的を阻害したりする逆機能（dysfunctions in bureaucracy）を引き起こすことを指摘した。本来，官僚制における規則は目的を達成するための手段にすぎないが，その規則を守ること自体が究極の目的になる「規則至上主義」に陥る危険がある。なぜなら，官僚制においては，法や規則が守られない場合にはなんらかの罰則（ペナルティ）を課すという懲罰機能が付随するからである。そのため，罰則を避けるべく規則厳守が最大の関心となると，臆病・保守性を生み出し，特殊な状況下でも臨機応変な対応ができなくなり，結果として組織の目的が達成されなくなるという事態に陥る。また，縦割り行政や派閥・縄張り争いに見られるように，組織全体より自部門の利益を優先する「セクショナリズム」，内容よりも文書などの形式を重視し，画一的な対応をとる「形式・画一主義」，外部に対して膨大な書類の作成や面倒な手続きを押し付ける「繁文縟礼」，「既得権の保守」，「責任回避」といった結果を引き起こすことが指摘されている。

キーワード　>>>　ヒエラルキー，セクショナリズム

52 連結ピン

> **ポイント**
>
> 連結ピンとは，リッカートが提唱した組織構造である「重複集団構造をもつ組織」を説明する概念である。職場集団の管理者は，この組織構造において，上位の職場集団と下位の職場集団の両方に属する連結ピンの役割を果たし，従業員中心型のリーダーシップをとり，従業員の生産性とモラールの向上を実現する。

1 重複集団構造をもつ組織と連結ピン

リッカート（Likert, R.）は，ミシガン大学社会調査研究所（ISR：Institute for Social Research）においてプルデンシャル生命保険会社を対象に，**ホーソン実験**（Howthorne experiments）と同じような調査を行った。この調査は，基本的には従業員の賃金や待遇など，労働条件と生産性の関係を検討するものであったが，結論はホーソン実験とあまり変わらなかった。しかしリッカートは，この調査を通じて，従業員の生産性に最も影響を与えているのはリーダーシップのスタイルで，このリーダーシップのスタイルの違いが高い生産性と**モラール**（morale）に関係していることを明らかにした。調査において生産性の低いグループでは，①標準的な仕事の方法と手順を定め，②これらの仕事に適した人を選抜し，仕事の方法と手順を教育し実行させ，③個人または集団に出来高制（成果給）を導入する，**科学的管理法**（Scientific Management）に基礎をおく「仕事中心型のリーダーシップ」が多かった。一方，生産性の高いグループでは，①通常の仕事の意思決定は権限を委譲し部下が行い，②通常でない仕事や他の職場に影響を与える意思決定は，管理者と部下が議論し意思決定し，③部下たちが仕事に関心をもてば，部下は上手く仕事をする，ということを前提とした「従業員中心型のリーダーシップ」が多いことを発見した。そして，これらの結果から，従業員の生産性やモラールを高めるためには，「集団参加的リーダーシップ」をとることが必要だと主張した。

リッカートは，この集団参加的リーダーシップを実現し得る新しい組織の形態として，図のような，個々の職場集団が重なり合い，その積み重ねから全体が構成される「重複集団構造をもつ組織」を提唱し，**連結ピン**（linking pin）という

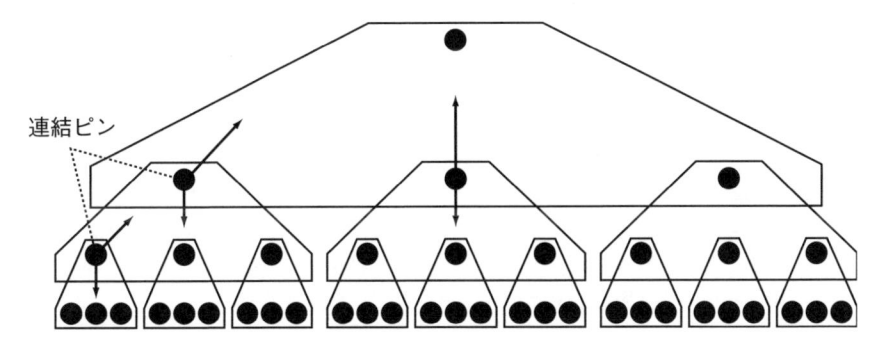

出典：R.リッカート著『組織の行動科学』ダイヤモンド社，1968年，p.57 より作成。

概念を用いて説明した。ここでは，職場集団の管理者（部長，課長，係長など）は，2つの職場集団の重なるところに位置し，重なり合う職場集団の間の連結ピンのような役割を果たす。管理者は，上位の集団に対してはメンバーシップの役割を果たし，下位の職場集団に対してはリーダーシップの役割を果たす，二重の役割をもつ。たとえば，図の矢印が始まるところにいる人物は，上部の三角形で示した上位の職場集団と，下部の三角形で示した下位の職場集団の重なるところに位置し，下位集団の総意を上位集団につなげていく連結ピンの役割を担っている。

2 リッカートの組織論の特徴

リッカートは，組織を職務（仕事）の体系からなる階層型組織と考えるのではなく，チームとしての職場集団に基礎をおいて機能すると考えた。また，組織を「人間の組織」ととらえ，管理者の仕事は「仕事を扱うこと」ではなく，「人間を扱うこと」であると述べ，組織における管理者によるリーダーシップの役割の重要性を強く主張した。特に，管理者と部下はマン・ツー・マンの関係ではなく，管理者が部下のグループと接し，グループの総意を上位につなげる連結ピンの役割を担うことを重視した。そして，組織における紛争・不信感・対立を解消し，協働的なチーム型の組織を作り上げれば，組織に大きな価値をもたらせるとした。

キーワード　>>>　組織構造，科学的管理法，リーダーシップ，システム4

53 職能制組織と事業部制組織

> **ポイント**
>
> 職能制組織と事業部制組織は，組織の部門化に関する最も一般的な2つの方法である。職能制組織では組織メンバーは専門的職能ごとに編成され，事業部制組織では製品別あるいは地域別などに編成される。

1 職能制組織と事業部制組織

　職能（function）という言葉は，聞き慣れない言葉かもしれないが，営業や経理など組織内で果たす機能・役割のことを職能という。この職能に応じて部門が分けられた組織が**職能制組織**（functional organization）である。伝統的に職能制組織という言葉が用いられてきたが，近年では機能部門別組織とよばれることも多い。

　右ページの左側の図にもみられるように，職能制組織は，まず研究開発・生産・販売などの職能に分かれている。たとえば，パソコンとテレビ，ゲーム機を扱っている企業を考えてみよう。職能制組織では，各部門がそれぞれすべての製品を担当することになる。研究開発部門の中に，パソコンの研究開発を行う部署とテレビの研究開発を行う部署，ゲーム機の開発を行う部署が置かれるのである。

　対照的に，右側の図では，まずパソコン・テレビ・ゲーム機という製品ごとに分けられている。これが製品別の**事業部制組織**（multi-divisional organization）である。ゲーム機事業部の下には，ゲーム機の開発・生産・販売という事業を行う上での一通りの機能が揃っているため，一つの会社のように自律的に事業を行うことができる。この自律的に事業が行えるというのが，事業部制組織の大きな特徴である。図に示したのは製品別に分けた製品別事業部制組織であるが，他にも地域別に分けた地域別事業部制や，市場・顧客ごとに分けた事業部制組織などが存在する。

2 それぞれの組織のメリットとデメリット

　職能制組織と事業部制組織には，それぞれ異なるメリットとデメリットがある。なぜなら，同じ部門内の組織メンバーの方がコミュニケーションもしやすければ，業務の調整も行いやすいため，どのような部門化を行うかによって組織の動き方

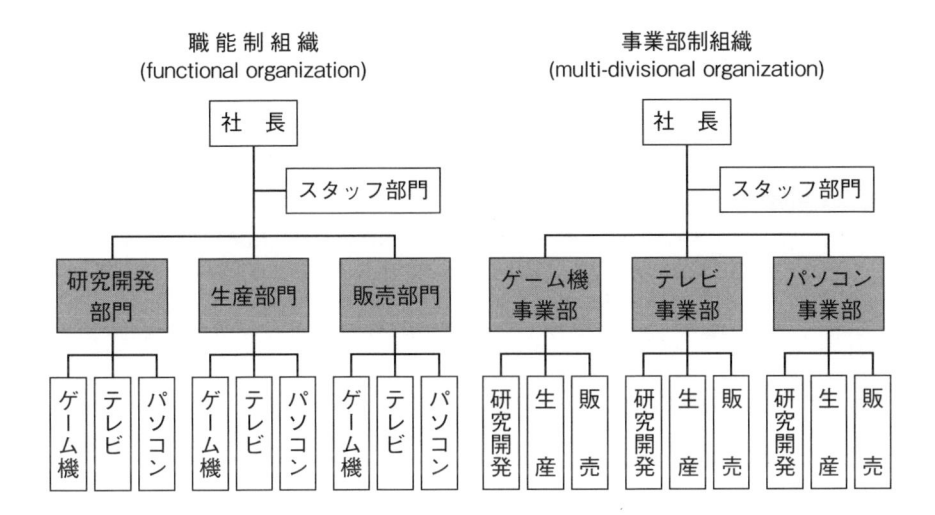

職能制組織　　　　　　　　　事業部制組織
(functional organization)　　(multi-divisional organization)

```
        社　長                    社　長
          │                        │
          ├─スタッフ部門           ├─スタッフ部門
          │                        │
  ┌───────┼───────┐      ┌─────────┼─────────┐
研究開発  生産部門  販売部門  ゲーム機   テレビ    パソコン
部門                         事業部    事業部    事業部
  │        │        │        │         │         │
ゲ テ パ  ゲ テ パ  ゲ テ パ  研 生 販   研 生 販   研 生 販
ー レ ソ  ー レ ソ  ー レ ソ  究 産 売   究 産 売   究 産 売
ム ビ コ  ム ビ コ  ム ビ コ  開         開         開
機    ン  機    ン  機    ン  発         発         発
```

　が変わってくるのである。

　職能制組織では，職能ごとに組織メンバーをまとめて職能内の調整を容易にすることで，生産コストの削減などの「規模の経済性」を追求しやすく，「技術的な専門性」も高めやすいというメリットが生じる。しかし，逆に職能を越えての連携は難しく，職能を越える意思決定に時間がかかるという欠点がある。

　それに対して，事業部制組織では職能横断的に製品単位で組織をまとめることで，事業別の採算管理もしやすく，市場環境の変化にも迅速に対応ができるというのが大きなメリットである。たとえば，ゲーム機の売上が落ちて緊急な対策が必要だという場合にも，事業部内で販売や開発が話し合って調整することが可能であるし，事業部長のレベルで迅速に意思決定をすることができるのである。

　職能制組織と事業部制組織のどちらがよいかに関しては，経営環境や企業の特徴を考えて，生産・開発・販売等の機能を集約することで得られる規模の経済性などのメリットと，それぞれの製品・市場への柔軟で迅速な対応によって得られるメリットのどちらが大きいかを考える必要がある。

キーワード　>>>　企業戦略，多角化，シナジー効果，規模の経済

54 マトリクス組織

> **ポイント**
>
> マトリクス組織とは，複数の組織形態を組み合わせた組織形態である。製品と職能を組み合わせた「製品・職能マトリクス組織」や製品と地域を組み合わせた「製品・地域マトリクス組織」が一般的である。

1 マトリクス組織

マトリクス組織（matrix organization）とは，数学のマトリクス（行列）が行と列から構成されるのと同じように，タテの系統とヨコの系統の2つの命令系統をもつ組織である。この2つの系統の選び方はいろいろありうるが，通常，製品と職能を組み合わせた「製品・職能マトリクス組織」や製品と地域を組み合わせた「製品・地域マトリクス組織」が一般的である。

右ページの図は，製品・職能マトリクス組織を図示したものである。社長のすぐ下には，各製品担当のマネジャーと各職能部門のマネジャーの両方が置かれている。図中の○印の人々は，各製品の採算責任をもち市場への迅速な対応を重視する製品担当マネジャーからの指示を受けるのと同時に，開発・生産・販売といった職能別の資源共有や専門知識の蓄積を重視する職能担当マネジャーからの命令にも従うのである。この両方のマネジャーが同等の権限をもつのが純粋なマトリクス組織である。なお，マトリクス組織は，図中の○印の人からみると，上司が2人いることから**ツー・ボス・システム**（two-boss system）ともよばれる。

2 マトリクス組織のメリットとデメリット

マトリクス組織の長所は，上手く運営されれば，複数の組織形態の長所を生かせることにある。製品・職能マトリクス組織であれば，製品別事業部制組織の長所である製品市場への迅速な対応というメリットと，職能制組織のメリットである規模の経済性の追求や技術的な専門性というメリットの両方が生かせる。

しかしながら，ツー・ボス・システムであるがゆえの組織運営の難しさも存在する。複数の命令系統をもつため，責任や権限が不明確になりがちであるし，指導権を争ってマネジャー同士の権力闘争が行われることもある。また，2人の上司から命令を受ける部下の側でも，フラストレーションを抱えたり混乱を引き起

製品・職能マトリクス組織

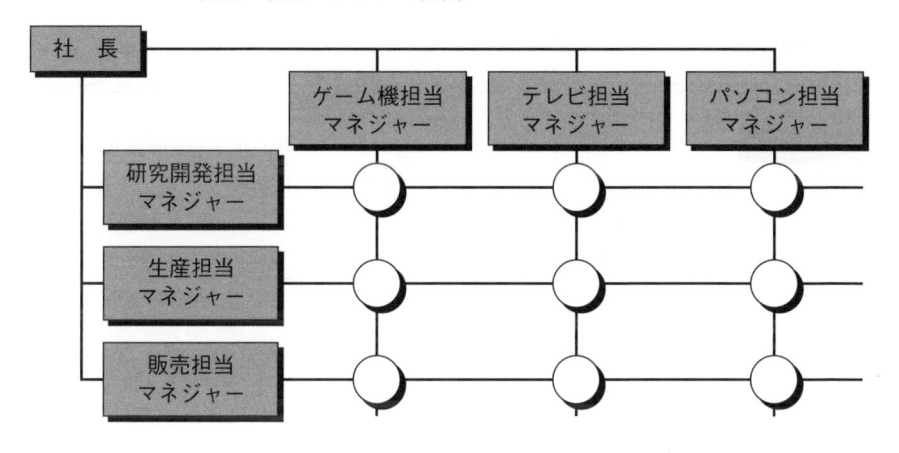

```
社長
├─ ゲーム機担当マネジャー
├─ テレビ担当マネジャー
└─ パソコン担当マネジャー

社長
├─ 研究開発担当マネジャー
├─ 生産担当マネジャー
└─ 販売担当マネジャー
```

こしたりする恐れもある。

そのため，最初から，2人のボスに同等の権限を与えない組織も多い。職能別部門のボスが主要な権限をもち，製品マネジャーは製品活動の調整を行うだけの組織や，あるいは製品マネジャーが主要な権限をもち，職能別のマネジャーは技術者を選任したり助言をしたりするだけの組織である。こちらの組織の方が，むしろ純粋なマトリックス組織より上手くいく場合が多いといわれている。

③ クロス・ファンクショナル・チーム

近年では激しい経営環境の変化に対応するため，組織構造にとらわれない柔軟な組織活動も求められるようになっている。そのような試みの一つが，**クロス・ファンクショナル・チーム**（cross-functional team）の積極的な活用である。これは，一時的に組織横断的に編成されるプロジェクト・チームやタスク・フォースのことである。現在では，事業プロセスの見直しなど組織横断的な問題の解決を図る場合や，新製品・新規事業の開発など，その時の組織の問題点や組織の戦略の焦点に合わせたチームが作られるのである。

キーワード　>>>　職能，職能制組織，事業部制組織，チーム型組織，タスク・フォース

55 組織文化

> **ポイント**
>
> 個人には様々な人格があるように、組織にも様々な性格がある。それを組織文化という。組織文化を明確に定義することは難しいが、この組織文化は実際に存在し、組織の様々な側面に影響を与えると考えられている。

1 組織文化の重要性

　組織文化や企業文化という言葉が経営学で使われるようになったのは比較的最近のことである。この組織文化が注目される一つの要因は、それが企業の業績に大きな影響を与えることが明らかになったからである。たとえば、ピーターズ（Peters, T. J.）とウォーターマン（Waterman, R. H.）は、日米の優良企業（エクセレント・カンパニー）62社を調査して、優良企業には顧客や行動を重視する独特の組織文化があることを示した。

　しかし、組織文化は必ずしも良い面ばかりではない。今日、多くの企業が変革に取り組んでいるが、必ず聞かれるのが「戦略を転換しても、企業体質が変わらない」あるいは「組織図も人員配置も変えたにもかかわらず、組織の中身が変わらない」などの言葉である。このように組織の改革を阻害するものもまた組織文化なのである。

2 組織文化の三層構造

　シャイン（Schein, E. H.）は、組織文化を、①人工物（artifacts）＝組織独特の技術や言葉や行動パターンなど目に見えるもの、②価値（values）＝善悪の判断基準になるもの、③根本的前提（basic assumption）＝当然視され議論もされないもの、の三層構造で示している。

　シャインのいう組織文化とは「集団が問題を解決する方法」である。組織は一定の行動パターンによって日常の問題を解決しており、それが繰り返されると「良い方法」として定着してくる。それが価値である。さらに、その価値が沈殿化すると「暗黙の了解事項」となって議論もされなくなる。あまりにも当然な解決方法は絶対的な「前提」になってしまうのである。

　また、逆の経路として、根本的前提や経営者の信念から価値が生まれ、それが

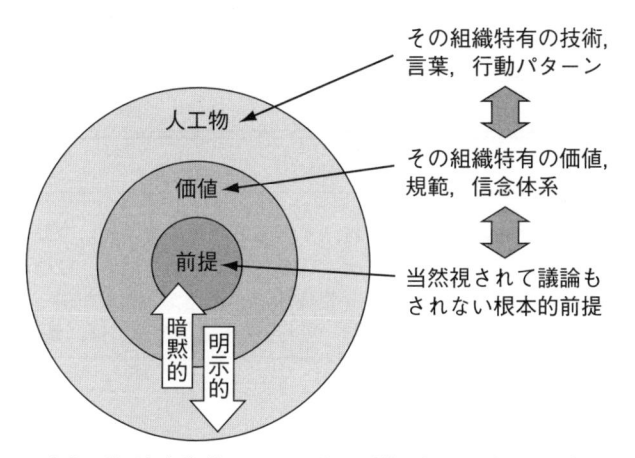

```
         その組織特有の技術,
         言葉, 行動パターン
人工物     ⇕
         その組織特有の価値,
 価値     規範, 信念体系
         ⇕
  前提    当然視されて議論も
         されない根本的前提

  暗黙的 ⇑ ⇓ 明示的
```

出典：井原久光著『テキスト経営学［第3版］』ミネルヴァ書房, 2008年, p. 325。

環境適応や内部統合の問題をうまく解決していく過程で，組織文化が学習され機能するようになるのである。

3 文化の創造と維持

　組織の文化は何もないところから生まれるわけではない。組織の現在の習慣や物事の進め方は，前にどのように行われていたか，そしてどのようなやり方で成功したかに大きく依存する。そのため，組織の創設者は早期の文化に大きな影響力をもつ。組織の創設者と初期の従業員たちの相互作用の中から組織文化が生まれるのである。

　いったん文化が定着すると，組織はその文化を維持するように作用する。とりわけ組織の人事施策の多くは，組織文化に合致した従業員を雇用し，その文化を支持する者に報酬を与え，それに対立するものには罰則を与え，時には排除するように作用する。このようにして，組織文化に合ったものだけが組織に残ることになり，組織文化はいったん生まれるとなかなか，変えがたいものになるのである。

　キーワード　>>>　経営理念，ヴィジョン，ビジョナリー・カンパニー

56 コンティンジェンシー理論

> **ポイント**
> コンティンジェンシー理論とは，すべての組織に普遍的に有効な唯一最善の理想的な組織構造や管理システムは存在せず，市場環境や技術環境などのさまざまな条件によって，最適な組織構造や管理システムが違ってくるとする考え方である。「状況適応理論」や「条件理論」ともよばれる。

1 コンティンジェンシー理論の基本的な考え方

　バーンズ（Burns, T.）とストーカー（Stalker, G. M.）は，イギリスのエレクトロニクス企業を調査し，市場環境の変化が組織の管理システムに大きな影響を与えていると主張し，組織の管理システムには**機械的組織**（mechanistic organization）と**有機的組織**（organic organization）という2つがあることを示した。機械的組織とは，職務が専門化・細分化されていて，権限・責任関係が明確に規定され，非人格的な命令系統や階層化が徹底されている官僚的組織である。一方，有機的組織とは，職務・権限・責任が弾力性をもち，組織内で人間的な相互のコミュニケーションが広く行われる非官僚的組織である。調査の結果，市場環境が安定的で技術革新があまりない状況では機械的組織が有効であり，市場環境の変化や技術革新の激しい業界では，機械的組織よりも柔軟な有機的組織の方が有効であることがわかった。この調査結果から彼らは，あらゆる組織に適合する唯一最善の組織構造や管理システムは存在しないと主張した。

　ウッドワード（Woodward, J.）も，イギリスのサウスエセックス地域の製造業100社を対象に調査を行い，技術と組織の関係を検討した。彼女は，組織が採用している製造技術のタイプを，①単純レベルの小規模生産，②中間レベルの大規模・大量生産，③高度なレベルの装置生産，という3つに分類した。そのうえで，製造技術のタイプと組織構造・管理システムの適合性が企業の業績に関係していると指摘した。そして彼女も，組織は採用している製造技術のタイプによって異なった組織構造と管理システムを採用しており，すべての組織に共通する唯一最善の組織構造や管理システムはないと主張した。

　ローレンス（Lawrence, P. R.）とローシュ（Lorsch, J. W.）は，プラスチック産業，食品産業，コンテナ産業を調査し，組織と市場の関係を明らかにしようと試

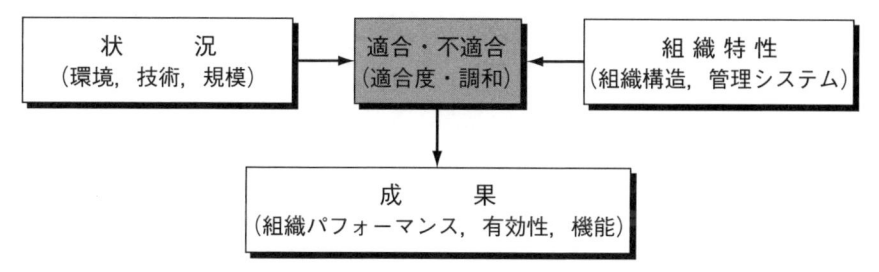

```
┌─────────────────┐      ┌─────────────┐      ┌─────────────────────┐
│    状　　況     │ ───▶ │ 適合・不適合 │ ◀─── │    組　織　特　性    │
│ (環境，技術，規模) │      │ (適合度・調和) │      │ (組織構造，管理システム) │
└─────────────────┘      └──────┬──────┘      └─────────────────────┘
                                │
                                ▼
                    ┌───────────────────────────┐
                    │         成　　果          │
                    │ (組織パフォーマンス，有効性，機能) │
                    └───────────────────────────┘
```

出典：加護野忠男著『経営組織の環境適応』白桃書房，1980年，p. 25 より作成。

みた。ここでは，企業組織内の各部門に注目し，同じ企業内でも部門によって管理方法やリーダーシップ・スタイルが異なることを示した。たとえば，営業部門は市場環境に適応しなければならないし，製造部門は技術環境に適応しなければならない。また彼らは，「分化（分権）」と「統合（集権）」という概念を用いて組織と市場の関係をとらえた。たとえば，コンテナ産業のように外部環境が安定的な場合，企業は組織内の分化（分権）の度合いを低めるとともに統合（集権）の度合いを高めた官僚的な管理システムが合致するが，外部環境が複雑あるいは不確実な場合は，企業は組織内の分化（分権）の度合いを高めて複雑性や不確実性に対処することが有効となる。

　上記の３つに共通しているのは，どのような組織にも適用できる普遍的でワンベストウェイの管理システムは存在せず，最適な組織の管理システムは，市場環境や技術環境，組織の特性などの状況によって異なるということである。

② コンティンジェンシー理論の重要ポイント

　加護野は，状況，組織特性，成果という３つの概念と「適合と調和」という概念でコンティンジェンシー理論（contingency theory）を説明した。つまり，環境，技術，規模など組織を取り巻く状況に，組織の構造，管理システム，など組織特性が適合あるいは調和していれば，成果（組織パフォーマンス，有効性，機能）も高まるということである。コンティンジェンシー理論で重要なのは，有機的組織が機械的組織より優れているということではなく，特定の状況のもとでは，特定の管理システムが有効であり，企業は市場や技術などの状況の変化に応じて，それに適合する組織の管理システムを作り上げる必要があるということである。

キーワード　>>>　組織構造，分権化，集権化

さらに，経営管理と組織を学ぶためには？

1 教科書で学ぼう！

- 塩次喜代明・小林敏男・高橋伸夫（著）『経営管理』有斐閣アルマ，2009年
- 金井壽宏（著）『経営入門――経営学入門シリーズ』日経文庫，1999年
- スティーブン・P・ロビンス（著），髙木晴夫（訳）『[新版] 組織行動のマネジメント――入門から実践へ』ダイヤモンド社，2009年
- 沼上幹（著）『組織デザイン』日経文庫，2004年

2 専門書や原典を読んでみよう！

- フレデリック・W・テイラー（著），有賀裕子（訳）『[新訳] 科学的管理法』ダイヤモンド社，2009年
- マックス・ウェーバー（著），阿閉吉男・脇圭平（訳）『官僚制』恒星社厚生閣，1987年
- アルフレッド・D・チャンドラー Jr.（著），有賀裕子（訳）『戦略は組織に従う』ダイヤモンド社，2002年
- ジェイ・R・ガルブレイス（著），梅津祐良（訳）『組織設計のマネジメント――競争優位の組織づくり』生産性出版，2002年
- エド・H・シャイン（著），金井寿宏・尾川丈一（訳）『企業文化――生き残りの指針』白桃書房，2004年

V 人的資源管理

- 57 雇用ポートフォリオ論
- 58 人事制度
- 59 人事評価制度
- 60 目標管理制度
- 61 賃金体系
- 62 報酬管理
- 63 昇進と昇格（職能資格制度）
- 64 OJT と Off-JT
- 65 キャリアの三次元モデル
- 66 マネジメント・スキル
- 67 日本的経営

57 雇用ポートフォリオ論

> **ポイント**
>
> 「雇用ポートフォリオ論」とは，人材への投資・育成，活用，報酬などに異なった処遇を適用されるいくつかのグループを効果的に組み合わせて活用しようとする考え方である。

1 日経連の「雇用ポートフォリオ」モデル

厳しい企業競争が続く中で，企業にとっての人材の育成と業務の効率化を図りながら，仕事，人，コストの配分の見直しを迫るものであり，自社型の**雇用ポートフォリオ**（employment portfolio）の検討が進められた。1995年の日本経営者団体連盟の報告書では従業員を3つのグループに分けている。

① **長期蓄積能力活用型グループ**

企業，従業員ともに長期継続雇用の前提に立つもので，**管理職・総合職・技能部門の基幹職**などがその対象となる。賃金や昇進・昇格など安定的な処遇と継続的な能力開発により，企業への長期的な貢献が期待される。

② **高度専門能力活用型グループ**

企業の抱える課題解決に，専門的熟練・能力をもって応えることが期待されるグループであり，専門部門（企画，営業，研究開発等）における有期雇用契約の従業員が想定される。業績給（merit pay）など短期的な成果に基づく処遇を柱とする。

③ **雇用柔軟型グループ**

一般職，技能部門，販売部門など定型的な職務を中心に担うグループである。企業への定着を前提とせず，働き方は余暇活用型から特定能力の活用型まで幅広くある。処遇は，職務の難易度に応じた職務給（job wages）を基本とし，昇進・昇格には上位職務への転換が要件となる。

2 雇用の非正規化と課題

日経連の報告書では，「長期的視点に立って，人間中心（尊重）の下，従業員を大切にしていくという基本的な考え方は変わっていない」というが，1990年代以降，雇用者に占める非正規従業員（雇用柔軟型）の割合は上昇し，雇用の非正

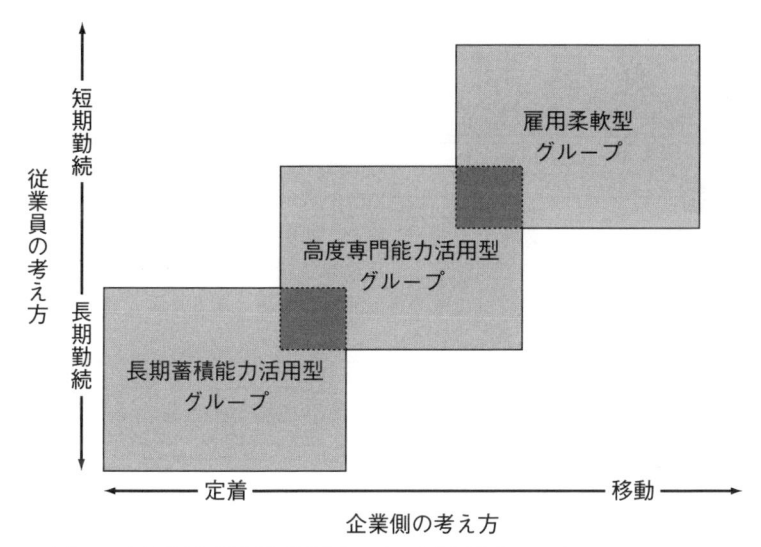

```
                    ┌──────────────┐
                    │  雇用柔軟型   │
                    │   グループ    │
          ┌─────────┤              │
短期      │高度専門能力活用型│      │
勤続      │    グループ      │──────┘
  ↑      │                  │
従業員  ┌─┤                  │
の考え方 │長期蓄積能力活用型 │
  ↓    │    グループ       │
長期   │                   │
勤続   └───────────────────┘
       ←── 定着 ──────── 移動 ──→
              企業側の考え方
```

出典：日本経営者団体連盟『新時代の「日本的経営」』1995年, p. 32。

規化が進行した。これは，バブル経済崩壊以降，経営環境の厳しさが続く中で，売上や利益に関係なく発生する固定費である人件費の削減は企業にとって大きなテーマの一つとなり，「人件費の変動費化」の一環として進行してきた。

　雇用グループは固定化されることが多いが，雇用の柔軟性を意識するのであれば企業と従業員の意思でグループ間を移動可能であることが望ましい。フルタイム就業者が育児期の一定期間に**短時間正社員制度**を利用するケース，パートタイム労働者の待遇改善の一環としての正社員化するケース，あるいは派遣労働者を直接雇用に切り替えるなどはその一環といえる。企業が求める人材と従業員の働く意識・意欲の適合を図るための仕組みとして機能させることが人材の活用につながるものといえる。

　また，フレキシブル・ファームモデル（flexible firm model）を提唱したアトキンソン（Atkinson, J.）は，経営環境の変化に対応するために，①機能的柔軟性（人材の能力や技能の柔軟化を図る），②量的柔軟性（雇用量の調整），③金銭的柔軟性（人件費の調整）の3つの柔軟性に基づいた人材の組み合わせの必要性を述べている。

キーワード　>>>　管理職，総合職，短時間正社員制度

58 人事制度

> **ポイント**
>
> 人事制度とは，定義された能力や職務，役割に基づいて従業員を格付けするものであり，①職能資格制度，②職務等級制度，③役割等級制度が代表的な仕組みである。人事制度に基づき，評価の項目と基準が決定され，配置や報酬，人材育成などに活用される。

1 人事制度の編成基準

① 職能資格制度

職能資格制度（ability-based grade system）は，職務遂行能力のレベルを基準として等級（格付け）を決定する仕組みである。**等級**（grade＝資格）は，職位と分けて運用されることが一般的であり，能力が上昇すれば，上位の等級に昇格することになる。職能資格は，**職務**（job）や**職位**（position）と関係なく運用できることから多くの日本企業で採用されてきた**人事制度**（personnel management system）である。

② 職務等級制度

職務等級制度（job-based grade system）は，職務の難易度や責任の大きさを基準として等級を決定する仕組みである。**職務分析**（job analysis）によって明確にされた職務内容は**職務記述書**（job description）に記載され，人事管理の基礎資料として活用される。また，職位を基本として運用する仕組みであり，空席ができた場合にその職位をこなせる職務能力をもった従業員が補充されることになる。

③ 役割等級制度

役割等級制度（mission grade system）は，職位や職務に求められる役割（責任や権限）の大きさを基準として等級を決定する仕組みである。職務を基準とする点では職務等級制度に近いが，仕事を大括りにとらえて等級の数を少なくし，業務におけるチャレンジ度を加えた基準として運用するケースが多い。

2 人事制度の活用

役割，責任，成果や態度などの働きぶりと，それを支える能力の保有度と発揮度などの評価の項目と基準は，等級ごとに設定される。それに基づいた評価（人

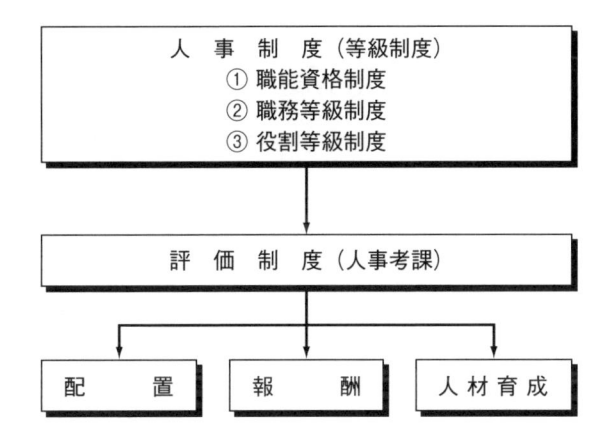

```
┌─────────────────────────────┐
│   人 事 制 度（等級制度）    │
│   ① 職能資格制度            │
│   ② 職務等級制度            │
│   ③ 役割等級制度            │
└─────────────────────────────┘
              ↓
┌─────────────────────────────┐
│    評 価 制 度（人事考課）   │
└─────────────────────────────┘
       ↓        ↓        ↓
   ┌──────┐ ┌──────┐ ┌──────┐
   │ 配 置│ │ 報 酬│ │人材育成│
   └──────┘ └──────┘ └──────┘
```

事考課）は，賃金や賞与などの金銭的な報酬の決定につながることから，「人事制度」，「評価制度」，「報酬制度」は一体的なものといえる。しかし，それにとどまるものではなく，適材適所の人材配置や従業員の成長をうながす人材育成にも反映する理念が人事制度に込められていなければ，組織の維持・活性化は難しいといえる。言い換えれば，人事制度は「企業の求める人材像」が反映されたものであり，企業の競争優位につながる従業員を評価し，育成する仕組みでなければならない。

3 複線型人事制度

同一企業内に複数のキャリアコースが並立する人事管理システムを複線型人事制度という。導入の背景には，従業員が会社に対して求める要素が多様化し，昇進や昇給がモチベーションとして機能しない人材への対応や，社内の人員構成の高齢化に伴うポスト不足への対応などがある。

上位等級の従業員を「管理職」（事業方針の決定，計画の樹立，作業監督・統制，人事考課など内部組織（課以上）の経営管理に従事する）と「専門職」（専門的知識や免許・資格を有し，専門的分野の業務に従事する）に分ける複線型人事制度が代表的である。

キーワード　>>>　職務分析，職務記述書，人事考課

59 人事評価制度

> **ポイント**
>
> 人事評価制度は，従業員の能力や働きぶりなどを評価するものであり，賃金や昇格・昇進などの処遇の決定，異動による適正な人員配置や人材育成に活用される。従業員間の優劣をつけることが目的ではなく，経営戦略を実現するために個々人や組織の成果につなげるツールとして活用する視点が求められる。

1 評価基準

① インプット（能力と姿勢）

　インプットとは，職務遂行にあたり投入される従業員の能力や努力しようとする姿勢であり，潜在能力と取組の姿勢が評価される。能力評価は，これまでの職務遂行を通じて蓄積された潜在能力を評価する。これは，実際に発揮された能力は，従業員の保有する能力の一部であるとの認識に立つことによる。能力の評価項目として知識・技能，理解力，説明力，判断力，計画力，指導力，折衝力などがあげられる。

　情意評価は，規律性，積極性，協調性，責任感などの仕事に対する取り組み姿勢，意欲や態度を対象とする評価である。周囲に良い影響を与えたり，顧客満足につながる態度などは，能力や成果と同様に重要な要素といえる。

② スループット（仕事の内容と行動）

　スループットとは処理能力を意味する言葉であり，それにつながる職務行動と仕事内容が評価される。コンピテンシー評価は，**コンピテンシー**（継続的に高い業績を上げる行動特性）とよばれる職務行動を評価するものである。成果が達成されたか否かにかかわらず，達成可能性が高まる行動を実際にとっているかどうかに注目する。

　職務評価は，個人の担当する仕事内容の困難さや責任の大きさなどの視点から職務の相対的な価値を評価するものである。

③ アウトプット（成果）

　アウトプットとは，職務遂行を通じて生み出されたものであり，売上高や契約件数などの数値で把握可能な成果に代表される。成果は，半年ないしは1年間の

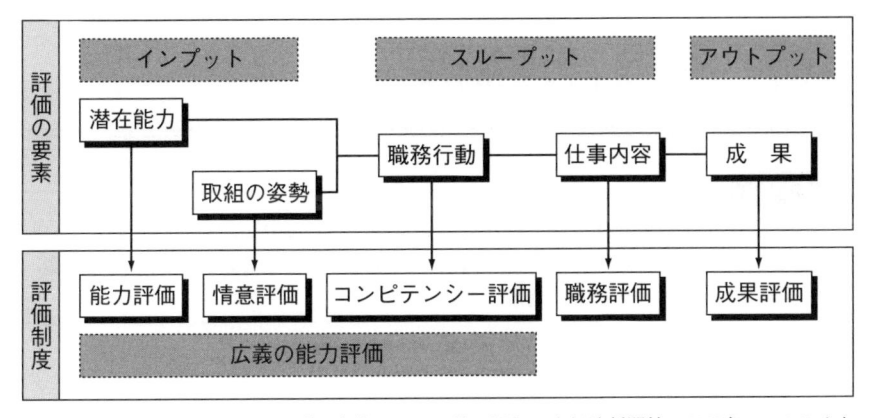

評価の要素	インプット		スループット		アウトプット
	潜在能力		職務行動	仕事内容	成果
		取組の姿勢			
評価制度	能力評価	情意評価	コンピテンシー評価	職務評価	成果評価
			広義の能力評価		

出典：今野浩一郎・佐藤博樹『人事管理入門 第2版』日本経済新聞社, 2009年, p. 143 より作成。

目標達成度によって評価されることが一般的であり，**目標による管理**と連動させることが多い。

2 評価要素の組み合わせ

　企業活動の目的を考えると，成果に評価の重点を置くことは合理的にみえるかもしれない。しかし，それは短期間に生み出されたものを評価することにつながりやすく，従業員の行動も短期的な視点に傾きがちになる。

　ゴーイング・コンサーン（going concern：**継続企業の前提**）の考え方に立つと，現時点でのアウトプットを最大化することに目標を置くだけでなく，長期にわたって安定的に成果を生み出すことも考慮されなければならない。そのためには，必ずしも現在の成果に結びつかなくとも，将来の成果につながる可能性のある能力の開発に関心を払うことや，周囲を巻き込んで成果を生み出していくような仕事に対する取り組み姿勢なども評価要素に加えられることになる。すなわち人事評価制度を適正に運用するためには，自社の制度を十分に理解し，一定の基準に沿い，指導・育成の視点も含めた偏りのない評価が求められる。そのため，新任管理者などに対して，評価に必要な姿勢やスキルの獲得・向上を目的とした**評価者訓練**（人事考課者訓練）が行われる。

　キーワード　>>>　コンピテンシー，目標による管理，評価者訓練

60 目標管理制度

> **ポイント**
>
> 目標管理制度とは，従業員が自分の職務における具体的な目標を設定し，その実現に向けた努力や成果（目標の達成度）に対する自己評価を通して動機づけを高めようとする制度である。

1 目標管理の考え方

　目標管理の考え方は，ドラッカー（Drucker, P. F.）が『現代の経営』（1954）において，「目標による管理と自己統制」（management by objectives and self-control）として提唱したことにはじまるといわれる。「目標を管理する」ことではなく，「自ら目標を立てることによって，自らを動機づける」あるいは「目標を通じて従業員を管理する」ものである。そのために，組織目標と個人目標を連鎖させ，従業員が自律的・自発的に目標に取り組むことを目指させる仕組みといえる。

　また，目標管理の理論的背景にあるのは，ロック（Locke, E. A.）の**目標設定理論**（goal setting theory）といわれる。目標設定理論では，目標は動機づけに有効であり，その目標設定の仕方がモチベーションに大きく影響することを説いている。より高い成果に結びつく目標の要素として，①挑戦的だが高すぎないこと，②具体的であること，③本人が主体的に設定し，それを受入れていること，④適切なフィードバックを受けていること，があげられている。

2 目標管理の手順

　従業員各人は自らの責任のもとで業務目標を決めるが，それは会社全体の方針や部門目標を踏まえて設定する。それは上司との面談によって，部門の方針との整合や期待から外れた目標の修正を図るなどの調整・助言を経て，従業員自身が納得した業務目標と達成に向けた計画が策定される。このときに，「上司に与えられた目標」になると本来の意味は機能しなくなる。1年ないし半年の期間で計画は実行され，期末に評価を行う。面談を通じて自己評価と上司による評価をすりあわせ，最終的な評価を確定する。その際に評価の対象となるのは，期初に立てた業務目標案の達成度である。また，評価を通じて能力の過不足も明らかにな

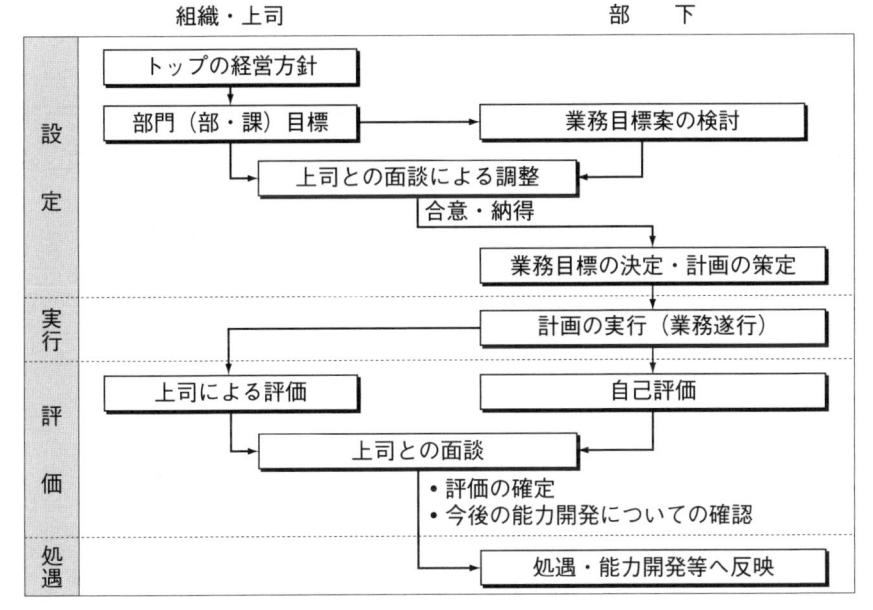

```
          組織・上司                        部　下
      ┌─────────────────┐
      │ トップの経営方針 │
      └─────────────────┘
             ↓
      ┌─────────────────┐        ┌─────────────────┐
設    │ 部門（部・課）目標│───────→│ 業務目標案の検討 │
      └─────────────────┘        └─────────────────┘
定           ↓                          ↑ ↓
          ┌─────────────────────────────┐
          │    上司との面談による調整    │←
          └─────────────────────────────┘
                    合意・納得
                         ↓
                  ┌─────────────────────┐
                  │ 業務目標の決定・計画の策定 │
                  └─────────────────────┘
                              ↓
実                    ┌─────────────────┐
行                    │ 計画の実行（業務遂行）│
                      └─────────────────┘
                              ↓
評    ┌─────────────┐        ┌─────────────┐
      │ 上司による評価│        │   自己評価   │
価    └─────────────┘        └─────────────┘
              ↓ ←─── 上司との面談 ───→ ↑
                ・評価の確定
                ・今後の能力開発についての確認
処                    ┌─────────────────────┐
遇                    │ 処遇・能力開発等へ反映 │
                      └─────────────────────┘
```

出典：日本経営者団体連盟『新時代の「日本的経営」』1995年，p.77より作成。

ることから，今後の**能力開発**についての確認を行うことになる。評価結果は昇給や賞与などの処遇や能力開発に反映されるだけでなく，次期の目標設定にも活かされる。

3 目標管理の留意点

　目標達成度の評価には客観性と公平性が求められ，①目標と成果の定量化，②複数者による評価（部下や同僚からの評価も含む），③評価結果のフィードバックなどが必要となる。また，短期的な目標に偏らず，長期的な能力向上につなげようとすることが大事になってくる。

キーワード　>>>　目標設定理論，フィードバック，能力開発

61 賃金体系

> **ポイント**
>
> 賃金体系とは，従業員に支払われる賃金の決定基準の組み合わせを示すものである。所定労働時間の労働に対して支払われる所定内賃金は基本給と諸手当から構成される。所定労働時間を超える労働時間に対して支払われる所定外賃金は，時間外手当，休日出勤手当，深夜手当などから構成される。

1 基本給

　賃金体系（wage systems）の中核をなす**基本給**（base pay）部分は，職務給，職能給，本人給などの名称で一本化されている場合もあるが，複数の賃金項目を組み合わせて決定されることが多い。基本給の項目のうち重視されている部分をとらえて「○○主義的賃金」と呼ばれる。代表的な「年功主義的賃金」「能力主義的賃金」「成果主義的賃金」をみてみよう。

　「年功主義的賃金」とは，基本給のうち年齢給・勤続給にウェイトを置くもので，「賃金は，生活を保障するもの」という考え方に立つものである。**日本的経営の三種の神器**の一つとして機能し，従業員の安定的な生活につながってきた。

　「能力主義的賃金」とは，従業員個々人の能力を測定・評価し，それに基づいて賃金を決定する能力給にウェイトを置くものである。能力給の対象となる能力とは，頭脳労働能力や肉体労働能力だけでなく，**職務遂行能力**や一般的な人間的能力も含まれて評価されることが多く，能力給と職能給は同じ意味に用いられることも多い。職務遂行能力は，属人的な要素である保有能力を基準にしていたため，実質的に年功的な運用が多くみられた。

　「**成果主義的賃金**（performance-related pay）」とは，人事評価の際に勤続年数や従業員の保有能力よりも，業務遂行の過程と結果を評価した業績・成果給のウェイトを高めたものである。一般に成果測定のために「目標管理制度」が用いられるが，目標を低く設定する傾向があることや，どこまで個人の業績と判断できるかなど課題も多く，見直しを図る企業も少なくない。一方で，ビジネスにおいて成果は常に問われるものであり，成果主義を定着させるために必要な仕組みの整備と実行は，企業経営における大きな課題の一つといえる。

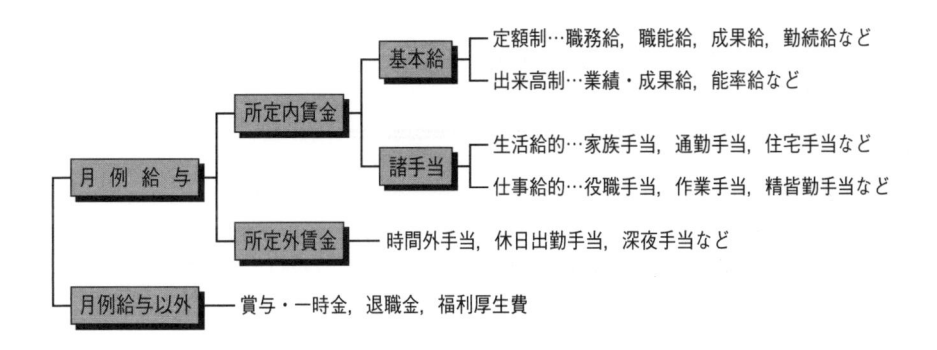

```
月例給与 ─┬─ 所定内賃金 ─┬─ 基本給 ─┬─ 定額制…職務給, 職能給, 成果給, 勤続給など
         │              │          └─ 出来高制…業績・成果給, 能率給など
         │              └─ 諸手当 ─┬─ 生活給的…家族手当, 通勤手当, 住宅手当など
         │                        └─ 仕事給的…役職手当, 作業手当, 精皆勤手当など
         └─ 所定外賃金 ── 時間外手当, 休日出勤手当, 深夜手当など
月例給与以外 ── 賞与・一時金, 退職金, 福利厚生費
```

2 諸手当

諸手当（miscellaneous allowances）は生活給的要素と仕事給的な要素をもつものからなるが，その支給は法的に義務づけられたものではなく，経営方針に沿って支給が検討される。

家族手当（family allowance）は，配偶者の有無や子供の数に応じて支給される。従業員の生活の安定を職場への定着につなげようとする考え方がある一方で，仕事の成果や貢献度とは関係ないことから削減・廃止する企業もある。

住宅手当（housing allowance）とは，社宅・独身寮の提供，家賃補助，持ち家支援の社内融資などの名目で支給される。家族手当と同様の理由から削減・廃止する企業もある一方で，会社から数駅以内の賃貸住宅のみを手当の対象としている企業もある。そこには，職住近接をコミュニケーションの機会の増大につなげるといった目的が含まれている。

役職手当（allowance for supervisory post）は，管理・監督など職制上の責任に対して支給される。その額は所定外賃金とのバランスを考慮して決定される。

3 賃金体系の考え方

基本給の賃金項目のウェイトの置き方や，諸手当の項目とその額は，企業目標の達成のために必要な人材を確保し，維持するための考え方が表現されたものといえる。特に賃金制度の改定にあたっては，優秀な人材の確保だけでなく，喪失につながることもあり，慎重に行われなければならないものといえる。

キーワード　>>>　基本給，日本的経営，職務遂行能力

62 報酬管理

> **ポイント**
>
> 報酬管理とは，労働の対価である報酬に関する制度の設計と運用である。報酬は，組織が従業員に対して支払う金銭的，非金銭的，心理的な対価のすべてを含むものであり，組織戦略と結びつけて設計される。

1 トータル・リワード（総報酬）の考え方

報酬（reward）とは何かと問われたときに，最初にイメージするのは，**給与**（salary）あるいは**賃金**（wage）という言葉であろう。確かに賃金は従業員にとっては生活の糧であり，労働に対する**モチベーション**（motivation）として機能するものである。経営者にとっては，賃金は経営上のコストである一方，従業員への**インセンティブ**（incentive）の役割を果たすものである。経済人仮説を持ち出すまでもなく，従業員への動機づけとして賃金の果たす役割は今日においても大きい。しかし，従業員の中には金銭的な報酬をそれほど重視しない社会人仮説や自己実現人モデルにおいて想定されるようなタイプも存在する。また，企業業績の変動は不可避であり，経済的な報酬による動機づけを実現し続けるだけの十分な支払い能力を確保できないこともある。そのため，今日においては報酬を広義にとらえる**トータル・リワード**（total reward）あるいは**トータル・コンペンセーション**（total compensation）の考え方が広がりつつある。

2 報酬の種類

表の上部の「賃金」と「**ベネフィット**（benefits）」は金銭的な性格をもつ報酬であり，採用やリテンション（retention：人材の流出を防ぎ，企業にとどめること）には効果があるが，競合企業は簡単に模倣することもできる。つまり，より多くの賃金，より大きなベネフィットを用意すればよいことになる。一方，下部の「**学習と開発**（learning and development）」と「**仕事を取り巻く環境**（work environment）」は非金銭的な性格をもつ報酬であり，金銭的な報酬の価値を強化するのに不可欠なものである。これらの要素は仕事を通じた自己の成長の機会や自律性の確保などが中心であり，企業の価値観が反映されやすい。

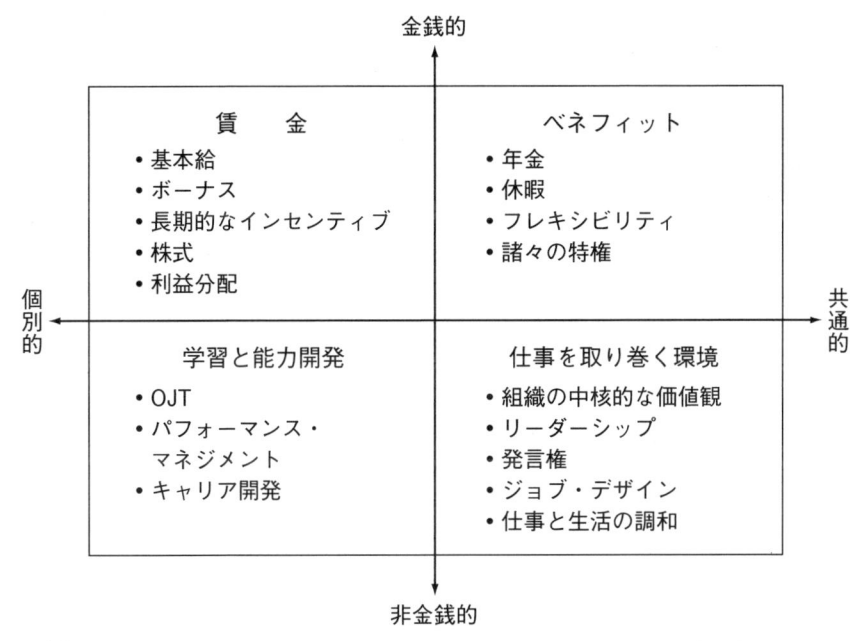

```
                         金銭的
                           ↑
    ┌──────────────────────┼──────────────────────┐
    │      賃　　金        │     ベネフィット      │
    │  ・基本給            │  ・年金              │
    │  ・ボーナス          │  ・休暇              │
    │  ・長期的なインセンティブ │  ・フレキシビリティ  │
    │  ・株式              │  ・諸々の特権        │
    │  ・利益分配          │                      │
個別的├──────────────────────┼──────────────────────┤共通的
←───┤    学習と能力開発    │   仕事を取り巻く環境  ├───→
    │  ・OJT               │  ・組織の中核的な価値観│
    │  ・パフォーマンス・   │  ・リーダーシップ    │
    │    マネジメント      │  ・発言権            │
    │  ・キャリア開発      │  ・ジョブ・デザイン   │
    │                      │  ・仕事と生活の調和   │
    └──────────────────────┼──────────────────────┘
                           ↓
                         非金銭的
```

出典：Armstrong, M., *A Handbook of Human Resource Management Practice*, 10th ed., Kogan Page, 2006 より作成。

3 報酬制度の再設計

　報酬制度の設計にあたっては，報酬施策が職務の遂行，柔軟性，品質，コミットメントといった従業員の行動に与える影響について議論されなければならない。日本ではバブル経済の崩壊以降，成果主義的な評価や賃金制度を導入することで，従業員のモチベーションを高め，企業業績の回復を図ろうとしてきたが，目的を達してきたとはいいがたい。どのような組織にも適合する唯一最善の報酬制度は存在しないが，ブラットン（Bratton, J）らによって以下の点が考えるべき枠組みとして示されている。①事業戦略と報酬のリンク，②報酬制度の目的，③従業員が選択可能な報酬のオプション，④**内的衡平**を確保するために用いられる報酬関連の手法（職務分析，職務評価，人事評価）の相互分析である（ブラットン／ゴールド『人的資源管理』文眞堂，2009年）。

　キーワード　>>>　モチベーション，コミットメント，内的衡平

63 昇進と昇格（職能資格制度）

> **ポイント**
> 昇進とは，現在の職位（係長や課長などの役職）から上位の職位に任用されることである。一方，昇格とは人事制度において現在の等級（職能資格）よりも上位の等級に格付けされることを意味する。ここでは職能資格制度における昇進と昇格を中心にみていく。

1 職能資格制度における等級と職位

人事制度でみたように，職務等級制度と役割等級制度は職位に対応した等級が設定される。一方，職能資格制度（ability-based grade system）では職位（position）と等級（grade）は分けて運用される。

職能資格制度においては，すべての従業員が職能資格要件に合致した等級に格付けされる。等級の基準となる職務遂行能力は，①知識・技能・体力，②精神的熟練（理解力・判断力・企画力，折衝力など），③情意（規律性，協調性，積極性，責任感など）として把握される。そのため各等級の人数に制約はなく，能力に応じて上位の等級に昇格することになる。また，職務遂行能力は経験年数に対応して伸長する能力と捉えられることから，昇格の目安となる年数が設定されることが多い。それに対して職位は，職務に必要な権限と責任が与えられる公式的な地位であり，組織の必要に応じて設定される。職位の適任者は対応する等級の従業員のなかから選ばれるため全員が職位に就くわけではない。ピラミッド型の組織構造を前提とするならば上位の職位に就く者ほど少なくなる。

2 昇格と昇進

昇格（promotion, upgrading）においては，下位の等級では勤続年数が重視されるのに対し，上位の等級ほど能力や実績が基準となる。また，ラインの上司の推薦や人事考課の結果なども考慮されることに加え，筆記試験や適性検査，面接試験や，研修期間中の行動観察や**アセスメント**等が行われるケースもある。

昇進（promotion）は，職位の欠員が生じたときの補充や組織体系の変更による新設の職位への充足などを理由として行われる。昇進者の選考にあたっては，昇格のように客観的な判断基準があるわけではないが，職位により決定手続きが

等級		定義	経験年数 (最短〜標準〜最長)	昇格基準	初任格付	対応職位
管理・ 専門職能	M-9級	統率・開発業務		(実績)	—	部　　長
	8級	上級管理・企画業務	⑥		—	次　　長
	7級	管理・企画業務	⑤		—	課　　長
中間 指導職能	S-6級	企画・監督業務	3〜⑤	←登用試験 (能力)	—	係　　長
	5級	判断指導業務	3〜④〜10		—	班長・主任
	4級	判断業務	2〜③〜8	←昇任試験	—	上級係員
一般職能	J-3級	判断定型業務	2〜③〜5	(勤続)	大学卒	中級係員
	2級	熟練定型業務	2		短大卒	一般係員
	1級	定型・補助業務	2		高校卒	初級係員

出典：労務行政研究所編『人事労務管理実務入門』98年編集版，1998年，p.37より作成。

定められていることが一般的である。また，課長職への昇進には当該部門長の意見や人事部門の意向が強く反映されるのに対し，部長職以上では人事部門よりも当該部門長の意見や役員会などの意向が反映されることが多くみられる。

3 職能資格制度の功罪

　職能資格制度は，等級と職位を分離して運用することで，上位の職位（管理職）の肥大化を抑えながらも，昇格を目指した能力向上を通じて社員のモラールを維持することにつなげてきた。また，ジョブ・ローテーションや異動によって職務が変わっても職務遂行能力が変わらないと判断されるため，**ゼネラリスト**の育成や柔軟な人員配置にもつながってきた。しかし，職務遂行能力の基準は抽象的に記述されることが多く，結果として能力の判定があいまいになる，すなわち年功的に運用されやすくなるといった問題点が指摘されてきた。また，昇進することなく昇格した場合，職務内容に変わりがなければ，上位の等級に必要とされる能力は保有していても発揮されない能力となる。従業員の等級は給与に結びつくことから，業績低迷下にある企業では制度の維持が難しくなり，業績評価の比重を高めたり，**役割等級制度**へ切り替えるなどの対応に迫られている。

キーワード　>>>　アセスメント，ジョブ・ローテーション，ゼネラリスト

64 OJT と Off-JT

> **ポイント**
>
> 企業が実施する教育方法は、日常の業務に従事させながら指導・育成を行う OJT（職場内教育）と実際の仕事から離れて、主に集合教育などのスタイルで行われる Off-JT（職場外教育）に分けられる。

1 OJT

　OJT（On the Job Training）は職場で実際に業務を進めながら、上司・先輩が必要な知識や技能、態度や価値観などを、計画的・体系的に身につけさせるものである。実践を通じて学ぶことから、特殊性の高い技能やマニュアル化しにくい**暗黙知**（implicit knowledge）の伝承に向いていることに加え、個人の理解度に合わせて育成スピードを調整することも可能であるなどのメリットがある。一方、上司・先輩によって育成に注ぐエネルギーや時間も異なることに加え、その教え方にも個性や巧拙があることから指導の内容や進捗度にバラツキが生じやすい。技術革新の速い領域などでは必ずしも上司や先輩が先進的な知識を保有しているとは限らないなどの課題もある。

　また、職場では日常的に上司・先輩から業務遂行に関連した指導・助言なども行われているが、それは職場指導と呼ばれるものであり、計画的・体系的に実施される OJT とは区別される。

2 Off-JT

　Off-JT（Off the Job Training）は、職場や日常の仕事を離れて行われる人材育成であり、業務遂行に必要な知識や技能を体系的に学ぶことを目的として行われる。集合研修や講習会のように一度に多くの従業員の対象とすることができるなどのメリットがある。一方、日常業務から離れなければならないことに加え、研修の内容が日々の業務上のニーズと一致しないこともあるなどの課題もある。

　代表的な Off-JT は、階層別研修、目的別研修、選抜型研修である。階層別研修とは、新入社員研修に始まり、中堅社員研修、管理職昇進時研修、部長研修など組織を横割りにして行われる研修である。「目的別研修」は、営業や財務、会計など部門間で異なるニーズやコンプライアンスや語学研修など全社的な課題に

	職場で行われるもの	職場外で行われるもの
組織的に実施	**OJT** ・上司・先輩による日常業務を通じた計画的な指導・育成 ・暗黙知の伝承 〈OJT とは区別されるもの〉 ・現場での日常的な指導	**Off-JT** ・階層別研修 　・新入社員研修 　・中堅社員研修 　・管理職研修 ・目的別研修 　・営業研修 　・コンプライアンス研修 ・選抜型研修 　・次世代幹部育成研修
個人で実施	〈自発的な取り組み〉 ・上司・先輩の仕事の観察 ・指導に基づく実践	**自己啓発** ・社外セミナーへの参加 ・通信教育の受講 ・社外資格の取得

※研修の内容は代表的なものを抜粋

対応した研修である。選抜型研修とは，ある役割を担うのにふさわしい人材を会社側が選んで実施する研修であり，次世代幹部の早期育成を目的として行われることが多い。特に，特定の職位を取り上げ，後継者を短期・中期・長期の視点から計画的に育てていくことを**サクセッション・プランニング**（succession planning）という。

3 自己啓発

　自己啓発（self-development）とは，従業員が自らの意思によって能力開発・スキルの獲得を図る取り組みのことであり，OJT，Off-JT と並ぶ企業の人材開発のもう1つの柱といわれる。OJT，Off-JT において扱われる内容は企業として業務遂行上必要や知識やスキルであるのに対し，今すぐに必要ではないが，長期的な人材育成の観点から習得することが望ましいと考えられるものを自己啓発の対象としてきた。そのため，「講座受講料などの金銭的援助」「就業時間の配慮」「教育訓練機関・通信教育などに関する情報提供」などの支援を行う企業もある。

キーワード　>>>　暗黙知，サクセッション・プランニング

65 キャリアの三次元モデル

> **ポイント**
>
> キャリアの三次元モデルとは，シャイン（Schein, E. H.）が組織に参加する従業員の外的キャリア（外部からも見てわかる「仕事上の職歴・経歴」）を表したもので，①階層次元，②職能次元，③部内者化次元からとらえられる。

1 キャリアの三次元

① 階層次元（垂直軸上）

　組織における昇格・昇進を通じて形成するのが第一のキャリア（career）の次元である。組織内には平社員から係長，課長，次長，部長などの職位があり，それに応じて仕事の内容や期待される役割も異なる。ただし，誰もが昇進できるわけではなく，職業や組織によって階層の数にも違いがある。

② 職能次元（水平軸上）

　職能とは，開発，製造，マーケティング，営業，経理，人事といった，組織内の専門的な分野であり，異動を通じていくつかの分野を経験しながら形成するのが第二のキャリアの次元である。人材育成計画に基づいた職場の異動・業務内容の変更をジョブ・ローテーション（job rotation）という。ただし，専門分野に特化し，職能次元の異動をほとんど行わない人もいる。

③ 部内者化次元（組織の中心へ向かう動き）

　昇格や昇進がなくとも1つの部門に長く在籍することによって，学習量が増え，上司から信頼されるようになり，仕事の領域や責任が拡大することで形成するのが第三のキャリアの次元である。部内者化することで，公式的な肩書がなくても特別な情報に接することや非公式的な権限をもつことが起こり，キャリアにプラスの影響を与える。

2 多様なキャリア像

　階層次元と職能次元の異動は辞令により決定されるため，年数回の一定時期に集中して行われることが多い。一方，部内者化の次元の移動は非公式的なものであり，人的資源管理上の位置づけは必ずしも明確でないが，日々の業務遂行への

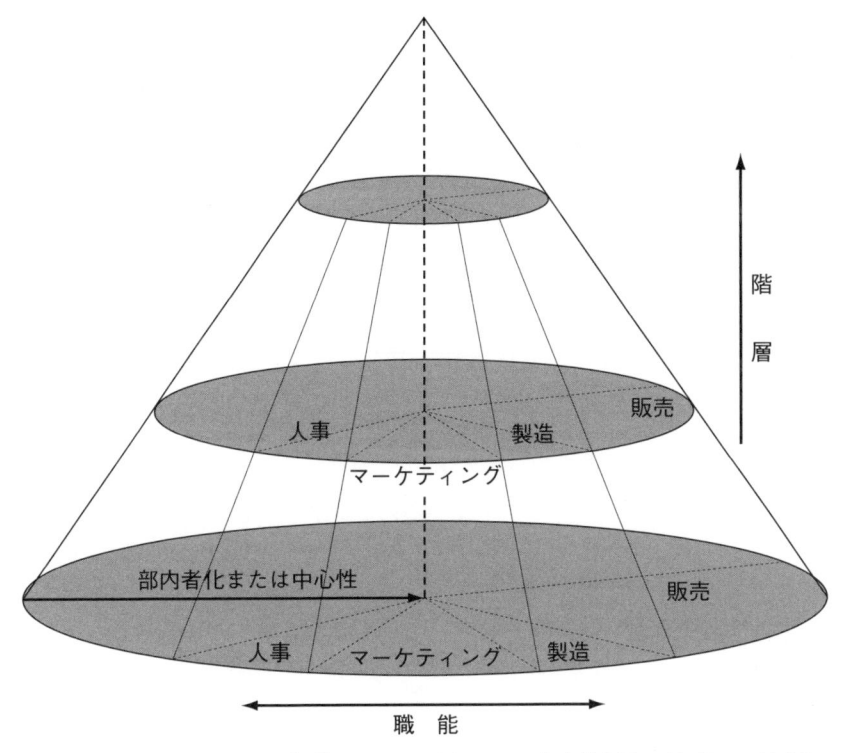

出典：エドガー H. シャイン著『キャリア・ダイナミクス』白桃書房，1991年，p. 41 より作成。

評価がタイムリーに反映されたものといえる。また，これまで日本企業では職能次元の異動を繰り返すジョブ・ローテーションの実施によって，全体を見渡せる**ゼネラリスト**の育成に主眼を置いてきた。しかし特定の専門分野で成果をあげる**スペシャリスト**や，職務に対する主体性と専門性をもち，組織の中核的な人材として評価される**企業内プロフェッショナル**の重要性が唱えられるなど，組織において求められるキャリアは一様ではなく，変化しつつあるといえる。

キーワード >>> ジョブ・ローテーション，ゼネラリスト，スペシャリスト

66 マネジメント・スキル

> **ポイント**
>
> マネジメント・スキルとは，管理者として必要なスキルであり，カッツ（Kazt, R. L.）が示したモデルがよく知られている。カッツは，「テクニカル・スキル」「ヒューマン・スキル」「コンセプチュアル・スキル」の3つに分類し，管理階層によって求められるスキルは異なることを示している。

1 3つのマネジメント・スキル

　テクニカル・スキル（technical skills）とは，**職務遂行能力**といわれるもので，営業，人事，生産など，それぞれの業務を担当するうえで必要な知識や技能である。

　ヒューマン・スキル（human skills）は，対人関係を円滑に構築・維持する能力である。具体的には，コミュニケーション力やモチベート（動機づける）力，交渉力，調整力などである。

　コンセプチュアル・スキル（conceptual skills）は，組織の内外で起きている事象を構造的・概念的に把握し，事柄の本質を見極めたり，問題点や解決策を導き出したりする力である。

2 管理階層とマネジメント・スキル

　すべての管理者にとってこれら3つのスキルが重要であるが，その相対的な重要性は管理階層によって異なる。一般的に，管理階層の低い層ではテクニカル・スキルが重要になるが，管理階層が高くなるほど，ヒューマン・スキルやコンセプチュアル・スキルの重要性が増すと考えられている。

　ロワー・マネジメントの仕事内容は，定型的なものが多く，日常業務が円滑に遂行され，業務の成果を監督することが中心となる。「やってみせ　言って聞かせて　させてみせ　ほめてやらねば　人は動かじ」という言葉があるように，現場で必要とされるテクニカル・スキルと従業員の活用に関わるヒューマン・スキルを駆使して，従業員管理にあたることになる。

　ミドル・マネジメントの仕事内容は，トップと現場の間をつなぐことであり，2つの意味をもつ。一つは，トップ・マネジメントの決定した戦略や意思を現場

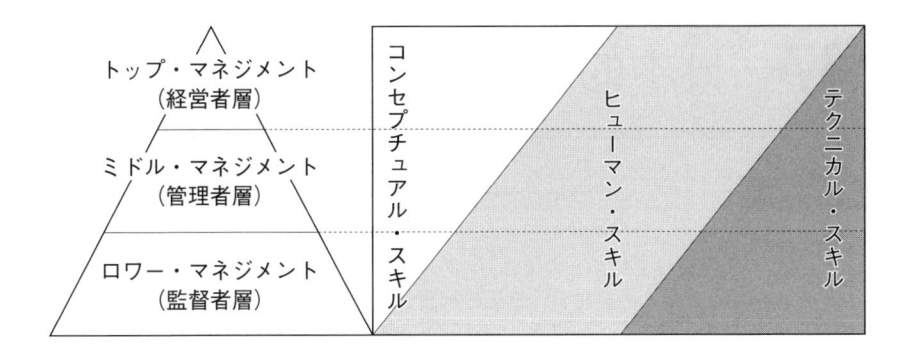

```
トップ・マネジメント            コ
（経営者層）                  ン             ヒ              テ
                            セ             ュ              ク
ミドル・マネジメント            プ             ー              ニ
（管理者層）                  チ             マ              カ
                            ュ             ン              ル
ロワー・マネジメント            ア             ・              ・
（監督者層）                  ル             ス              ス
                            ・             キ              キ
                            ス             ル              ル
                            キ
                            ル
```

に伝え，行動を引き出すことである。もう一つは，現場の情報や意思をトップに伝えることである。トップと現場が保有している情報にはギャップがあり，互いの意思やメッセージを理解できるコンセプチュアル・スキルと，公式的・非公式的な人間関係を活用できるヒューマン・スキルが求められる。

　トップ・マネジメントの仕事内容は，非定型的なものが多い。組織内の多くの従業員は部下であり，公式的な権限をもっていることから，現場でのマネジメントから離れ，長期的な視野に立った計画立案などを担うため，コンセプチュアル・スキルが求められるようになる。リーダーシップ論においても，コッター (Kotter, J. P.) の「変革リーダーシップ」やナナス (Nanus, B.) の「ビジョナリー・リーダーシップ」において，リーダーの重要な行動要件として「変革ヴィジョンの設計」が取り上げられているように，課題の発見・解決に向かうためのスキルとして重視される。

　一方で，ミンツバーグ (Mintzberg, H.) の研究などからはマネジャーの行動は職階よりも組織の規模による影響が大きいといわれる。すなわち規模の小さい組織は内部の組織構造が簡素で，トップと底辺が一体化し，トップ・マネジメントがロワー・マネジメントと同じ仕事内容を担っているケースもある。

　またミンツバーグは，マネジャーを1つの組織単位を公式的に預かる人と定義する。その公式権限により，組織内に肩書のある特別の職位が生まれ，マネジャーの役割として，①対人関係の役割（フィギュアヘッド，リーダー，リエゾン），②情報関係の役割（モニター，周知伝達役，スポークスマン），③意思決定の役割（企業家，障害処理者，資源配分者，交渉者）をあげている。

キーワード　>>>　職務遂行能力，リーダーシップ

67 日本的経営

> **ポイント**
>
> 日本的経営とは，戦後の日本企業（特に大企業）の経営スタイルや経営システムの特殊性を指すものであり，①終身雇用，②年功序列，③企業内労働組合の3点は日本的経営の「三種の神器」として広く知られている。

1 日本的経営の「三種の神器」

　日本的経営に注目した最初の研究者はアベグレン（Abegglen, J. C.）であり，彼は著書『日本の経営（*The Japanese factory: Aspects of its social organization*）』(1958)において日本の工場における社会的組織の特徴を終身関係ととらえた。その後，OECD（経済協力開発機構）から発表された『対日労働報告書』(1972)では，「終身雇用」に加え，「年功序列」と「企業内労働組合」を日本的経営の柱として取り上げた。これら3つの要素が戦後日本の経済復興を支えてきた日本的経営の「三種の神器」として広く内外に知られてきた。

① **終身雇用**（lifetime commitment）とは，学校を卒業して最初に就職した企業に定年退職になるまで雇用される雇用慣行である。ただし，解雇制度が存在しないことを意味するのではない。それは労使双方の努力により長期的な雇用関係を実現しようとする「慣行」であり，明示的な契約や制度が確立しているわけではない。

② **年功序列**（seniority system）とは，「年功昇進制」および「年功賃金制」を含むもので，勤続年数に応じて年長者を高く評価する人事考課および給与算定のシステムあるいは慣行のことである。ただし，同一年次の従業員を一律的に昇進させることはできない。そのため，実際には，昇進格差を長期間にわたり緩やかに拡大する方法がとられる。

③ **企業内労働組合**（enterprise union）とは，特定の企業の従業員を職種や職員・工員の区別なく一括して組合員とする労働組合のことである。欧米では，職種によって複数の組合があり，職員と工員は別々の組合に参加する傾向があり，企業内労働組合は日本における特徴的形態といえる。企業内労働組合の場合，労使ともに同じ企業の構成員であることから，利害対立を前面に押し出さず，協力と協議を基本姿勢とすることが多く安定的な関係の構築につながってきた。

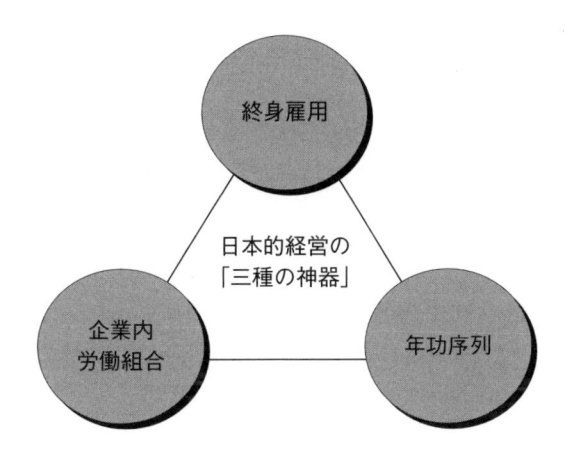

```
        終身雇用
           │
   日本的経営の
   「三種の神器」
     /        \
企業内         年功序列
労働組合
```

一方で，労使協調の名の下に馴れ合い状態になっていたり，経営側に対して自主性を失い，**御用組合**化しているケースもある。

2 その他の特徴

日本的経営の「三種の神器」はいくつかの要素により支えられてきた。

「新卒一括採用」は，企業などが学校を卒業したばかりの人材（新規学卒者）を，卒業時点でのみ一括して正社員として採用する制度であり，終身雇用の起点となる。新規学卒者は，職務を遂行するだけの能力を有していないことが一般的であり，企業内において OJT，Off-JT などの「教育訓練」を受けることになる。それは，企業内において定期的に職務を異動するジョブ・ローテーションとも関連してくる。また，社宅制度や社員食堂の充実など「福利厚生」や生活給的な賃金により従業員を丸ごと抱え込んで面倒をみることも独特の経営方法といえる。

企業内部のマネジメントに注目してみた場合，他にもいくつかの特徴がみられる。一つは，意思決定の流れであり，日本企業では，現場からの問題提起や解決方法の模索が行われることも多く，「ボトム・アップ経営」とよばれる。最終的な決定はトップが行うが，それは下位層の提案を受け入れる「承認」というかたちである。もう一つは，「集団主義あるいは**家族主義経営**」といえるもので，「会社は従業員のもの」という価値観や「和を重んじる」といった理念があり，全従業員の力を結集して成果を出そうとしている点に特徴がみられる。

キーワード　>>>　御用組合，ボトム・アップ経営，家族主義経営

さらに，人的資源管理を学ぶためには？

1 教科書で学ぼう！

- 佐藤博樹・藤村博之・八代充史（著）『新しい人事労務管理（第4版）』有斐閣，2011年
- 西川清之（著）『人的資源管理論の基礎』学文社，2010年
- 平野文彦・幸田浩文（編著）『新版 人的資源管理』学文社，2010年
- 吉田寿（著）『賃金制度の教科書』労務行政，2010年

2 専門書や原典を読んでみよう！

- 岡田行正（著）『アメリカ人事管理・人的資源管理史（新版）』同文舘出版，2008年
- 平野光俊（著）『日本型人事管理進化型の発生――プロセスと機能性』中央経済社，2006年
- ジョン・ブラットン／ジェフリー・ゴールド（著），上林憲雄ほか（訳）『人的資源管理――理論と実践』文眞堂，2009年
- マイケル・ビアーほか（著），梅津祐良・水谷栄二（訳）『ハーバードで教える人材戦略』生産性出版，1990年

Ⅵ 製品開発と生産管理

- 68 生産管理とオペレーション
- 69 生産管理とQCD
- 70 4Mと4PとQCD
- 71 生産形態による分類
- 72 見込生産と受注生産
- 73 ライン生産とセル生産
- 74 オートメーション
- 75 フォーディズムとフォード・システム
- 76 デトロイト方式とトヨタ方式
- 77 SECIモデル
- 78 イノベーションのジレンマ
- 79 製品アーキテクチャ

68 生産管理とオペレーション

> **ポイント**
> 生産管理を狭義と広義にわけて定義しておきたい。また，オペレーションやロジスティックスという言葉との関係にも触れておきたい。

1 生産とは

生産（production）とは，経済的目的をもって作ることをいう。ここで作る（make）とは，何らかの意図をもって対象に変更を加えることで，人工物を作り出す人間独自の行為である。

生産には，物的生産（農業，鉱業，工業）以外に用益生産（サービス業）が含まれる。類似の用語に，**製造**（manufacturing）があるが，これは主として工場で生産される工業の活動のことで，農業やサービス業ではあまり用いられない。

2 生産管理とは

生産管理（production management）とは，所定の品種・品質の製品を，所定の期間に，所定の数量だけ，所定の原価で生産するよう計画し，統制し，制御する管理活動である。ここでいう所定とは，計画通りという意味と，市場ニーズに合わせてという意味が含まれている。

計画通りに生産するという意味では，生産計画から資材調達，作業管理，要員管理，品質管理，在庫管理，出荷調整などの生産部門内の活動が中心になる。このような管理活動は，「狭義の生産管理」といえる。

狭義の生産管理では，いかに生産を計画し，計画通りに実行し，それを統制していくかが重要になるため，生産活動に必要な数量，品質，日程，在庫，原価などを事前に計画し準備する**生産計画**（production planning）と，それを計画通りに実行し，計画とのギャップを埋めていく**生産統制**（production control）が中心になる。ここでは，計画された標準的な品質や日程や在庫や原価を基準に，生産要素といわれる材料や労働を分析して，ムリ，ムダ，ムラのない計画を作る。

生産管理を広くとらえると，市場ニーズに合った製品を需要に見合った数量だけタイミングよく提供するためのあらゆる管理活動を含むことになる。このため，生産部門だけの活動ではなく，市場ニーズを調査するマーケティング部門や，品

狭義の生産管理	生産部門内の管理	生産計画，標準原価などが目標
広義の生産管理	管理範囲の拡張	顧客ニーズへの対応が目標
オペレーション	各種業務へ拡大	業務の連鎖や組織的な連係作業に重点
ロジスティックス	軍事用語の転用	時間と場所に配慮した需給調整が重要

質のチェックをする品質保証部門やアフターサービス部門，外注品の資材を発注管理する購買部門，生産体制を作る人材の採用や教育をする人事部門，資金管理をする財務部門なども生産管理に関係してくる。

このように，生産に関連した業務まで拡大して構造的（組織的）に品質や納期や原価を管理していく考え方を，「広義の生産管理」という。ここで問われるのは，個別の機能をいかに統合していくかという組織能力である。

3 オペレーション

最近では，生産管理の対象範囲が，製造現場だけに限らず，サービス産業における計画や統制，事務部門の業務改善，システム開発や個別プロジェクトの管理や国際生産分業の運営などに応用されるようになり，オペレーション（operation）という言葉が使われるようになった。

また，**ビジネス・プロセス・リエンジニアリング**（BPR：Business Process Reengineering）や**サプライチェーン・マネジメント**（SCM：Supply Chain Management）などの手法を使って戦略的に業務を改善していく企業が増えているが，その際，業務の連鎖や組織的な連携作業のことをオペレーションとよぶことがある。

4 ロジスティックス

ロジスティックス（logistics）とは，フランス語の loger（宿営させる）を語源とする軍事用語で，輸送・補給・宿営の手配などを意味する。物流と訳されることもあるが，資材の調達から完成品の供給まで，それがどこ（場所）にあり，いつ（時間）必要かを判断して需要と供給を調整する活動である。

キーワード　>>>　マネジメント・サイクル，BPR，SCM，ロジスティックス

69 生産管理と QCD

> **ポイント**
> 生産管理について QCD との関係で整理しておきたい。ここでいう生産管理は「狭義の生産管理」に近い。

1 QCD

　生産管理の目的は，市場の要請に応えながら，需給ギャップをなくし生産性を上げていくことである。一方，企業現場では，品質＝ Quality，原価＝ Cost，納期＝ Delivery が QCD として重視されるが，両者をつなげれば，生産管理とは「良い品（Q）」を「安く（C）」「必要な時（D）」に供給する体制を作るともいえる。

　生産管理は，この QCD に従って分けると，Q の管理＝品質管理（Quality Control），C の管理＝原価管理（Cost Control），D の管理＝工程管理（Process Control）に分類できるが，図に示すように，QCD を確保して需給ギャップを解消するためには，作業の管理，設備の管理，資材の管理といった周辺の管理が必要になるし，現場作業員の管理，工場内の情報管理，設備や作業者の安全管理も必要になってくる。また，その背後には，5S（整理，整頓，清潔，清掃，躾）に代表されるような，作業現場の管理手法や，マネジメント・サイクルを回しながら，品質を向上し納期を短縮し，原価を低減していく**生産性向上運動**（movement of productivity improvement）や職場風土の管理も，必要になってくる。

2 QCD 個別の生産管理

① 品質管理（Quality Control）＝ Q の管理

　品質管理は，狭義には，事前に決めた品質要求を満たすための品質保証活動ととらえられる。そのために，品質特性を測定し，ばらつきを統計的に分析し管理する統計的品質管理（Statistical Quality Control ＝ SQC）がある。

　品質管理は，広義には，顧客の求める総合品質を実現するために行われる様々な管理活動を意味する。そのために，製造工程以前や以降の活動も含める総合的品質管理（Total Quality Control ＝ TQC）がある。

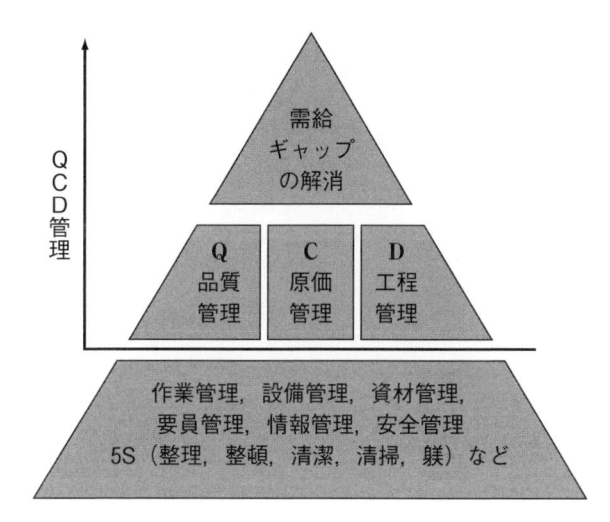

```
              需給
             ギャップ
             の解消

        Q      C      D
       品質    原価    工程
       管理    管理    管理

     作業管理，設備管理，資材管理，
     要員管理，情報管理，安全管理
   5S（整理，整頓，清潔，清掃，躾）など
```

（QCD管理）

② 原価管理（Cost Control）＝ C の管理

　生産管理における原価管理とは，主として，製造原価の管理を行う業務で，標準原価を設定して実績との差異を比較検討する方法をとる。（P）→（D）→（C）→（A）のマネジメント・サイクルに従えば，標準原価を算出する（P の過程）を原価企画といい，実際原価を計算する（D の過程）を原価計算といい，標準原価と実際原価を比較する（C の過程）を原価差異分析といい，それに基づいて行う（A の過程）を原価改善活動という。

③ 工程管理（Process Control）＝ D の管理

　工程管理は，工程（販売予測あるいは受注から納品までの過程）を設計し，品質を維持・向上しながら生産効率を高めていく活動で，D（納期）の管理に直結する活動である。この工程管理は，工程計画と工程統制に分けられる。

　工程計画には，①作業の順番を決める手順計画，②作業スケジュールを決める日程計画，③人員と機械の仕事量を測って「延べ作業時間数」を決める工数計画がある。

　工程統制には，①進捗状況をチェックし「遅れている作業」への対策を立てる速度管理，②余裕時間をチェックして工程の最適な進捗をはかる余力管理，③作業量・作業時間・品質など全般にわたる実績を管理する実績管理などがある。

キーワード　>>>　マネジメント・サイクル，工数

70　4Mと4PとQCD

> **ポイント**
>
> 広義の生産管理は，経営資源を市場ニーズに結びつけるための組織能力であり，モノづくりを通じた企業競争力の源泉でもある。ここでは，それを，4Mと4PとQCDという概念を使って説明しておきたい。

1　4M

　生産は，人（Man）と機械（Machine）を使って，材料（Materials）を製品に換える方法（Method）であり，それらの頭文字をとって「4つのM」とよばれることがある。これらが，生産活動に必要な主要要素であり，生産管理の手段ともいえるものである。また，これらの要素を対象にして生産管理は機能別に区分することができる。

　たとえば，人（Man）の管理が，作業現場における要員管理であり，機械（Machine）の管理が，設備や機械の導入から保全にいたる設備管理である。また，材料（Materials）の管理が，在庫管理や資材管理や購買管理とよばれる分野であり，方法（Method）の管理が，道具・時間・手順などを標準化して生産性を高める作業管理にあたる。これらは，作業管理や自動化率が要員管理や設備管理に関係するように相互に深く関連している。

2　4P

　マーケティングのところで述べたように，代表的なマーケティング・ミックスとして，製品（Product），価格（Price），流通（Place），プロモーション（Promotion）の頭文字をとった「4P」がある。

　これは，顧客側からみた企業活動で，顧客は，製品の良し悪し，価格の適正，流通や店舗への利便性，広告宣伝や販売促進から受信するメッセージに基づいて購買を決定している。つまり，これらは，顧客が直接受け取って判断する表面的な企業や製品に関する競争力ということができる。

3　QCD

　これに対して，生産部門での現場では，一般に，品質（Quality），原価（Cost），

図中：

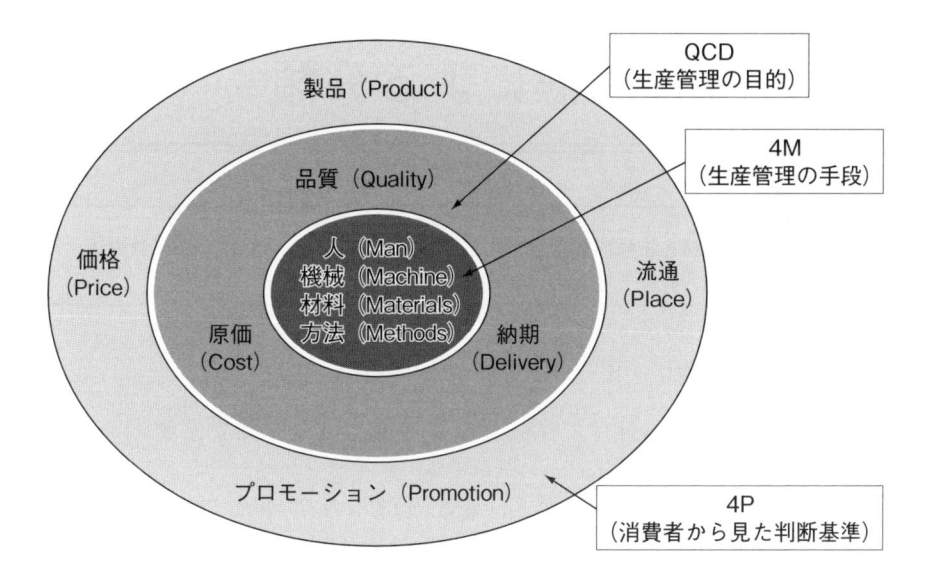

- 製品（Product）
- 品質（Quality）
- 人（Man）
- 機械（Machine）
- 材料（Materials）
- 方法（Methods）
- 価格（Price）
- 原価（Cost）
- 納期（Delivery）
- 流通（Place）
- プロモーション（Promotion）
- QCD（生産管理の目的）
- 4M（生産管理の手段）
- 4P（消費者から見た判断基準）

納期（Delivery）がQCDとして重視される。これらは、生産管理の目的ともいえるものだが、顧客が直接評価することはない。したがって、QCDは顧客が評価する「4P」と確実に結びつかなければ競争力にはなりえない。

たとえば、品質（Q）は作り手からみると設計図面に盛り込まれた設計品質（design quality）や実際に設計図通りに作られるかどうかという製造品質（manufacturing quality）になるが、顧客は、製品（Product）の一部として品質を知っていると感じている。これを知覚品質（perceived quality）というが、これには、その企業に対する信頼度やブランド・イメージが含まれる。原価（C）と価格（Price）も同じで、顧客は、原価情報を得ていないが、市場における競合製品や代替製品との比較において、価格妥当性を判断する。納期（D）は、顧客から見ると、流通（Place）やプロモーション（Promotion）と密接につながっている。

このように整理してみると、生産管理は、4Mという生産要素を活用して、QCDを通じて4Pに結びつける活動と定義しなおすことも可能であろう。

キーワード　>>>　設計品質，製造品質，知覚品質，マーケティング・ミックス

71 生産形態による分類

> **ポイント**
> 生産の実態を生産形態から分類しておきたい。なぜならば，生産管理は，生産形態に合わせて考えなければならないからである。

1 生産方式の違い

　材料や部品を組み付けて完成品を作り出す方法を**組立生産**（assembly production）という。たとえば，自動車では，タイヤやメーターなどをボルトや接着剤で組み付けていく。組立作業は労働集約的なので，現場での作業改善が生産効率を左右する。また，一般に，部品点数が増えると購入先が増えるので，どの部品をどの時点で調達するかという調達・在庫管理も重要になってくる。

　材料を加工して完成品に仕上げていく方法を**加工生産**（processing production）という。たとえば，圧延，押し出し，鋳造，鍛造などで素材を作る素材加工，切削や切断，プレスなどで部品を作る部品加工，塗装やメッキなど表面処理をする処理加工がある。この生産方式では，熟練工を養成したり，特殊な道具を使ったりして能率的に生産する加工技術が生産管理のポイントになる。

　原料を一連の装置を使って仕上げていく方法を**プロセス生産**（process production）または**装置生産**（apparatus production）といい，そういう方式をとる産業を**装置産業**（apparatus industry）という。たとえば，石油，鉄鋼，化学工業，繊維，製紙，窯業（セメント，ガラス）など，加熱したり化学的な変化を加えたりする場合が多い。ビールのような食品加工生産は，加工という言葉が使われているが大きなタンクに麦芽や酵母を入れて醗酵させる装置生産といえる。この生産方式は，装置の最大生産能力に近い条件で生産できるかがポイントになる。また，石油製品のように，一種類の原材料（原油）から多品種の製品（ガソリン，灯油，重油，コールタールなど）が生み出されることが多いので，各製品の需要量をにらみながら最適な生産量を決定していく生産計画が重要になる。

2 受注形態の違い

　受注形態の違いによって**見込生産**（make-to-stock production）と**受注生産**（job order production）に分かれるが，これは，別の項目「72　見込生産と受注生産」

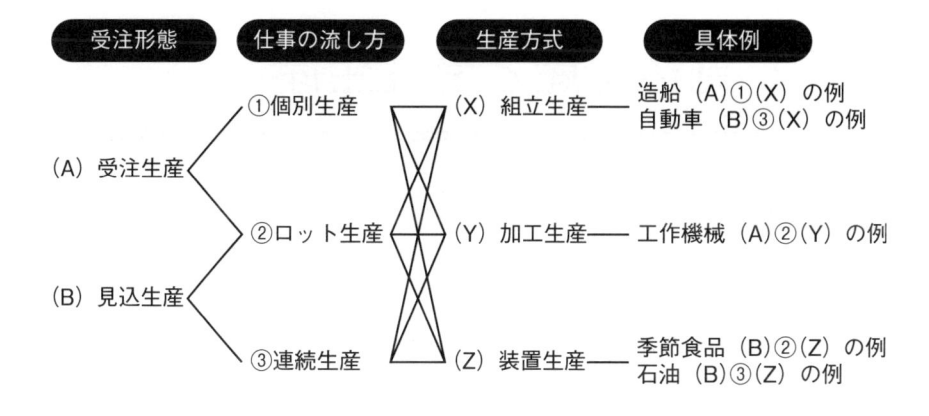

受注形態	仕事の流し方	生産方式	具体例
	①個別生産	(X) 組立生産	造船 (A)①(X) の例 自動車 (B)③(X) の例
(A) 受注生産	②ロット生産	(Y) 加工生産	工作機械 (A)②(Y) の例
(B) 見込生産	③連続生産	(Z) 装置生産	季節食品 (B)②(Z) の例 石油 (B)③(Z) の例

で説明する。

3 仕事の流れ

　同一製品を１回だけ生産する方法を**個別生産**（job shop production）という。これは，住宅，造船や特殊サイズの特注品など受注生産品や，多品種少量生産品などで一般的である。

　継続的に同じ仕事を繰り返して同一製品を生産する方法を**連続生産**（continuous production）という。ほとんどのプロセス生産は連続生産であるが，組立生産でもフォード方式のようなベルトコンベアシステムは連続生産である。鉄鋼や石油など，単品や少品種で大量生産する場合に適用される。

　個別生産と連続生産の中間に位置づけられるのが，一定数量だけまとめて生産する**ロット生産**（lot production）である。たとえば，金型で成型する場合は，型を交換する手間がかかるので，一定の数量をまとめてロット生産する。類似の表現として**バッチ処理**や**間欠生産**という用語もある。

　似たような概念に，**ライン生産**，**ジョブショップ生産**，**セル生産**がある。これらは，生産レイアウトによる違いで，別の項目「73　ライン生産とセル生産」で解説する。

キーワード　>>>　バッチ生産，間欠生産，ライン生産，セル生産

72 見込生産と受注生産

> **ポイント**
> 生産方式は，受注形態の違いによって見込生産と受注生産に分かれる。

1 見込生産

見込生産（make-to-stock production）とは，あらかじめ注文を予測して，需要を見込んで設計済みの製品を生産する方法をいう。この形態は，生産が受注に先立つために在庫を持つことになる。店頭に並ぶ大量生産品はこの見込生産で，メーカーは最終製品（完成品）を店頭に置いてもらい，販売店や問屋の注文に応えて在庫を補充する形で生産している。

これをフローチャートで示すと，設計→（材料や部品の）調達→生産→在庫補充の後に受注がある。この段階で在庫がある場合（図では Yes）には，そのまま納品になるが，ない場合（No）には追加生産することになる。その際，追加生産が納期に間に合わない場合は注文に応じきれない失注になる。つまり，見込生産は，在庫過多と失注（機会損失）という2つのリスクを抱えている。

2 受注生産

受注生産（job order production）とは，顧客からの注文に従って生産する方法をいう。この形態は，完成品在庫を持たないという特徴があるが，さらに次の3つに分類される。第1は，**BTO**（Built To Oder）とよばれる**受注組立生産**で，ユニットとよばれる半製品を在庫としてもって，顧客の注文に応じて組立生産する。第2は，製品が設計を済ました既製品（レディメイド：ready-made）である場合で**規格品受注生産**（Make To Oder）といい，第3は，顧客の要望に応じて設計する特注品（オーダーメイド：made-to-order）の場合，**個別受注生産**（Configuration To Oder）という。たとえば，建売建築は（設計済みの家を売るので）規格品受注生産であるが，注文建築は個別受注生産にあたる。

3 デカップリング・ポイントとマス・カスタマイゼーション

ある工程までは規格品や半製品を見込生産し，その後，顧客の注文に応じて対応する場合に，見込生産をどの段階まで行うかというポイント（図では黒く示し

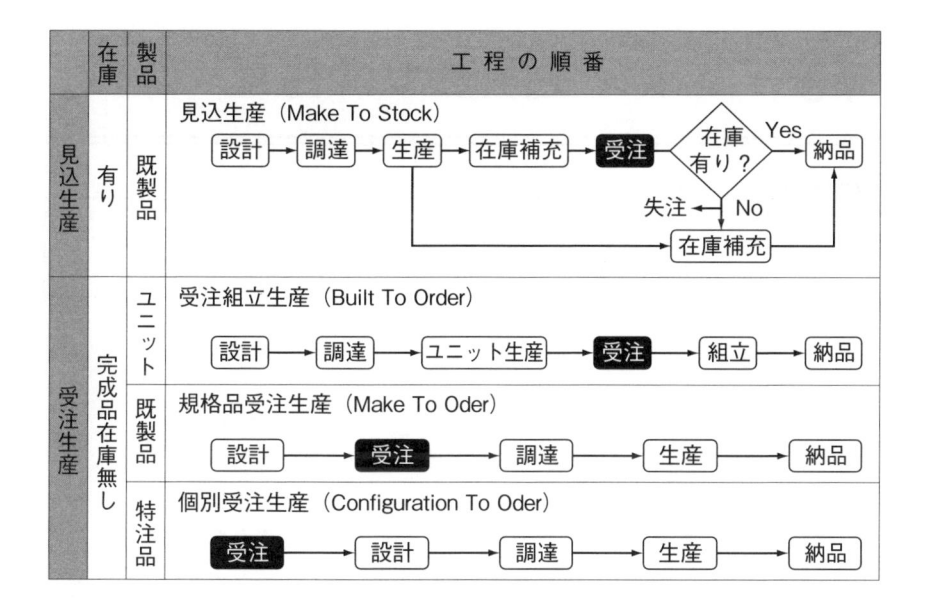

在庫	製品	工程の順番
見込生産 有り	既製品	見込生産 (Make To Stock) 設計 → 調達 → 生産 → 在庫補充 → 受注 → 在庫有り？ — Yes → 納品／No → 失注／在庫補充
受注生産 完成品在庫無し	ユニット既製品	受注組立生産 (Built To Order) 設計 → 調達 → ユニット生産 → 受注 → 組立 → 納品
	既製品	規格品受注生産 (Make To Oder) 設計 → 受注 → 調達 → 生産 → 納品
	特注品	個別受注生産 (Configuration To Oder) 受注 → 設計 → 調達 → 生産 → 納品

た受注ポイント）を**デカップリング・ポイント**（decoupling point）という。ほとんどの製品は，このポイントをもっている。たとえば，個別受注生産とされる注文建築でも，建材やドアなどの部品はカタログや見本の中から選ぶケースが多い。その場合，カタログにある製品を，企業内部で在庫として持つか，建材メーカーのような外部のサプライヤーから調達するかは，一つの経営課題である。

つまり，見込生産を行う生産計画系と受注生産を行う市場ニーズ系をどう切り離す（デカップリングする）かが重要で，このポイントは，サプライチェーン上の戦略的な意思決定とされる。たとえば，パソコンメーカーのデル社はデル・モデルと呼ばれる組立受注生産（BOT）を実現したが，新製品が陳腐化しやすいパソコン市場で，アウトソーシングを活用しながら，デカップリング・ポイントを移して在庫リスクを軽減したといえる。

その意味では，多様な用途に活用できる交換可能なモジュールに製品や業務プロセスを分割し，顧客の要望に応じてモジュールを再編していく**マス・カスタマイゼーション**も広い意味ではデカップリング・ポイントの意思決定と結びつく。

キーワード >>> デル・モデル，マス・カスタマイゼーション

73 ライン生産とセル生産

> **ポイント**
> 生産レイアウト編成の違いによってライン生産とセル生産に分かれるが、その違いについて解説しておきたい。

1 ライン生産

　ライン生産 (line production) とは、製品が直線的に流れていく生産方式で、作業員や部品、工具などを直線状（ライン状）に配置させる組立ラインや、工程順に専用工作機械を並べたトランスファーマシンを主体とする加工ライン、ベルトコンベアを使ったベルトコンベアシステムなど、さまざまな形態がある。
　ライン生産方式は、フォード・システムに代表されるような大量生産方式で、市場要件として、ライン設備を投資するに見合う市場規模と需要の継続性（長い製品ライフサイクル）があり、その需要がある程度予測可能であることが求められる。供給サイドからいえば、作業工程が分業化でき、作業の標準化・細分化・専門化・同期化が実現できることが条件になる。

2 ジョブショップ生産

　ジョブショップ生産 (job shop production) とは、機械を機能中心に配置し、異なる工程順をもつ製品を生産する方式のことをいう。たとえば、穴をあけ、磨き、折り曲げる工程が順番通りならば、機械を「フライス盤→研磨機→プレス」と配置できるが、穴をあけ、折り曲げた後に、また穴をあけなければならないと、ライン状に機械を配置できないので、各機械の場所（ジョブショップ）で作業するしかない。また、ドリルや金型を取り換える「段取り」が必要な工程では、同一機械でまとめてロット生産するしかないので、その場合もジョブショップになる。
　ジョブショップ生産方式は、代表的な多品種少量生産方式であるが、それぞれのジョブ（工程）でリードタイム（開始から終了までの時間）が違ってくるので、ボトルネックとなる工程が生じやすい。

3 セル生産

　セル生産 (cell production) とは、1人、または少数の作業者が、U字型ライ

ライン生産

材料 → → → → → → → 完成品
人 人 人 人 人 人 人 人

ジョブショップ生産

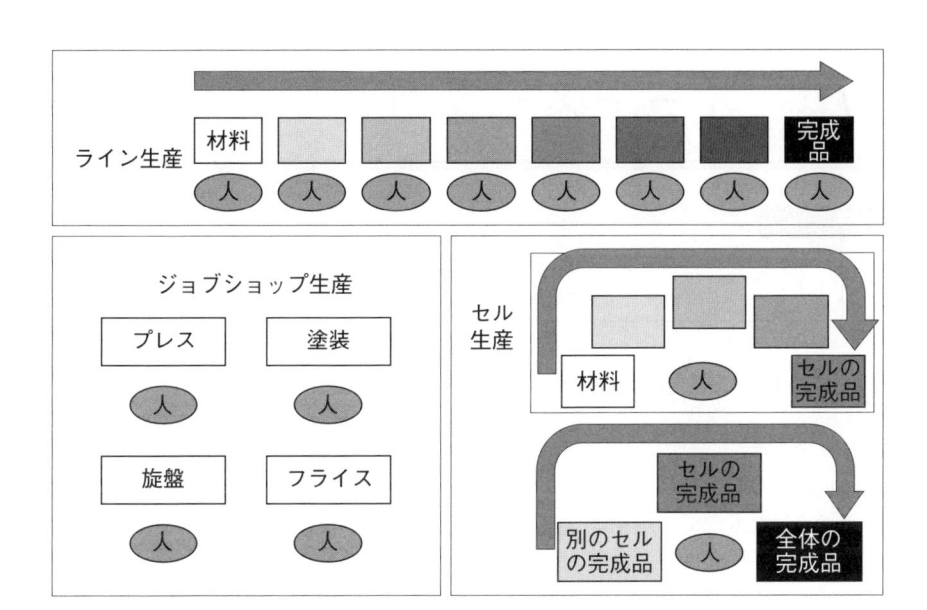

プレス	塗装
人	人
旋盤	フライス
人	人

セル生産

材料 人 → セルの完成品
セルの完成品
別のセルの完成品 人 → 全体の完成品

ンになった生産工程を一貫して担当し完成させる生産方式のことで，特に，1人の作業者が1つの作業台で製品を完成させる方法を，作業台を屋台に見立てて「屋台生産方式」ともいう。

　セル生産は，①各作業者チームが小さなラインと見なせるため，個々のラインに異なる品目を流すことで多品種少量生産に対応できる。②ライン生産に比べて大規模な投資を必要としないので，新製品が多い商品や，製品ライフサイクルが短い商品に適している。③ライン生産に比べて在庫が圧縮できる。④セルの数を増減させることで需要の変化に対応できる。⑤単調になりがちなライン生産に比べて仕事の幅が増えるので，作業者のやる気を引き出せるなどのメリットがある。

　ただし，自動車のように部品点数が多い製品や，大型機械を必要とする大きな製品には向いていない。また，作業者によって生産性や品質にばらつきが生じるので，高いスキルをもつ作業者を育成したり，セル単位で検査装置を用意したりするなど品質確保の体制づくりも必要になる。

　これら3つの生産方式は相互補完的で，最終ラインで，ジョブショップのロット生産品やセル生産方式で作った部品を組み立てるなど，ジョブショップ生産やセル生産を，ラインの支流工程（サブ・ライン）として活用する場合もある。

キーワード　>>>　フォード・システム，ロット生産

74 オートメーション

> **ポイント**
> オートメーション（automation）とは，人間が行う作業を，機械やコンピュータなどを使って自動化することをいう。

1 オートメーションの歴史と発展

オートメーションという言葉は，フォード社の副社長であったハーダー（Harder, D. S.）が「自動操作（automatic operation）」を意味する造語として1946年に命名したもので，当初は，フォード・システムに代表されるような単一製品の大量生産を志向するものであった。

しかし，次にみるように，その適応範囲が，装置産業や事務部門に及び，多品種を少量生産する自動化工程にも拡大されるようになって，さまざまな形態として発展するようになった。

2 オートメーションの種類

オートメーションは，大別すると，生産部門の自動化にあたるファクトリー・オートメーション（factory automation）と，主として電子制御技術（EDP：electronic data processing）を活用したビジネス・オートメーションに分けられる。

また，ファクトリー・オートメーションは，後述するように，機械加工・組立産業におけるメカニカル・オートメーションと，装置産業などにおけるプロセス・オートメーションに分けられる。また，多品種少量生産を志向するオートメーションは，フレキシブル・オートメーション（flexible automation）という。さらに，照明やエアコンや調理器具を自動化するホーム・オートメーション（Home automation）という言葉も生まれている。

① メカニカル・オートメーション

メカニカル・オートメーション（mechanical automation）とは，機械加工や組み立て作業，運搬，検査などの工程を機械化・自動化することで，自動車や家電製品の組み立て作業をはじめ，農業や水産業，食品加工や土木建設業などでも幅広く導入されている。このメカニカル・オートメーションでは，労働集約的な作

```
オートメーション ─┬─ ファクトリー・オートメーション ─┬─ メカニカル・オートメーション
                 │                              │   機械加工や組み立て作業の自動化
                 │                              │
                 │                              └─ プロセス・オートメーション
                 │                                  装置型産業における自動化
                 │
                 └─ ビジネス・オートメーション ─┬─ オフィス・オートメーション
                                              │   事務部門の自動化
                                              │
                                              └─ MIS
                                                  コンピュータを使った全社的な自動化
```

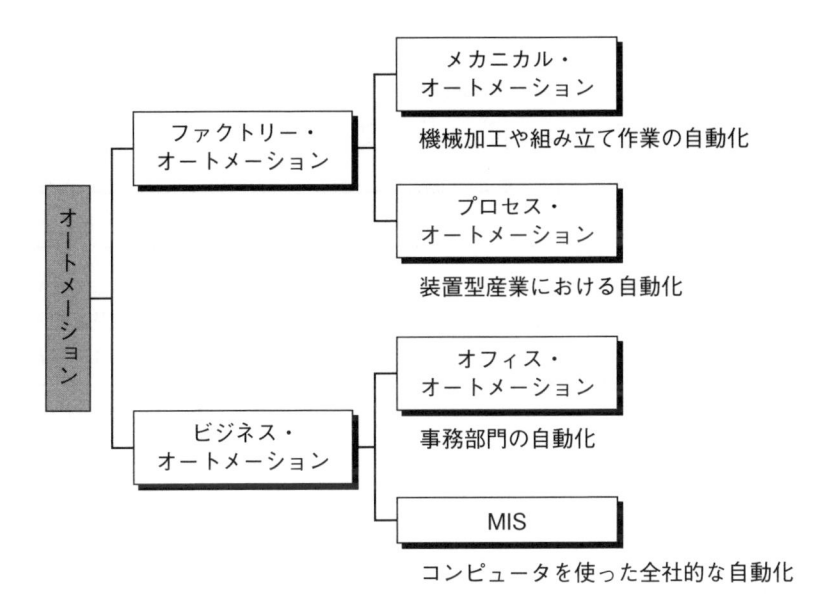

業を機械によって代替するための技術が重要で，手作業を単純化・専門化・標準化していく作業管理の手法を通じて，機械化が進められる。

② プロセス・オートメーション

プロセス・オートメーション（process automation）とは，鉄鋼，化学，石油，繊維などの装置産業で典型的にみられる。このプロセス・オートメーションでは，温度を測定して温度によってバルブを閉めて調節していくような，計測・制御・調整の技術，すなわち計装管理（instrumentation）が重要とされる。

③ オフィス・オートメーションと MIS

ビジネス・オートメーション（business automation）は，事務部門の自動化という意味では，オフィス・オートメーション（office automation）とよばれるが，その本質は「情報の流れ」の自動化であり，ファクトリー・オートメーションと連結されて，経営情報システム（MIS：Management Information System）として発展している。

キーワード　>>>　フォード・システム，MIS

Ⅵ　製品開発と生産管理

75 フォーディズムと
     フォード・システム

> **ポイント**
>
> フォーディズムとは，フォードが折に触れて発言している経営的な信念や**基本姿勢**などに関する総称であり「フォードの経営理念」として解釈できるものである。フォード・システムとは，それを実現するために生み出された**大量生産方式**で，**標準化**，**細分化**，**移動式組立法**などによって特徴づけられる。

1 フォーディズムとフォード・システムの基本的な考え方

　自動車王として有名なヘンリー・フォード（Ford, H.）の基本的な考えは，当時「金持ちの遊び道具」だった自動車を農民も買える「大衆の足」にしたいというものであった。そして1908年，一般大衆のあらゆる必要を満たすことのできる「普遍的な実用車」として「T型フォード」を発表した。このT型フォードは，誰にでも乗ってもらえるという「普遍性」，長く使ってもらえるという「不変性」，運転しやすく，悪路に強く，壊れにくい上に修理が簡単という「実用性」，価格が安く，黒一色で飾りが少ない「大衆性」という特徴を備えていた。フォードは，自動車を大衆の足と位置づける新しい着想によって，大衆自動車市場を創造した。

　このようなT型フォードの生産を支えたのが，**フォーディズム**（Fordism）である。フォードは，企業は公共のサービス機関であり，大衆にサービス（奉仕）することで社会に貢献するべきであると考えた。ここでのフォードによるサービスとは，「より良いものをより安くより多く」という理念に従い努力することである。また，従業員の生活水準を向上させて雇用の確保につながる意味で，企業の社会的な存在根拠を示す**賃金動機**（wage incentive）を重要視した。このように，フォーディズムの核心は，社会（一般大衆）に対して安い製品を提供するサービス精神をもち，従業員に対して高い賃金を支払う賃金動機をもって経営にあたる点にある。結果的にフォードは，低い賃金に不満をもっていた労働者に対して高い賃金を支払い，自動車という高い製品に手が届かなかった一般消費者に安い製品を提供することで受け入れられた。

　一方，フォーディズムを実現化させた具体的な方法が**フォード・システム**

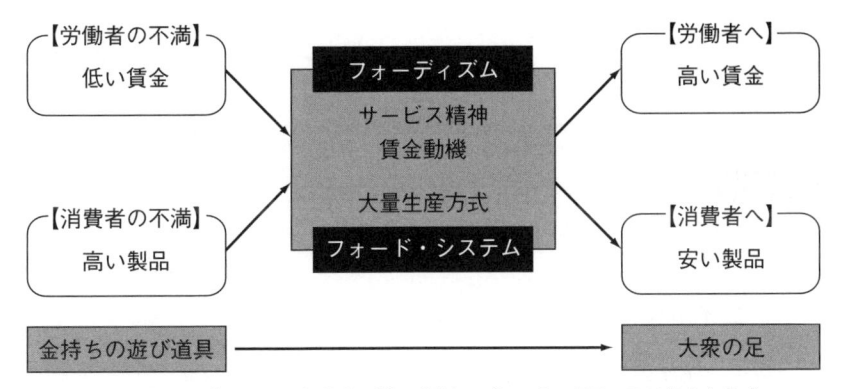

```
【労働者の不満】              【フォーディズム】              【労働者へ】
   低い賃金       ──→   サービス精神           ──→   高い賃金
                         賃金動機
【消費者の不満】           大量生産方式                 【消費者へ】
   高い製品       ──→   フォード・システム    ──→   安い製品

   金持ちの遊び道具                ──→              大衆の足
```

出典：井原久光著『テキスト経営学［第3版］』ミネルヴァ書房，2008年より作成。

（Ford system）という大量生産方式である。フォードは，他のメーカーが個性的で，手作りによる高級な車にこだわったのに対して，単一車種で大量生産する安価な車づくりを追求した。そして，そのための専門工場，専門機械，専門工具を使用し，部品を標準化された単純な構造に設計して細分化するとともに，生産ラインの作業手順も標準化された単純作業に細分化した。さらに，細分化した工程は同時に稼動するように生産ラインを同期化，移動化させた**移動組立法**（moving assembly method）を生み出した。この方式は，フォード・システムの中核をなすもので，後にベルトコンベア方式とよばれるようになった。

② フォードの意義と影響

　フォードによる自動車の大衆化は，輸送・交通手段を鉄道から自動車へ移行させ，アメリカ人のライフスタイルを根本的に変化させた。また，フォード・システムが他の産業にも波及することで，大量消費社会が誕生した。さらに，農業機械も大量生産されることで農業の近代化が進むとともに，標準化された高品質の軍事兵器が大量生産されて軍事力の増大に結びつくなど，フォード・システムは，交通，社会，産業などさまざまな革命を引き起こし，アメリカ産業の発展に貢献した。

キーワード　>>>　賃金動機，生産性，科学的管理法

76 デトロイト方式とトヨタ方式

> **ポイント**
> デトロイト生産方式とトヨタ生産方式を比較してみたい。

1 デトロイト生産方式

　デトロイト生産方式（Detroit production system）とは，フォード・システムを発展させて，アメリカの自動車生産の拠点であるデトロイトで完成した自動車生産方式のことである。自動車産業では，経験曲線は「シルバーストン曲線」として知られており，デトロイト方式は「規模の利益」を追求する「大ロット主義」を基本にしている。ここでいうロットとは，1回あたりの生産量であり，「大ロット主義」とは，1つの製品を大量に作る単品大量生産のことをいう。

　また，生産の最初の工程である上流工程から完成品に近い下流工程に向って，進行順に生産活動の調整を進める一方通行的な生産管理情報システムであるため，最初に計画を立てて，これに従う「プッシュ方式」を基本にしている。

　この方式では，作業の単純化と専門化によってラインスピードが上がると考えられているので，単一作業を行う単能工とよばれる作業者を配置することが前提で，生産ラインを止めることは命取りだと考える。このため，機械の故障や不良品の発生に備えて在庫をかかえることは当然とされている。

　このため，生産ラインの最後に検査工程を置いて，不良品をチェックする最終検査方式で，不良品の割合を減らすために，統計的品質管理や機械工学やIE（インダストリアル・エンジニアリグ）などの科学的アプローチを活用する。

　この方式は，計画と執行を分離するテイラーシステム的な経営管理主義を基本としており，機械設備の能力を巨大な投資によって引き上げる機械主義的な発想をもっている。

2 トヨタ生産方式

　トヨタ生産方式（Toyota production system）は，生産量が少なかった昭和20～30年代のトヨタの状況を反映して，多品種少量品を安く作ろうという平準化の発想に基づいている。平準化とは，経営学的には**作業拍節均等化の原理**（das Prinzip der Taktausgleichung）として知られているもので，ロットを小さくバラ

デトロイト方式	トヨタ生産方式
大ロット主義（規模の利益追求）	小ロット主義（平準化が基本）
プッシュ方式（生産計画が生産量を決定）	プル方式（後工程が前工程の生産量を決定）
流し作業（在庫を前提）	流れ作業（在庫のない同期化）
一台もち（単能工を前提）	多工程もち（多能工の育成）
ラインストップは命取り	ラインストップは問題の顕在化
統計的品質管理（不良品は出るもの）	総合的品質管理（不良品は出さない）
機械工学，IE的アプローチ	創意工夫的アプローチ
計画と執行の分離（経営管理主義）	計画と執行の一体化（現場現物主義）
機械中心主義（投資計画がポイント）	人間中心主義（人材育成がポイント）
技術革新志向	改善（カイゼン）志向

ツキをなくしながら，タクトタイム（拍節時間）を同期化していくことである。

また，トヨタは，後工程が前工程に必要な部品を必要な時に必要な量だけ取りに行く「スーパーマーケット方式」を導入したが，これはプッシュ方式のデトロイト方式に対して「プル方式」とよべるものである。トヨタでは，前者（プッシュ）を「流し生産」といい，後者（プル）を「流れ生産」とよぶ。

平準化には，多様な製品を同一ラインで生産するためのさまざまな技術が必要であり，作業の複数化（多工程持ち）と複数の作業を行える多能工を重視する。品質管理では，不良品を1品たりとも後工程に送らないという**総合的品質管理**（TQC：Total Quality Control）の考え方が生まれる。

ラインストップに関する考え方も正反対で，トヨタ方式では，1つの不具合が出ると全量が無駄になるし，多数の機械を相手にするため，異常が生じた場合に機械がストップする仕組みを用意しなければならないから，ラインを止めて点検することを大切にする。

また，問題点やヒントは現場や現物にあるという現場現物主義をとっており，現場の創意工夫を生む人材育成や教育を重視する人間主義的側面があり，技術革新を志向するデトロイト方式に対して，改善志向的である。

キーワード　>>>　フォード・システム，経験曲線，かんばん方式，平準化

77 SECI モデル

> **ポイント**
> SECI モデルとは，暗黙知と形式知を相互に移転させたり変換させたりする知識創造のプロセスであり，4つの知識変換モードの英語表記の頭文字をとったものである。このモデルは，企業が個人・集団・組織全体の各レベルで新たな知識を絶え間なく創造するためのプロセスを表している。

1 組織における知識創造プロセス

　知識を媒介に業務推進力，イノベーション力，競争力を高めることをナレッジ・マネジメント（knowledge management）とよぶ。SECI モデルは，その具体的な方法として野中郁次郎と竹内弘高が提唱したものである。

　一般的に知識は，**暗黙知**（tacit knowledge）と**形式知**（explicit knowledge）という2つの側面に分類できる。暗黙知とは，たとえば自転車の運転の仕方のように，身体にノウハウが染みついていて，自分ができることを上手く言葉に表せないような知識である。この暗黙知には，日常的に組織の現場で行われている業務手続の方法，市場や営業地域，顧客の動きに関する感覚，製品開発やマーケティングに関する経験的方法論などが含まれる。一方形式知は，明示的で，言語等によって他人に伝達できる知識である。形式知には，熟練技能者の業務手順に関わるマニュアル，ガイドラインや，市場や営業，顧客動向を把握するための論理的手順や方法などが含まれる。知識創造理論（theory of knowledge creation）では，暗黙知と形式知が相互に変換され，その循環的プロセスを通じて知識の質・量が拡張されていくと考える。ここでは，暗黙知と形式知の組み合わせにより，以下の4つの知識変換パターンが想定される。

　共同化（socialization）とは，OJT（On the Job Training）や職人の弟子が師から観察や真似によって技能を学ぶように，対面式のコミュニケーションや経験を共有することによって暗黙知を共有する過程である。

　表出化（externalization）とは，グループでの討議や対話を通じて，個人の内にこめられた暗黙知を形式知に表す過程である。ここには，個人の頭に描いたイメージや情感，思いなどを，言語や図像に表すことも含まれる。

　連結化（combination）とは，コンピュータ・データベースや学校における教

	暗黙知	暗黙知	
暗黙知	共同化(Socialization)	表出化(Externalization)	形式知
暗黙知	内面化(Internalization)	連結化(Combination)	形式知
	形式知	形式知	

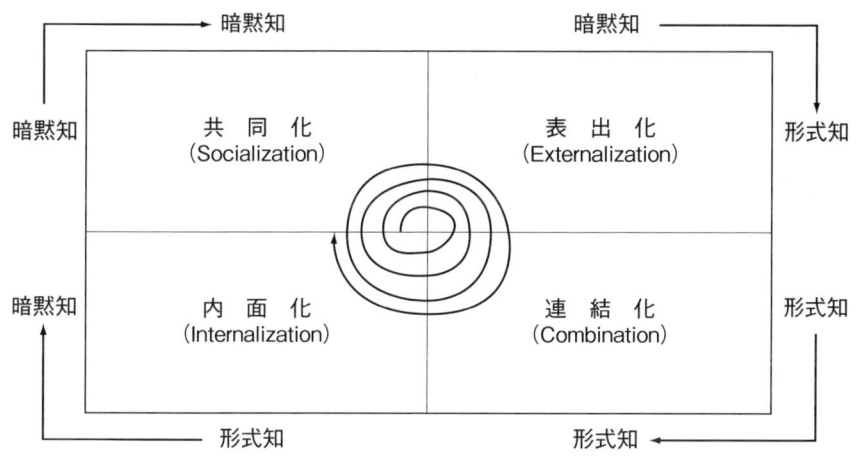

出典：野中郁次郎・竹内弘高著『知識創造企業』東洋経済新報社，1996年，p. 93 より作成。

育・訓練などのように，既存の形式知を整理・分類して組み替える過程である。つまりここでは，異なる形式知と形式知を組み合わせて新たな形式知を創り出す。

内面化（internalization）とは，言語化・図式化された書類・マニュアル・物語などを通じて他者の経験を追体験し，形式知を暗黙知へ体化する過程である。そのためには，行動や実践を通じて身体化したり，シミュレーションや実験を行って知識を再現・獲得することが求められる。

2 スパイラルによる知識創造の展開

知識創造は，4つの知識変換プロセスが1回きりだけでなく，絶え間なくスパイラル状に繰り返されることによって実現される。そのため，組織として継続的に知識を創造していくためには，個人が知識を創造・蓄積したり自己成長することを促したり，組織メンバー同士が積極的に相互作用したり，自由な発想で新しいことにチャレンジしやすい環境を提供することが必要である。

企業の知識の多くは暗黙知であり，特に，企業独自の他社には真似のできない強みの多くの部分は，暗黙知からなっている。知識創造プロセスでは，個々人の豊かな暗黙知を集団や組織で共有したり，暗黙知を形式知化し，組織としていかに活用するかが非常に重要となる。

キーワード　>>>　ナレッジ・マネジメント，イノベーション

78 イノベーションのジレンマ

> **ポイント**
>
> イノベーションのジレンマとは，ハーバード・ビジネス・スクールのクレイトン・M・クリステンセン（Christensen, C. M.）が提示した考え方で，健全かつ合理的で優れた経営を行い，業界をリードする優良企業が，技術と市場構造の破壊的変化に直面して失敗してしまうパラドクスを説明する考え方である。

1 イノベーションのジレンマに陥る理由

イノベーションのジレンマ（innovator's dilemma）の考え方では，業界をリードする優良企業がその地位を失う最大の理由は，健全かつ合理的で優れた経営であるとされる。これは一見矛盾するように思われるが，失敗した企業には成功している間の意思決定の方法に，後に失敗を招く次のような要因があるとみることができる。まず，持続的技術（sustaining technologies）と**破壊的技術**（disruptive technologies）という2つの関係から考えることができる。

持続的技術とは，メインの顧客が今まで評価してきた基準に従って従来の製品の性能を高めるものである。優良企業は，持続的技術に投資を行うことで製品の性能を高め，リーダーの地位を維持している。一方，破壊的技術とは，短期的には製品の性能を引き下げるが，従来とはまったく異なる価値基準を市場や顧客にもたらすものである。破壊的技術による製品は，従来市場の中では持続的技術と比べて低性能・低価格・シンプルで，メインの顧客は興味を示さない。評価するのは少数の新しい顧客で，市場規模は小さく，期待できる収益も低い。したがって優良企業にとっては，この新市場への参入は見合わせ，従来製品に投資を継続するのが合理的で正しい判断となる。ところが，ある一定の水準まで性能が高まりその需要が満たされると，価格や使いやすさなど性能以外の面を評価する顧客が現れてくる。それが進むと，やがて破壊的技術による製品市場が従来市場を侵食するまで急成長し，持続的技術でリードしていた優良企業が業界のリーダーの座から転落することとなる。破壊的技術の例としては，ソニーのトランジスタ・ラジオがある。従来，優れた音質の真空管による据え置き型ラジオが市場を占めていた。その市場を侵食したソニーのトランジスタ・ラジオは，音質面では低性

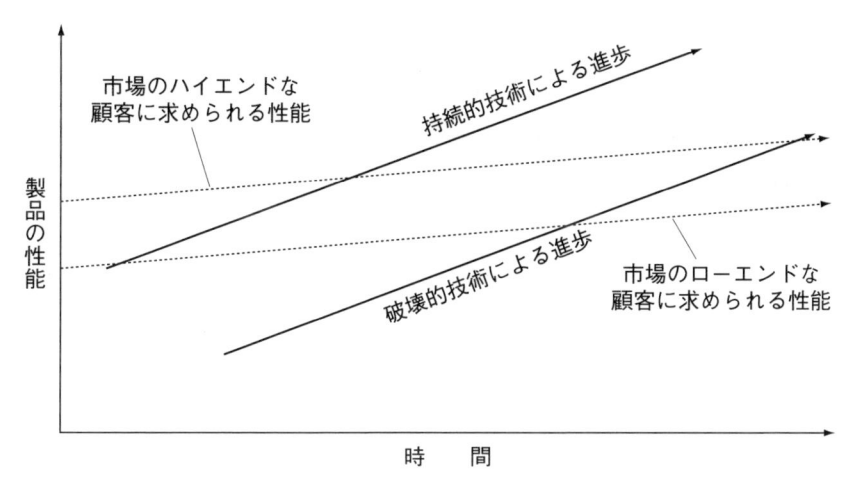

出典：クレイトン・M・クリステンセン著『イノベーションのジレンマ――技術革新が巨大企業を滅ぼすとき』翔泳社，2001年，p. 10 より作成。

能で，より単純な機能ではあったが，革新的な技術によって小型化を実現し，携帯という新たな用途を低価格で可能にする破壊的技術となった。

また，優良企業が他社よりも優れた製品を供給しようと，より性能の高い製品の開発に努力すると，顧客が求めている性能を追い抜いてしまうことがある。その中で，当初は低性能であった破壊的技術が，顧客が満足するある一定の性能水準まで高まってくると，顧客は低価格・シンプルで使いやすい破壊的技術の製品を好むようになる可能性がある。ここでも，最高の顧客の意見に耳を傾け，より高い性能を目指す優良企業は，新しい市場への対応が遅れ，失敗してしまう。

②　ジレンマの克服

イノベーションのジレンマの考え方は，広く認められている優良経営の原則があらゆる状況に当てはまるわけではないことを示唆している。顧客の意見に耳を傾けることが間違っている場合，低性能・低収益率の製品開発への投資が正しい場合，小規模な市場を積極的に開発することが正しい場合もある。企業がジレンマに陥らないためには，優良経営の原則がどの場合に適していて，どの場合に適していないのかをきちんと判断する必要がある。

キーワード　>>>　イノベーション，破壊的技術

79 製品アーキテクチャ

> **ポイント**
>
> 製品アーキテクチャとは，複数の部品を組み合わせて1つの製品を作る際に，どのように製品を構成する部品を分割し，それらの構成部品間のつなぎ部分をどのように設計・調整するか，ということに関する基本的な設計思想のことである。

1 アーキテクチャの分類

　藤本隆宏は，部品と最終製品の関係から，**製品アーキテクチャ**（product architecture）を**モジュラー**（組み合わせ：modular architecture）型と**インテグラル**（擦り合わせ：integral architecture）型の2つに区分できるとした。

① モジュラー（組み合わせ）型アーキテクチャ

　モジュラー型とは，1つ1つの部品が独立性の高い機能をもっていて，部品と機能の関係が1対1ですっきりと対応しているものを指す。さらに，その部品間のつなぎ部分が標準化されている特徴をもつ。典型的な例としては，デスクトップパソコンがある。たとえばパソコンには，入力，記憶，表示等の機能がある。そして，入力はキーボード，記憶はハードディスク，表示はモニターのように，機能と部品がシンプルに対応している。そのためモジュラー型では，各部品を寄せ集め的に設計して組み立てることで，機能を発揮する製品をつくることができる。

② インテグラル（擦り合わせ）型アーキテクチャ

　インテグラル型とは，部品と機能の関係が錯綜しているとともに，部品と部品のつなぎ部分が標準化されていないものを指す。典型的な例は自動車である。たとえば自動車には，走行安定性という機能がある。走行安定性には，ボディ，サスペンション，エンジン，タイヤなどが関係するように，様々な部品が互いに微妙に関連し合い，1つの機能をトータルのシステムとして達成している。そのため各部品の設計は，他の部品との関係から微調整され，互いに緊密な連携や調整をとることが求められる。

2 製品アーキテクチャの性質と戦略の関係

　以上の分類に，「企業間の結合関係」という軸を加えると，他者との結合が

［設計情報のアーキテクチャ特性による製品分類］

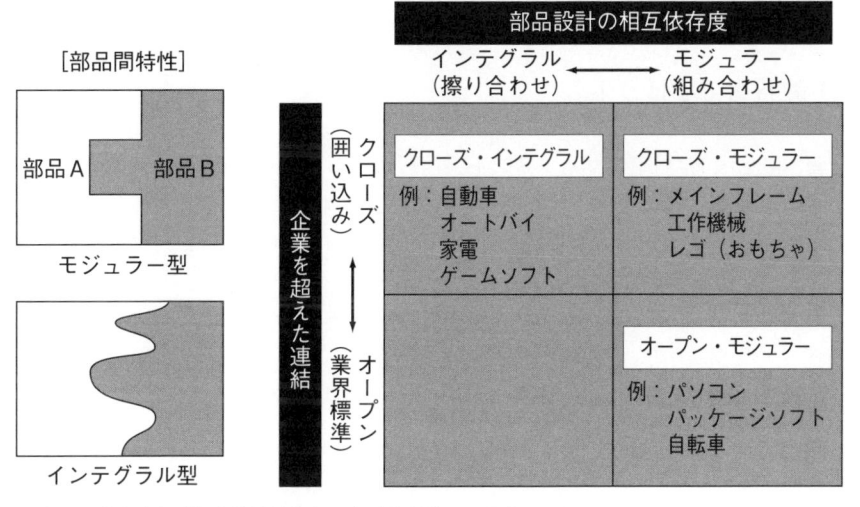

［部品間特性］		部品設計の相互依存度	
		インテグラル（擦り合わせ）	モジュラー（組み合わせ）
部品A　部品B（モジュラー型）	クローズ（囲い込み）	クローズ・インテグラル 例：自動車 　　オートバイ 　　家電 　　ゲームソフト	クローズ・モジュラー 例：メインフレーム 　　工作機械 　　レゴ（おもちゃ）
（インテグラル型）	オープン（業界標準）／企業を超えた連結		オープン・モジュラー 例：パソコン 　　パッケージソフト 　　自転車

出典：藤本隆弘『能力構築競争』中央公論新社，2003年，p. 90。
　　　延岡健太郎『MOT［技術経営］入門』日本経済新聞社，2006年，p. 74。

オープン型（市場でのやり取り）かクローズド型（自社内でのやり取り）かという違いにより，図のように3つに分類することができる。

　オープン型とは，基本的にモジュラーとなり，部品のつなぎ部分の設計ルールが業界の中で標準化されており，異なる企業が製造した部品同士でも寄せ集めて組み合わせることができるものである。クローズ型とは，部品のつなぎ部分の設計ルールが1社内に閉じられているものである。その中で，クローズ・インテグラル型は，部品のつなぎ部分や機能などがインテグラルに設計されており，1社内での綿密な調整や連携を必要とするものである。一方，クローズ・モジュラー型とは，部品のつなぎ部分や機能の設計がモジュラー的でありながら，1社内で完結されるアーキテクチャである。

　ここで重要なのは，どのタイプのアーキテクチャが優れているかということではなく，取り扱う製品によってタイプが異なり，それに応じた戦略立案や製品開発の進め方を行う必要があるということである。

キーワード　>>>　モジュラー型アーキテクチャ，インデグラル型アーキテクチャ

さらに，製品開発と生産管理を学ぶためには?

1 教科書で学ぼう！

- 藤本隆宏（著）『生産マネジメント入門』(1, 2) 日本経済新聞社，2001年
- 延岡健太郎（著）『MOT［技術経営］入門』日本経済新聞社，2006年
- 一橋大学イノベーション研究センター（著）『イノベーション・マネジメント入門』日本経済新聞社，2001年
- 延岡健太郎（著）『製品開発の知識』日本経済新聞社，2002年

2 専門書や原典を読んでみよう！

- クレイトン・クリステンセン（著），玉田俊平太・伊豆原弓（訳）『イノベーションのジレンマ——技術革新が巨大企業を滅ぼすとき』翔泳社，2001年
- 藤本隆宏／キム・B・クラーク（著）『増補版 製品開発力——自動車産業の「組織能力」と「競争力」の研究』ダイヤモンド社，2009年
- 藤本隆宏（著）『能力構築競争——日本の自動車産業はなぜ強いのか』中央公論新社，2003年
- 野中郁次郎・竹内弘高（著）『知識創造企業』東洋経済新報社，1996年

VII 会計学

- 80 企業会計
- 81 貸借対照表
- 82 損益計算書
- 83 キャッシュフロー計算書
- 84 財務分析
- 85 損益分岐点分析

80 企業会計

> **ポイント**
>
> 企業会計は，利益の獲得を目的とする組織体において使用される会計システムであり，財務会計と管理会計に分けられる。会計の目的は，お金の受託者に対するアカウンタビリティを果たすことにある。

1 会計の目的

　会計は，図のように，お金の管理を委託する人（委託者）と，そのお金の管理を任された受託者がいるところに成立する。他人の財産や資金の管理・運用を委託されたものは，自らの職務を忠実に果たすことが求められる。つまり，受託者は委託者から預かったお金に対する**アカウンタビリティ**（会計責任：accountability）が発生し，お金の管理（受託）状況を委託者に報告するための報告書を作成することになる。

　会計の対象とする経済主体の性格に応じて分類すると，営利を目的としている組織体を対象とする**企業会計**（corporate accounting），個人や家庭を対象とする**家計**（family finances），営利を目的としない官庁などを対象とする**官庁会計**（**政府会計**）（government accounting）などに分類できる。企業会計においては決算書（財務諸表），家計においては家計簿，官庁会計においては決算書が委託者に対する報告書となる。なお「行政改革推進法」を契機に地方公共団体等においても財務諸表を作成し，公表する努力義務が課せられている。

　家計や官庁におけるお金の使い方をみると，使い切る（消費する）ことが目的となることから消費会計という。一方で，企業における目的は，受託したお金を増やすこと（営利追求）にあることから，企業の会計を営利会計という。

2 財務会計と管理会計

　企業会計は，その目的から**財務会計**（financial accounting）と**管理会計**（management accounting）に分けられる。

　財務会計は，企業外部のステークホルダー（利害関係者）から委託されたお金についての会計責任を果たしたことを明らかにするもの（会計責任を解除するもの）であり，外部報告会計である。それは下の図のように，企業への資金の提供

172

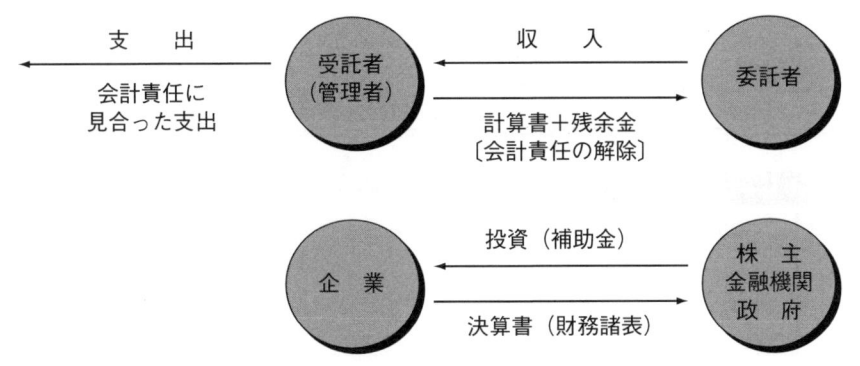

出典：新田忠誓ほか著『会計学・簿記入門』白桃書房，2010年，p.6-7より作成。

者である株主や金融機関などに対して，一定の社会的ルールに基づいた計算書を作成することになる。ここでの社会的ルールとは，**会社法**や金融商品取引法などの法律であり，一定のルールに基づいた報告書を作成することにより，企業外部の利害関係者に対して投資や融資の判断基準を提供することができる。具体的には，損益計算書，貸借対照表，キャッシュフロー計算書などの財務諸表を作成することになる。

管理会計は，企業内部のステークホルダー（利害関係者：経営者，経営管理者，従業員）のための内部報告会計である。企業の経営者は，委託者からの期待に応えるべく，企業の価値を最大化させる責務を負う。その経営判断を行うための会計情報を提供する役割を担うのが管理会計である。そのため，管理会計には財務会計のように一定のルールはないが，企業の会計データを企業独自の視点で加工・分析することになる。具体的には，**標準原価計算**（standard costing），**予算管理**（budget control），**損益分岐点分析**（break-even analysis），**直接原価計算**（direct costing），**利益計画**（profit planning）などが挙げられる。

企業会計が社会的に信頼されるためには，企業会計原則に準拠して作成されなければならない。企業会計原則は，「一般原則」「損益計算書原則」「貸借対照表原則」および「注解」から構成されている。一般原則は，企業会計全般にわたる基本原則を規定したもので，①真実性の原則，②正規の簿記の原則，③資本取引・損益取引区分の原則，④明瞭性の原則，⑤継続性の原則，⑥保守主義の原則，⑦単一性の原則の7つである。

キーワード　>>>　アカウンタビリティ，会社法

81 貸借対照表

> **ポイント**
>
> 貸借対照表とは，（決算期など）ある時点における企業の財政状態を示すストックの概念で，資産と負債・純資産（資本）の残高を表している。「勘定式」の場合，左側の「資産の部」と右側の「負債の部」は必ず同額でバランスすることから，バランス・シートともよばれる。

1 貸借対照表における資産

貸借対照表（balance sheet = B/S）の左側に記載される**資産**（asset）とは，企業が有する財貨や権利のことであり，貸借対照表では①流動資産，②固定資産，③繰延資産に分けられる。

① **流動資産**（current assets）：決算日から1年以内に流動化（現金化もしくは費用化）できる資産であり，現金・預金，取引先に対する請求権である売掛金，商品・棚卸資産などがある。

② **固定資産**（fixed assets）：1年を超える長期にわたって現金化（または費用化）されない資産のことで，土地・建物・機械設備・工具・備品などの有形固定資本以外にも営業権（のれん代）などの無形固定資本がある。

③ **繰延資産**（deferred assets）：会社が支出する費用でその支出の効果が1年以上におよぶものである。会社設立のための費用（創立費，開業費），長期の資金調達のための費用（株式公付費，社債発行費など）などが含まれる。

2 貸借対照表における負債

貸借対照表の右側に記載される**負債**（liabilities）とは，出資者以外の第三者に負っている債務のことで，①流動負債と②固定負債に分類される。この負債は，第三者から調達した資本という意味で，他人資本ともよばれ，企業にとっては返済義務のある資金である。

① **流動負債**（current liabilities）：短期（1年を超えない期間）に支払う必要のある負債であり，仕入れ先などに支払う**買掛金**や**支払手形**などの買掛債務，あるいは銀行などに返済する短期借入金を含んでいる。

② **固定負債**（non-current liabilities）：流動負債ではない長期の負債であり，**社債**，

資産の部（資金の運用）	負債・純資産の部（資金の調達）	
流動資産 　　現　　金 　　売掛金・受取手形 　　有価証券 　　棚卸資産	流動負債 　　買掛金 　　短期借入金	他人資本
固定資産 　　機械・設備 　　土地・建物 　　無形固定資産（営業権）	固定負債 　　社　債 　　長期借入金	
繰延資産	純資産 　　資本金 　　資本剰余金 　　利益剰余金	自己資本

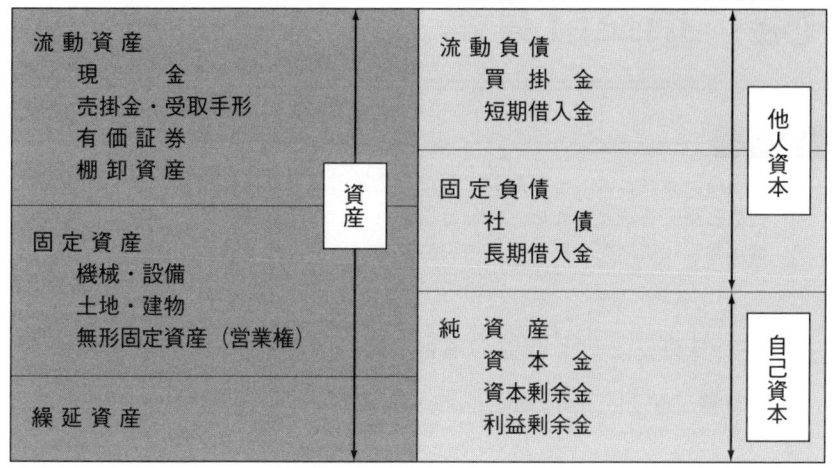

資産の部 合計　←　常にバランスしている　→　負債・純資産の部 合計

出典：井原久光『テキスト経営学［第3版］』ミネルヴァ書房，2008年，p.291 より作成。

長期借入金，退職給与引当金などが含まれる。

3 貸借対照表における純資産

　貸借対照表上の**純資産**（stockholder's equity）は，通常の**資本**（capital）とは異なり，「株主資本」あるいは自己資本を意味する。これは出資者の持分である正味資産を示しているので純資産とよばれ，企業が株式を発行して集めた資本金，各種のリスクや企業拡張のためにも活用できる剰余金などが含まれる。純資産に記載される金額は自己の保有する資本（**自己資本**）であり，返済の必要はない資金である。

4 貸借対照表が表すもの

　貸借対照表は，ある一定時点における企業の財政状態を示すものであり，資産，負債，資本の分析をすることで，企業の安全性や手元流動性を判断することができる。また，「どこから資金を調達したか（負債・純資産）」「その資金がどのように運用されているか（資産）」を明らかにする面もある。

キーワード　>>>　買掛金，支払手形，社債，自己資本

82 損益計算書

> **ポイント**
>
> 損益計算書とは，一定期間における企業の経営成績を示すフローの概念で，利益と損失を表わすため，P/L と略される。損益計算書では，企業の儲けの状況を「収益（売上）−費用＝利益」というかたちで表示する。

1 損益計算書における収益の項目

損益計算書（income statement, profit and loss statement）における収益は3つに分けられる。
① **売上高**（net sales）：販売を金額で表したもので，理論的には「売上＝販売価格×販売数量」によって計算される。
② **営業外収益**（non-operating revenues）：受取利息，受取配当金，持分法による投資利益など営業活動以外の要因によって生ずる収益で，経常的に発生するもの。
③ **特別利益**（extraordinary gain）：固定資産売却益など特別に発生した金額的にも大きな利益。

同様に，損益計算書における費用とは，
① **売上原価**（cost of goods sold）：製造業であれば「製造原価」，商社・小売業などでは「仕入原価」が相当する。
② **営業費**（operating expense）：販売費と一般管理費からなる営業活動に必要な諸経費。
③ **営業外費用**（non-operating expenses）：支払利息，社債利息，有価証券売却損など企業の本業ではないが，本業を継続していくための財務的な活動の付随行為から発生する費用。
④ **特別損失**（extraordinary loss）：固定資産売却損など例外・臨時的に発生した損失。
⑤ **法人税**（corporation tax）等：法人の所得に対して課せられる税金。

2 損益計算書における利益

損益計算書は，会計期間中のすべての収益と費用を明らかにすることで，その

科　　目	金　　額	
売　上　高	(A)	↑
売　上　原　価	(B)	
売　上　総　利　益	(1)　＝(A)－(B)	営業損益の部
営　業　費	(C)	
営　業　利　益	(2)　＝(1)－(C)	↓
営　業　外　収　益	(D)	↑
営　業　外　費　用	(E)	営業外損益の部
経　常　利　益	(3)　＝(2)＋(D)－(E)	↓
特　別　利　益	(F)	↑ 特別損益の部
特　別　損　失	(G)	↓
税引前当期純利益	(4)　＝(3)＋(F)－(G)	
法　人　税　等	(H)	
当　期　純　利　益	(5)　＝(4)－(H)	

差額である利益の金額を表示することが目的になり，5種類の利益がある。
① **売上総利益**（gross profit）：売上から売上原価を差し引いた利益で，粗利（あらり）ともよばれる。
② **営業利益**（operating income）：売上総利益から販売費と一般管理費を差し引いたもので，本業による儲けを示している。
③ **経常利益**（ordinary income）：営業利益に営業外収益と営業外費用を加減したもので，通常の企業成績を示すものとされている。
④ **税引前当期純利益**（income before tax）：経常利益から特別損失を差し引いたもので，法人税を払う前の当期利益を示している。
⑤ **当期純利益**（net income）：税引前当期純利益から法人税，住民税，事業税を差し引いた最終的な利益を示している。

3 損益計算書が表すもの

損益計算書は，一定期間における企業活動における「収入」と「支出」を対応表示することによって，当該期間における企業の経営成績を明らかにするものといえる。

キーワード　>>>　営業損益，営業外収益，特別損益

83 キャッシュフロー計算書

> **ポイント**
>
> キャッシュフロー計算書（cash flow statement）とは，一定の期間における現金の流れを経営活動別（営業活動，投資活動，財務活動）に区分して整理したものである。実際の現金および現金同等物の増減が示される。

1 キャッシュフローに影響を与える3つの活動

① **営業活動によるキャッシュフロー**（cash flows from operating activities）

商品の販売やサービスの提供などから得た収入から，原材料費などの支出を差し引いて，企業の本来の営業活動から得られる現金収支を明らかにしたもの。つまり，本業によってキャッシュを稼いでいるかを示すものであり，事業継続にとって重要な指標である。

② **投資活動によるキャッシュフロー**（cash flows from investing activities）

設備投資や設備の売却収入，**有価証券**への投資や売却収入など投資活動によるキャッシュフローの増減を示すもの。企業の投資活動は，有価証券の投資などで得た利益や損失もあれば，固定資産への投資のように事業活動を維持・拡大するためのもの，リストラクチャリングの一環としての固定資産の売却もあり，その金額がプラスかマイナスかによってのみで経営の健全度を測ることは難しい。

また，株主や債権者に自由に分配できるお金であることから，営業キャッシュフローと投資キャッシュフローの合計をフリーキャッシュフローという。

③ **財務活動によるキャッシュフロー**（cash flows from financing activities）

金融機関からの借入および返済，株主からの資金調達（新株発行）および配当金の支払いなど財務活動から生じるキャッシュフローの増減を示すもの。投資キャッシュフローと同様に，その用途や目的に着目することが大事になる。たとえば，金融機関からの借入には設備投資あるいは運転資金の確保などの目的がある。また，返済についても営業キャッシュフローの増加による返済あるいは固定資産の売却など投資キャッシュフローの増加による返済などがある。

2 キャッシュフロー計算書が表すもの

貸借対照表は，企業の一定時点での資産・負債および資本の状況を示し，企業

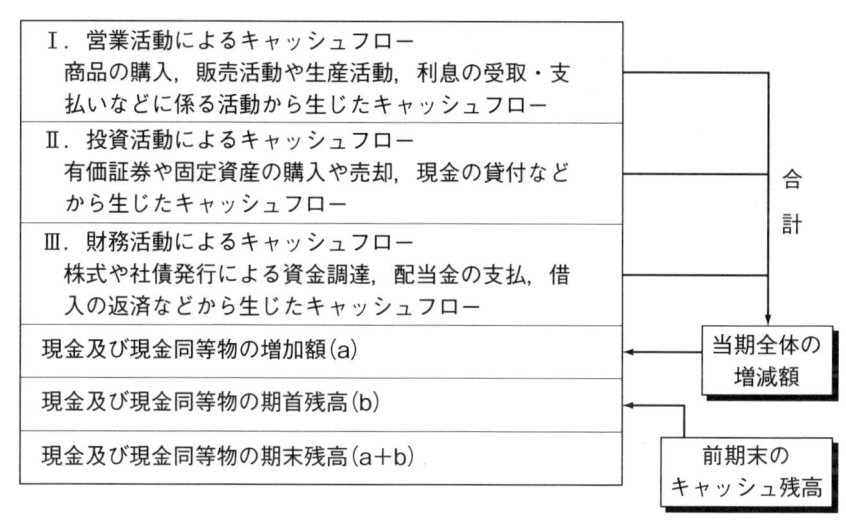

```
┌─────────────────────────────────────────────┐
│ Ⅰ．営業活動によるキャッシュフロー          │
│   商品の購入，販売活動や生産活動，利息の受取・支 │──┐
│   払いなどに係る活動から生じたキャッシュフロー │  │
├─────────────────────────────────────────────┤  │
│ Ⅱ．投資活動によるキャッシュフロー          │  │  合
│   有価証券や固定資産の購入や売却，現金の貸付など │──┤  計
│   から生じたキャッシュフロー                │  │
├─────────────────────────────────────────────┤  │
│ Ⅲ．財務活動によるキャッシュフロー          │  │
│   株式や社債発行による資金調達，配当金の支払，借 │──┘
│   入の返済などから生じたキャッシュフロー    │
├─────────────────────────────────────────────┤
│ 現金及び現金同等物の増加額(a)              │←── 当期全体の増減額
├─────────────────────────────────────────────┤
│ 現金及び現金同等物の期首残高(b)            │
├─────────────────────────────────────────────┤
│ 現金及び現金同等物の期末残高(a+b)          │←── 前期末のキャッシュ残高
└─────────────────────────────────────────────┘
```

出典：井原久光・中井和敏・石川勝著『ケースで学ぶアカウンティング』ミネルヴァ書房，2005年，p. 98。

の財政状態を明らかにしたものであり，流動資産の部に「現金預金」が記載されている。これは期末時点の現金預金残高を表すもので，現金預金の増減額は前期と今期を比較することで求められるが，その増減の原因を明らかにすることはできない。その増減の原因を明らかするものがキャッシュフロー計算書である。

企業会計は一般に現金の動き（**現金主義**）ではなく，**発生主義**がとられているため，必ずしも利益・損失と現金の増減は一致しない。たとえば，損益計算書上は利益が計上されていても，現金・預金の増加には結びつかず，負債の返済・支払にあてることができないことも起こりえる。つまり，キャッシュフロー計算書は企業の**資金繰り**と現金の創出力を明らかにするものである。

一般に望ましいといわれるキャッシュフローの構造は，本業による営業キャッシュフローがプラス，将来の収益につなげるための投資キャッシュフローがマイナスであり，両者の合計のフリーキャッシュフローがプラスとなることである。また，フリーキャッシュフローがマイナスの場合には，財務キャッシュフローにより補うことになる。

キーワード >>> 有価証券，現金主義，発生主義，資金繰り

84 財務分析

> **ポイント**
>
> 財務分析とは，企業の財務内容を分析する手法で，財務諸表をベースとする財務諸表分析が中心になる。財務分析のポイントは，一般に企業の (1) 収益性・効率性, (2) 安定性をみることにあり，財務データの比率をみる比率分析と呼ばれる手法がよくとられる。

1 収益性・効率性の分析

　収益性は，売上，資産または資本を分母として，利益を分子にした**収益性比率** (profitability ratio) で算出できる。分子の利益は，営業利益，経常利益，当期純利益などのうちから適切なものをあてる。なかでも代表的な指標は，**総資産利益率** (ROA = return on assets) と**自己資本利益率** (ROE = return on equity) である。

　総資産利益率 (ROA) は，企業に投下されている資金の総額に対する利益の割合を示すもので，経営者が総資産という経営資源を使ってどれだけの利益を上げているかをみることができる。

　自己資本利益率 (ROE) は，企業の実質的な所有者である株主の視点からみた利益率を示すもので，株主による投資がどれだけの利益を上げているかをみることができる。

　効率性は，資本を分母として，売上を分子にした**資本回転率** (activity ratio) で算出できる。これは資本をいかに活用しているかを示すもので，比率が高いほど資本を効率的に回転させていることになる。**売上債権回転率** (receivables turnover) は債権回収にかかる時間を，**棚卸資産回転率** (inventory turnover) は棚卸資産 (在庫) の回転効率を，総資産回転率は各事業年度において総資産をどれだけ効率よく使い，売上を上げているかを意味する財務指標である。

2 安全性・安定性の分析

　安全性は，企業の**他人資本** (負債) への依存度を示す**負債依存比率** (leverage ratio) でみることができる。**負債比率** (debt ratio) は，企業の自己資本に対する他人資本 (有利子負債等) の割合を示しており，これが低いほど安定性が高いと

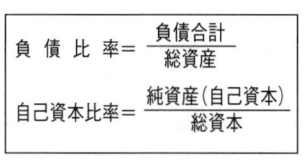

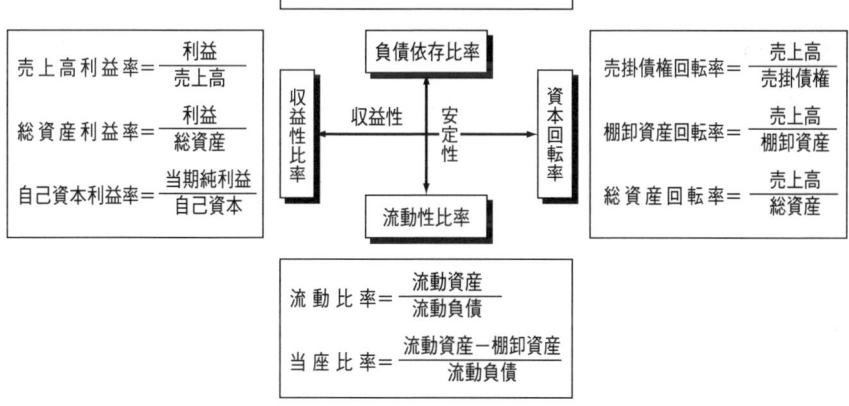

$$負債比率 = \frac{負債合計}{総資産}$$

$$自己資本比率 = \frac{純資産（自己資本）}{総資本}$$

$$売上高利益率 = \frac{利益}{売上高}$$

$$総資産利益率 = \frac{利益}{総資産}$$

$$自己資本利益率 = \frac{当期純利益}{自己資本}$$

負債依存比率

収益性比率 ← 収益性 安定性 → 資本回転率

$$売掛債権回転率 = \frac{売上高}{売掛債権}$$

$$棚卸資産回転率 = \frac{売上高}{棚卸資産}$$

$$総資産回転率 = \frac{売上高}{総資産}$$

流動性比率

$$流動比率 = \frac{流動資産}{流動負債}$$

$$当座比率 = \frac{流動資産 - 棚卸資産}{流動負債}$$

出典：井原久光著『テキスト経営学［第3版］』ミネルヴァ書房，2008年，p. 295 より作成。

考えられる。

　安全性のもう1つの指標は，**流動性比率**（liquidity ratio）である。企業は**自己資本**の比率が高く，現金など当面の運転資金がなければ，商品の仕入れも給与の支払いもできない。そこで，短期の支払い能力をみるのがこの指標である。

　流動比率（current ratio）は流動資産と流動負債の金額を比較する，**当座比率**（acid ratio）は当座資産と流動負債の金額を比較することで短期の負債に対する企業の支払い能力をみる指標である。

3 財務分析の目的

　財務分析は，融資や投資判断の材料として使用したり，取引先の倒産の危険度を判断したり，競合他社の実力を検討するなど外部分析手法として活用されるが，自社の経営状態（財務状況）をチェックする内部分析手法としても活用される。

キーワード　>>>　他人資本，自己資本

85 損益分岐点分析

> **ポイント**
>
> 損益分岐点分析とは，売上と総費用が一致する損益分岐点（採算点）を，主に損益分岐図表（利益図表）を使って分析する手法をいう。

1 損益分岐図表の構造

損益分岐点分析（break-even analysis）では，費用を変動費と固定費に分けて考える。

変動費（variable cost）とは，販売量や生産量に比例してかかる費用で，原材料費，直接労働費，流通コスト，販売員手数料などを含む。理論的には販売や生産がない場合，この変動費はゼロになる。

固定費（fixed cost）とは，販売量や生産量とは関係なく固定的に同じ金額が必要となるような費用のことで，**固定資産**の維持費，一般管理費，**減価償却費**，利子，研究開発費などが含まれる。

「販売単価：p」，「販売数量：q」，「変動費：一個あたり v，総額 V = v × q」，「固定費：F で一定」と仮定し，右ページの損益分岐点図表をみてみる。

売上（R）は，販売単価に販売数量をかけたもので R = p × q となる。図ではゼロから比例して伸びる線で描かれている。

総費用（C）は，変動費の総額（V）と固定費（F）を加えたもので，C = V + F すなわち C = v × q + F となる。図では，F から伸びたなだらかな線で描かれている。

この2つの線をみると，前半では総費用曲線が売上直線より上にあり，損失が発生しているが，後半では売上直線が総費用曲線を上回るようになり，利益が発生していることを示している。この2つの線が交差する点が損益分岐点であり，その時点の売上（S）と販売数量（Q）が求められる。

これは，R = p × q と C = v × q + F が一致する点であるから，2つの式をR = C として解くと，損益分岐点に必要な販売数量は次のようになる。

$$販売数量（Q）= \frac{固定費（F）}{販売単価（p）- 単位変動費（v）}$$

売上／利益

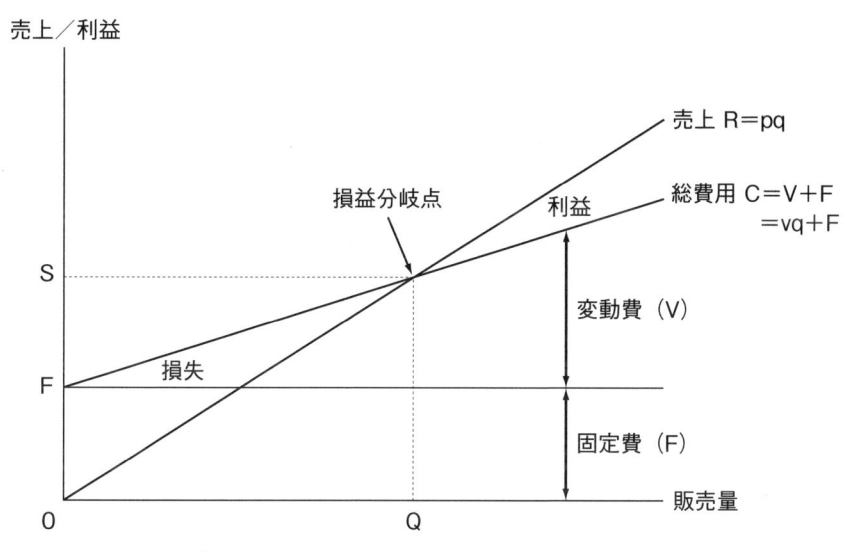

売上 R=pq
総費用 C=V+F
　　　=vq+F

損益分岐点
利益
S
変動費（V）
F
損失
固定費（F）
販売量
O　　　　　　Q

出典：井原久光著『テキスト経営学［第3版］』ミネルヴァ書房，2008年，p.297より作成。

2　固定費の変動費化による功罪

　損益分岐図表をみると，利益を生み出すためには2つの方法があることがわかる。一つは，売上を増加させることである。総費用曲線が一定と仮定すると，売上が増加すれば，損益分岐点は左側に移動すなわち低下する。しかし，厳しい競争環境下において売上を増加させることは容易ではない。もう一つは，固定費を減少させることであり，固定費の一部を変動費化することで対応が図られる。
　バブル経済の崩壊以降，企業体質の改善を図る中で固定費削減の対象とされてきたのが人件費である。人件費には，固定費となる月例給与部分と変動費となる賞与・時間外手当の側面があるが，景気の変動に柔軟に対応できるように人件費の変動費化を進めてきた。すなわち，業績連動型あるいは成果配分型の賃金制度の導入だけでなく，正社員を削減し，非正規従業員を活用することが積極的に進められてきた。一方で「人材」や「従業員間の関係」といった資産を計上することはできないため，会計上は把握することのできない「資産」が喪失していることも留意しなければならないといえる。

キーワード　>>>　固定資産，減価償却費

さらに，会計学を学ぶためには？

1 教科書で学ぼう！

- 桜井久勝（著）『会計学入門』日本経済新聞社，2006年
- 桜井久勝・須田一幸（著）『財務会計・入門』有斐閣アルマ，2011年
- 日本経済新聞社（編）『財務諸表の見方』日本経済新聞社，2007年

2 専門書や原典を読んでみよう！

- 西山茂監修／グロービス経営大学院（編著）『グロービスMBAアカウンティング（改訂版）』ダイヤモンド社，2008年
- 浅田孝幸・頼誠・鈴木研一・中川優・佐々木郁子（著）『管理会計・入門』有斐閣アルマ，2011年
- 伊藤邦雄（著）『ゼミナール現代会計入門』日本経済新聞社，2008年

Ⅷ 企業倫理

- 86 企業の社会的責任
- 87 企業倫理の原則
- 88 企業不祥事

86 企業の社会的責任

> **ポイント**
>
> 企業の社会的責任とは，企業を取り巻くステークホルダー（利害関係集団），社会や環境に対して，企業が果たすべき責任のことである。法的な責任だけでなく，企業活動を通じて社会に対して提供する価値を含む考え方である。

1 企業の社会的責任（CSR）

企業の社会的責任（CSR：corporate social responsibility）の範囲や性格はいくつかの見方があるがここでは，3つの次元に分けてとらえてみる。

第1は，企業は本業に専念し，本業を通じて社会的責任を果たすべきという考え方である。①良い製品やサービスを提供することで生活の向上に寄与する，②雇用の機会を増大することで社会に貢献する，③経済活動を通じて経済発展に貢献する，などであり「中核的責任」と位置づけられる。

第2は，本業や本業の延長において，社会にマイナスの影響を与えないのが企業の社会的責任という考え方である。①企業活動によって，環境を汚染したり，資源を枯渇させるようなことはしない，②欠陥商品や誇大広告などで消費者に迷惑をかけない，③工場（店舗）建設，新規事業展開，海外進出などで地域社会に迷惑をかけないなどであり，「付随的責任」と位置づけられる。

第3は，本業以外でも社会に貢献するのが社会的責任という考え方である。たとえば，企業も社会を構成する「一市民」として社会に貢献すべき存在ととらえる「企業市民」，慈善活動や寄付行為などを含む「フィランソロピー（philanthropy）」，研究活動やスポーツ，芸術活動などを支援する「企業メセナ（mécénat：仏語）」の考え方である。

企業によってCSR活動の範囲は異なるが，ステークホルダー（stakeholder）との相乗的な発展関係を構築することが重要であることは共通している。図に示す3つの責任は，企業が一定の利益を上げ，顧客に製品やサービスを供給し続けることを前提に成立するものであり，企業のサステナビリティ（sustainability：持続可能性）の問題として議論されることも多い。

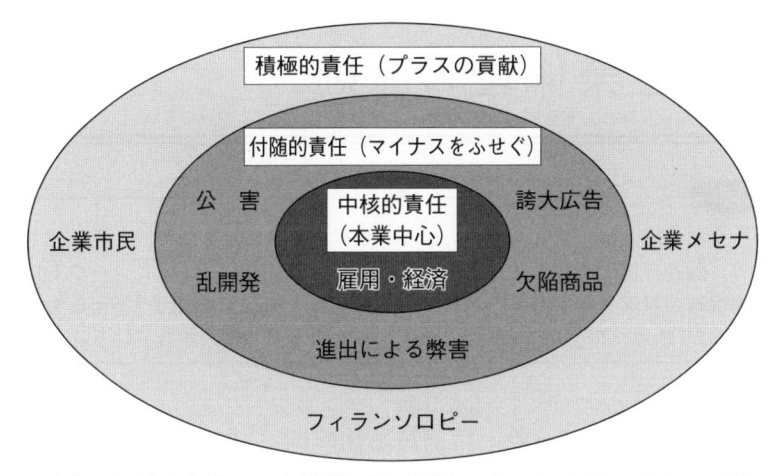

図中:
- 積極的責任（プラスの貢献）
- 付随的責任（マイナスをふせぐ）
- 中核的責任（本業中心）
- 雇用・経済
- 公害／乱開発／進出による弊害／欠陥商品／誇大広告
- 企業市民／企業メセナ
- フィランソロピー

出典：井原久光著『テキスト経営学［第3版］』ミネルヴァ書房，2008年，p. 329。

2 CSRと企業の持続的発展

『「市場の進化」と社会的責任経営（第15回企業白書）』（経済同友会，2003年）では，企業がCSRを推進すべき理由について以下の指摘をしている。

CSRがクローズアップされる背景には，**企業不祥事**がある。企業が社会や環境に対する不正な行為，あるいは不正でなくとも社会から非難を受ける行為を起こすことによって，企業業績に大きなダメージを与える。CSRの取り組みは，企業活動に伴うリスク要因を事前にチェックし，リスクを低減する，いわば**リスクマネジメント**（risk management）の意味をもつ。また，CSRの積極的な推進が，①企業に対する評判（reputation：レピュテーション）やブランド資産の向上，②優れた人材の惹きつけ・動機づけ・確保，③企業競争力と市場地位の向上などビジネス上の利益につながる，という考え方がある。つまり，CSRには「社会に存在する企業として，払うべきコスト」だけでなく，「将来の利益を生み出す投資」の側面もあり，企業の持続的発展や競争力向上につながるものと考えられている。

キーワード　>>>　企業メセナ，サステナビリティ，リスクマネジメント

87 企業倫理の原則

> **ポイント**
>
> 企業倫理とは，企業活動において守るべき基準となる倫理的な価値観である。国連が提唱する企業の自主行動原則であるグローバル・コンパクトは企業倫理の原則をなす考え方としてよく知られ，「人権の保護」「不当な労働の排除」「環境への対応」「腐敗の防止」の4領域から構成されている。

1 グローバル・コンパクトにおける10原則

1999年，当時の国連事務総長のアナン（Annan, K. A.）によって提唱されたグローバル・コンパクト（GC：The Global Compact）は，10の原則からなる。

「第1原則」は，**人権**（human rights）についての企業と職場の責任を強調するものであり，国内法および国際法の遵守にとどまるものでなく，人権基準を引上げる機会とすることを求めている。「第2原則」は，企業が人権を侵害する国家を故意に援助する「直接的加担」だけでなく，第三者による人権侵害により企業が利益を受ける「受益的加担」などの「**沈黙の加担**（complicity）」も非難の対象としている。

「第3原則」は，**労働組合結成の自由**（freedom of association）と**団体交渉**（collective bargaining）の行使による建設的な対話の機会を求めている。それは，企業，ステークホルダーそして一般社会に利益をもたらす。労使関係の枠組みを提案するものではないが，対話と交渉は価値ある手段であるとの認識に立つことから始まるものである。「第4原則」は，**強制労働**（compulsory labour）は処罰の脅威の下に強要された作業・役務であり，それを排除することである。それは，労働者の自由な意思によるものでなく，人的資源や技能の適切な開発を妨げるものであることから，強制労働の形態や原因を認識し，排除すべきものである。「第5原則」は，将来の労働市場を担う子どもたちを教育する機会を社会から奪う**児童労働**（child labour）を排除することである。「第6原則」は，雇用と職業における機会または待遇の平等を欠き，無効にするような**差別を撤廃**（the elimination of discrimination）することである。労働者はその仕事に対する能力だけに基づいて雇用され，処遇されなければならない。

「第7原則」は，環境保護を開発過程における不可分なものととらえ，行動の

人　権	原則1：	人権擁護の支持と尊重
	原則2：	人権侵害への非加担
労働基準	原則3：	組合結成と団体交渉権の実効化
	原則4：	強制労働の排除
	原則5：	児童労働の実効的な排除
	原則6：	雇用と職業の差別撤廃
環　境	原則7：	環境問題の予防的アプローチ
	原則8：	環境に対する責任のイニシアティブ
	原則9：	環境にやさしい技術の開発と普及
腐敗防止	原則10：	強要・賄賂等の腐敗防止の取組み

出典：グローバル・コンパクト・ジャパンHP（http://www.ungcjn.org/）

遅れが，回復の困難な損害を自然と社会に与えることのないように予防的なアプローチの重要性を示している。「第8原則」は，企業により大きな**環境上の責任**（environmental responsibility）を求めるものである。資源の利用や広報活動，管理システムなど企業戦略の変更を含めた積極的な対応へとアプローチを変えることである。「第9原則」は，末端処理技術や監視技術を含め，汚染防止や汚染の廃棄物をあまり出さないよりクリーンな生産技術など，より漸進的な**予防的アプローチ**（precautionary approach）を明示的に奨励するものである。

「第10原則」は，**腐敗根絶**（against corruption）という課題に取り組む責任は民間にもあるとの認識に立つものである。贈収賄，強要などの腐敗を避ける義務だけでなく，腐敗に取り組む方針や具体的プログラムを定める責任を果たすことで，グローバル経済の透明性を高めることを課題としている。

2 グローバル・コンパクトと企業の社会的責任

企業活動の**グローバル化・ボーダレス化**は，多様な社会的・文化的な価値観と直面することにもつながる。GCは企業が社会の良き一員として行動し，持続可能な成長を実現するための普遍的な原則といえるものであり，企業の社会的責任を果たすうえでの重要なキーワードの1つといえる。

キーワード　>>>　グローバル化，ボーダレス化

88 企業不祥事

> **ポイント**
> 企業不祥事は後を絶たないが，企業では従業員に倫理観を根付かせ，誠実な事業活動に行うための取り組みが行われている。

1 企業不祥事とは

　企業は本来，将来にわたって事業を継続していく前提のもとに，社会が必要とする財やサービスを提供する存在である。すなわち，それは公正な事業活動をもって社会からその存在を認められることによって可能なことといえる。

　しかし現実には，企業やその構成員が意図的に（ときに無意識に）社会や自然に対して与えた有形無形の不利益が「企業不祥事」として明らかになるように，企業にとって不正，違法，あるいは非倫理的な行為を未然に防ぐ制度的な取り組みは重要な課題の一つといえる。企業不祥事につながりやすい要因は右の表のように整理される。

2 企業不祥事の影響

　「雪印集団食中毒事件」（2000年）と「雪印牛肉偽装事件」（2002年）の例をみるまでもなく，企業不祥事の発生は企業経営に深刻なダメージを与えることがある。すなわち，会社や商品・サービスのイメージの悪化による顧客離れであり，社会からの信用失墜の結果といえる。

　企業にとって「信用」こそ重要なキーであることは，「雪印八雲工場食中毒事件」（1955年）の後に当時の社長から発せられた言葉「全社員に告ぐ」からみることができる（参考：㈱雪印メグミルクHP）。

> 「信用を獲得するためには，今日まで三十年の長きに亘ってあらゆる努力を続けたその結果であるはずである。信用を得るには永年の歳月を要するが，これを失墜するのは実に一瞬である。しかして信用は金銭では買うことはできない。これを取戻すためには今までに倍した努力が集積されなければならないのである。」

3 倫理的な企業

　表のように企業不祥事につながる可能性のある要因は，法令違反によるものだ

〈関係領域〉	〈価値理念〉	〈課題事項〉
①競争関係	公正	カルテル，入札談合，取引先制限，市場分割，差別対価，差別取扱，不当廉売，知的財産権侵害，企業秘密侵害，贈収賄，不正割戻など
②消費者関係	誠実	有害商品，欠陥商品，虚偽・誇大広告，悪徳商法など
③投資家関係	公平	内部者取引，利益供与，損失保証，損失補塡，作為的市場形成，相場操縦，粉飾決算など
④従業員関係	尊厳	労働災害，職業病，メンタルヘルス障害，過労死，雇用差別，プライバシー侵害，セクシャル・ハラスメントなど
⑤地域社会関係	企業市民	工場災害，環境汚染，産業廃棄物不法処理，不当工場閉鎖，計画倒産など
⑥政府関係	厳正	脱税，贈収賄，不正政治献金，報告義務違反，虚偽報告，検査妨害，捜査妨害など
⑦国際関係	協調	租税回避，ソーシャル・ダンピング，不正資金洗浄，産業スパイ，多国籍企業の問題行動〈贈収賄，劣悪労働条件，利益送還，政治介入，文化破壊〉など
⑧地球環境関係	共生	環境汚染，自然破壊など

出典：中村瑞穂「企業倫理と日本企業」『明大商学論叢』第80巻第3・4号，p. 177-178。

けでなく，倫理的な規範をも含めるものといえる。日本では1996年に経済団体連合会（現・日本経済団体連合会）による「経団連企業行動憲章」の改定を契機として，**企業の社会的責任**（CSR）やコンプライアンス（compliance）に関する議論も活発に展開されてきた。企業においては，従業員の行動規範の策定やコンプライアンスを推進するための**内部統制システム**の整備，従業員に対するコンプライアンス教育の整備も進められてきた。

米国のシンクタンク，エシスフィア・インスティテュート（Ethisphere Institute）が2011年3月に発表した「World's Most Ethical Companies（世界で最も倫理的な企業）2011」に選定された㈱花王では，企業行動の原点として，創業者が残した「正道を歩む」という言葉を掲げている。これは法と倫理に則って行動し，誠実で健全な事業活動を行うことを意味するもので，この価値観を日本のみならず各国の特性や事例を踏まえた研修等を通じて，世界各国のグループ社員全員に浸透させているという（参考：㈱花王HP）。

キーワード　>>>　企業の社会的責任，コンプライアンス，内部統制システム

さらに，企業倫理を学ぶためには？

1 教科書で学ぼう！

- 岡本亨二（著）『CSR 入門』日本経済新聞社，2004年
- 小林俊治・百田義治（編著）『社会から信頼される企業』中央経済社，2003年
- 出見世信行（著）『企業倫理入門』同文舘出版，2004年

2 専門書や原典を読んでみよう！

- 谷本寛治（編著）『CSR 経営』中央経済社，2003年
- 森本三男（著）『企業社会責任の経営学的研究』白桃書房，1994年
- エドウィン・M・エプスタイン（著），中村瑞穂・角野信夫（訳）『企業倫理と経営社会政策過程』文眞堂，1996年
- デイビッド・スチュアート（著），企業倫理研究グループ（訳）『企業倫理』白桃書房，2001年

経営キーワード集

> **経営キーワード集における表記**
>
> 【例】
>
> **アントレプレナーシップ** ⇒企業家精神[①]
>
> **アカウンタビリティ【accountability】** 経営者がステークホルダーに対して職務遂行の結果について説明する責任。財務情報などの会計報告義務のみを意味することもある。(→リスポンシィビリティ)[②] →80[③]
>
> ① ⇒で示した用語は「経営キーワード集」内の同義語
> 　この【例】では、「アントレプレナーシップ」の説明は「企業家精神」を見よという意味
> ② (→　)で示した用語は「経営キーワード集」内の関連キーワード
> 　この【例】では「アカウンタビリティ」に関して、さらに「リスポンシィビリティ」を参照せよという意味
> ③ →番号 で示した番号は「経営学キーコンセプト」の項目番号
> 　この【例】では「アカウンタビリティ」の関連で、本書の前半にある「経営キーコンセプト」のナンバー80にある「企業会計」の項目を見よという意味

ア行

アウトソーシング【out-sourcing】 経営管理機能や資源の外部化で，業務の一部を外部専門業者にまかせる「外部委託」のことだが，伝統的な「外注」と比較すると以下のような特徴がある。背景に，リエンジニアリングに基づいて業務を見直し，中核事業に集中してコア・コンピタンスを高めようという考え方がある。（→ファブレス，コア・コンピタンス，リエンジニアリング）

アウトソーシング	伝統的な外注
中核事業に集中するために，それ以外の業務を外部から調達する全社的発想	外注か内製かは，購買部門の意思決定で，全社戦略の発想はない
世界中から低コストで高品質なサービスを受けようという水平展開の発想	下請けや系列参加に注文を出すという垂直的な発想
採用を人事専門会社に任せるなど，経理，販売，技術開発も含め専門的な企業に委託する方が有利ならばそうする	社員食堂や警備保障サービスなど，付随的で周辺的な業務を外部に委託する傾向にある

アカウンタビリティ【accountability】 経営者がステークホルダーに対して職務遂行の結果について説明する責任。財務情報などの会計報告義務のみを意味することもある。（→リスポンシィビリティ）→80

アカウンティング【accounting】 会計学と訳される分野。（→会計学）

アセスメント【assessment】 ある事象を客観的に評価すること。環境アセスメント（開発事業の環境への影響を事前査定すること），テクノロジー・アセスメント（技術のもたらす副次的影響を評価すること），人材アセスメント（人材の能力や適性を事前に評価すること）などがある。（→人材アセスメント）→63

アドバンテージ・マトリックス【advantage matrix】 業界の競争環境を分析する手法の一つで，業界の競争要因の数と優位性構築の可能性の２つの変数によって，事業を特化型事業，規模型事業，分散型事業，手詰まり型事業の４つのタイプに分類し，競争要因を見極め，何で競争優位を構築していったらよいかを検討したりする。

アドボカシー広告【advocacy advertising】 論争の焦点になっているテーマについて，自社の立場をはっきりさせるための広告で「擁護広告」や「弁護広告」とよばれる。たとえば，タバコメーカーが喫煙問題について自社の立場を訴えるような場合で，多くの「意見広告」はアドボカシー広告といえる。（→意見広告，広告の種類）

アライアンス【alliance】 複数の企業同士が，互いの競争優位の確立と維持を目指して協力関係を結ぶこと。アライアンスを結んだ企業同士は共通の目的をもち，互恵的で対等で，柔軟で緩やかな結びつきをもつ特徴がある。資本の出資をともなう資本提携と，資本の出資をともなわない業務提携に分かれる。企業提携，企業間提携，戦略的提携ともよぶ。（→M&A，資本提携，業務提携）→27

粗利（あらり）【gross income】 粗利益（あらりえき）やグロスマージンともいい，通常，売上総利益のことをいう。（→売上総利益）

安全の欲求【safety needs】 欲求段階説における欲求の一つで，危険や脅威，不安などから逃れようとする欲求。（→欲求段階説）→43

アントレプレナー【entrepreneur】 フランス語表現で「アントルプルヌール」ともよび，企業者（企業家）あるいは起業家のことをいう。企業者（企業家）とは，シュンペーター（Schumpeter, J. A.）の言葉で，イノベーション（革新）機能をそなえている革新的経営者のことをいう。起業家とは，従来とは異なる視点で新規事業展開するという点では企業者と同じだが，特に，自ら事業を起こす者のことをいう。起業家は創業者だが，企業者は必ずしも創業者ではない。（→イノベーション，企業家精神）

企業者（企業家）	起 業 家
シュンペーターの用語	日常的な言葉
イノベーションの担い手	自ら事業を起こす創業

アントレプレナーシップ ⇒企業家精神

暗黙知【implicit (tacit) knowledge】 身体に染みついていて，自分ができることを上手く言葉に表せないような知識。たとえば，自転車の運転の仕方などに関する知識がこれに当たる。　→64，77

アンラーニング【unlearning】 企業が蓄積した時代遅れの知識や妥当性を欠く知識を意図的に新たなものへと置き換えていくこと。「学習棄却」ともいう。学習では，学習したことを蓄積していくことも重要であるが，あえて既存の枠組みを脱して新しいことを学習することも大切である。アンラーニングとは，このうちの後者の学習のことをいう。（→シングルループ／ダブルループ学習）

意見広告【issue advertising】 企業や政府など広告主が，特定のテーマについて意見を表明するために行う広告。広告主の主張が一般に受け入れられていない場合や強い反対意見がみられる場合や論争に巻き込まれた場合に行う。論争について広告主の立場を明確にするための広告はアドボカシー広告という。（→アドボカシー広告，広告の種類）

意思決定論【decision-making theory】 意思決定を企業行動や経営機能の中心的な課題ととらえて，企業や個人の行動を分析しようとする理論的な体系。サイモン（Simon, H. A.）などの組織論的なアプローチや，オペレーションズ・リサーチ，ゲーム理論，統計的な意思決定など工学的なアプローチがある。

依存効果【dependence effect】 生産が欲望を充足するのではなく，欲望を創出し，欲望がそれに依存するような現象。ガルブレイス（Galbraith, J. K.）が『豊かな社会』（1955）で提起した概念。伝統的経済理論では，消費者は自らの好みに基づいて消費を選択するとされるが，豊かな社会では「欲望の発生は，欲望を満足させる（生産・販売・広告）過程自体に依存する」という逆説的な依存効果によって，物質的に満たされても，心理的に満たされない精神的窮乏という病をもたらされているという。

一次データ【primary data】 ある目的のために新規に収集するデータのこと。データを集めるためには，インタビューや質問票調査，観察，実験など様々な手法がある。（→市場調査，二次データ）　→37

一般職【general clerical job】 主に単純定型業務に従事し，転居を伴う転勤はない職群。（→総合職）

移動組立法【moving assembly method】 作業工程を作業者がほとんど歩かず作業できる範囲で作業が完結するように細分化し，その作業工程を効率的に順序だてて並べ，製品を移動しながら組み立てていく生産方式。「人が仕事（製品）の所に向かって行く」のではなく「仕事（製品）が人の所に向かって動く」ところに最大の特徴がある。フォード・システムの中核をなすもので，後に「ベルト・コンベア方式」とよばれるようになる。　→75

イノベーション【innovation】 新しい製品,

新生産方式，新たな販路，供給源の獲得，新しい組織（独占化あるいは独占の打破など）によって従来の市場に変革をおこす行為。　→33, 34

イノベーター【innovator】　広義には，イノベーションを起こす人のこと。ロジャーズ（Rogers, E. M.）のイノベーター理論においては，新しいものや珍しいものが好きで，自分の生活様式を変えるのに積極的であるため，イノベーションを最初に採用する人のことを指す。（→イノベーション）　→34

イノベーター理論【innovator theory】　ロジャーズ（Rogers, E. M.）が提唱したイノベーション（新製品）の普及に関する理論のこと。　→33, 34

イノベーションのジレンマ【The Innovator's dilemma】　健全かつ合理的で優れた経営を行っていると思われる企業や，業界をリードする優良企業が，技術と市場構造の破壊的変化に直面して失敗してしまうパラドクスを説明するクリステンセン（Christensen, C. M.）の考え方。（→破壊的技術）　→78

イメージ広告【image advertising】　商品のイメージを優先させる広告。印象広告あるいはイメージ先行型広告ともいう。（→説得広告）

インサイダー取引【insider trading】　公開（上場企業や店頭登録企業）企業等の内部情報に接する立場の人間が，その企業の株価に影響を与える重要な情報を取得し，その事実が公表される前に，企業の株式等を売買する行為。一般の投資家との間に不公平が生じたり，証券市場の公正性や健全性が損なわれたりするため，金融商品取引法で禁止されている。

インセンティブ【incentive】　一般用語としては出来高に応じた報奨金のことをいうが，経済用語としては，個人が行動を起こす時の内的欲求（動因）に対して，その欲求を刺激し，引き出す誘因をいう。　→62

インダストリアル・エンジニアリング【IE: Industrial Engineering】　生産性を向上させるための技術や方法に関する理論的工学的な体系のことをいう。略してIEともよばれるが，この用語は，1910年代にアメリカ企業で働く能率技師たちをインダストリアル・エンジニアとよんだことにルーツがある。当時はテイラー（Tayler, F. W.）の科学的管理法が主流であったことから，工場管理の技法を母体としていたが，その後，数学，統計学，工学などを用いながら方法論的に発展し，応用範囲も事務部門，研究開発プロジェクト，軍事，家事などに拡大してきた。日本で生産工学，経営工学，管理工学などの名称でよばれる分野も重複的に含まれている。

インターディシプリナリー・アプローチ【interdisciplinary approach】　社会科学では，さまざまな分野の研究成果を活用して人間行動や社会的現象を多元的に見ていこうとする。このような複数の科学の統合的な研究方法のことで，「学際的研究」ともいう。

インターンシップ【internship】　在学中の学生に対して，専攻分野や将来のキャリアに関係した就業体験の機会を提供する仕組み。仕事やキャリアに関して考え，学校から職場への円滑な移行を図ることを目的として実施されるケースと，インターンシップ期間中の評価によって選考過程の一部を免除するなど採用活動と関連づけて行われるケースがある。

インテグラル（擦り合わせ）型アーキテクチャ【integral architecture】　製品アーキテクチャの分類の一つで，部品と機能の関係が錯綜しているとともに，部品と部品のつなぎ部分が標準化されていないものを指す。典型的な例として，自動車やオートバイなどがある。（→製品アーキテクチャ，モジュラー型アーキテクチャ）　→79

インフォーマル組織【informal

organization】 ⇒非公式組織

インベスター・リレーションズ【IR: Investor Relations】 ⇒ IR

ヴィジョン【vision】 企業が描き，掲げる将来の具体的な構想で，企業の立場から「どのような企業になることを目指すのか」，「どのような企業になりたいのか」という具体的な企業像を明言したもの。（→ミッション） →7, 10

受取手形【a bill receivable または a note receivable】 取引先から受け取った約束手形と為替手形。手形には約束手形と為替手形があるが，会計上では両者を区別せず，債券にあたるか債務にあたるかで区別する。受取手形とは，売上債権を構成する勘定科目の一つで，売上債権のうち，手形を保有しているものを受取手形といい，そうでないものを売掛金という。（→支払手形，手形）

烏合の衆仮説【rabble hypothesis】 メイヨー（Mayo, G. E.）が人間関係論で，経済学や科学的管理法を批判した際に用いた用語。メイヨーは，人間は，連帯的・献身的・感情的であるとして，経済学や科学的管理法が前提とする合理的経済人の仮説は，人間を孤立した状態で捉えた「烏合の衆」仮説だと批判した。（→人間関係論）

売上原価【cost of goods sold】 製造業であれば「製造原価」にあたり，商社・小売業などでは「仕入原価」にあたる。製品一個あたりにつき生じる変動費の要素が強い。 →82

売上債権回転率【receivables turnover】 売上に対する売上債権の割合。つまり，売上債権の回収がどれだけ効率的におこなわれているのかを示す指標。 →84

売上総利益【gross profit】 売上から売上原価を差し引いた利益で，粗利（あらり）ともよばれる。（売上総利益＝売上－売上原価） →82

売上高【net sales】 販売を金額で表したもの。（売上＝販売価格×販売数量） →82

売掛債権（売掛金，受取手形）【receivables】 「掛け」で売った債権（後で支払いを受けられる権利）という意味から代金が未回収の売上勘定を示す。代金が未回収の売掛金と，手形で受け取っているが現金化されていない受取手形が代表的なものである。（→買掛債務）

上澄み吸収価格戦略【skimming pricing】 ⇒スキミング価格設定

営業外収益【non-operating revenues】 受取利息，受取配当金，持分法による投資利益など営業活動以外の要因によって生ずる収益で，経常的に発生するもの。 →82

営業外費用【non-operating expenses】 支払利息，社債利息，有価証券売却損など企業の本業ではないものの，本業を継続していくための財務的な活動の付随行為から発生する費用。 →82

営業活動によるキャッシュフロー【cash flows from operating activities】 商品の販売やサービスの提供などから得た収入から，原材料費などの支出を差し引いて，企業の本来の営業活動から得られる現金収支を明らかにしたもの。 →83

営業損益【operating profit】 会社の1会計年度の営業収入から関連コストや経費を差し引いたもので，営業外活動からの収益は含まず，また営業外費用・損失を差し引く前の損益。 →82

営業費【operating expenses】 販売費と一般管理費からなる営業活動に必要な諸経費。 →82

営業利益【operating income】 売上総利益から販売費と一般管理費を差し引いたもので，本業による儲けを示している。事業利益やEBIT（earnings before interest and tax）ともいわれる。 →82, 84

衛生要因【hygiene factor】 ハーズバーグ（Herzberg, F.）が実証研究に基づいて

経営キーワード集 197

類型化した要因の一つ。彼はピッツバーグ市内の技師と会計士203名と面接して職務満足と職務不満の要因が別であるという結論を得た。このうち，後者，すなわち，仕事上で「嫌な体験（職務不満）」に結びつくのが衛生要因で，①会社の政策・運営，②監督技術，③給与，④対人関係，⑤作業条件などを含む。（→動機づけ衛生理論，動機づけ要因）→44

営利【profit making】 経済的（金銭的）利益を求めること，あるいは，そのような利益を求める行動。営利法人では，法人が得た利益をその構成員（社員）へ分配することも意味する。

営利法人【profit juristic person】 営利を目的とする法人。（→非営利法人）

エクイティ・ファイナンス【equity financing】 エクイティは貸借対照表の「資本の部」にあたり，増資のように新株発行によって，資本の部に組み入れられる資金調達のことをエクイティ・ファイナンスという。これに対して，銀行からの借り入れや社債の発行など「負債の部」に組み入れられる資金調達はデット・ファイナンス（debt financing）という。

エクイティ・ファイナンス	デット・ファイナンス
「資本の部」に組み入れられる資金調達	「負債の部」に組み入れられる資金調達
増資。社債発行の場合でも，新株予約権付社債の発行はエクイティ・ファイナンスになる	銀行借入，社債発行など

エクセレント・カンパニー【excellent company】 ピーターズ（Peters, T. J.）とウォータマン（Waterman, R. H.）が，1970年代後半から80年代前半の米国の優良企業を分析した結果，日本的経営に類似した管理（終身雇用，高い忠誠心，社内訓練など）があると指摘したもの。当時の日本企業の好業績と無縁でない。（→Z理論）

エージェンシー理論【agency theory】 プリンシパル（依頼人）とエージェント（代理人）の関係を説明する理論で，プリンシパル・エージェント理論ともいう。たとえば，株主と経営者の関係，経営者と従業員の関係は，それぞれプリンシパルとエージェントの関係と見ることもできる。この場合，経営者が株主の期待に反した行動をとったり，従業員が経営者の思いどおりに働かなかったり，エージェントは，プリンシパルの意図通りには動かないことが多い。このような事態を，合理的選択理論では，情報の非対称性に起因するモラルハザードとみて，エージェンシー・スラック（agency slack）という。（→合理的選択理論，情報の非対称性，モラルハザード）

エンパワーメント【empowerment】 「パワーを与えること」であり，個人や集団の自律的な行動や意思決定の支援を意味する。現場の裁量権の拡大や選択肢を増やすなどの方法も含まれる。（→権限移譲の原則）

オートメーション【automation】 フォード社の副社長であったハーダー（Harder, D. S.）が「自動操作（automatic operation）」を意味する造語として1943年に新たに用いたもので，機械工業の自動化をメカニカル・オートメーションというのに対して，化学工業などの連続生産をプロセス・オートメーションとよぶ。→74

オーバー・デリゲーション【over-delegation】 権限委譲が行き過ぎて下位者の能力を超える権限が与えられたり，管理不行き届きになったりすること。

オーバーヘッド・コスト【overhead cost】 事務員に支払う賃金など間接的な費用。

オフィス・オートメーション【office automation】 事務作業を，コンピュータを活用して効率化することなど，事務

部門の自動化のことで，OA ともいう。これに対して，工場部門の自動化のことをファクトリー・オートメーションという。(→ファクトリー・オートメーション) →74

オフ・ザ・ジョブ・トレイニング【Off-JT: Off the Job Training】 ⇒ Off-JT

オープン・システム【open system】 システム内部と外部に相互関連があるシステムで，環境変化に伴って内部的にも変化し，また内部の変化が外部に影響を及ぼすシステム。開放体系ともいう。(→クローズド・システム)

オープンショップ【open shop】 ⇒企業内労働組合

オペレーションズ・リサーチ【OR: Operations Research】 第二次世界大戦中に欧米で作戦研究の中から生まれたもので，戦後，経営管理の技法として取り入れられた。英国ではオペレーショナル・リサーチ（operational research）とよばれるが，数値的な解答方法が取られることからマネジメント・サイエンス（経営科学）とよばれることもある。線形計画法（LP: Linear Programming），パート（PERT）法，在庫決定モデル，待ち行列モデル，ジョブ・ショップ・スケジューリングなどを含む。

オペレーティング・レバレッジ【operating leverage】 設備投資して固定費を増大した結果，単位当たりの変動費が抑えられ利益の伸びが拡大する効果を，「レバー（てこ）の原理」を使って説明したもの。(→ファイナンシャル・レバレッジ)

オポチュニティ・コスト【opportunity cost】 ⇒機会費用

卸売業（おろしうりぎょう）【wholesaler, wholesale agent】 商品が流通する過程において，商品を製造業者から仕入れ，小売業者に販売する業者のこと。問屋（といや，とんや）ともいう。(→小売業)

オン・ザ・ジョブ・トレイニング【OJT: On the Job Training】 ⇒ OJT

温情主義的管理【paternalistic management】 従業員に対して温情を示すことで組織をうまく運営しようという管理方法。欧米でも「パターナリズム（家父長主義）」という言葉があり，リッカート（Likert, R.）の管理モデルにも登場するが，日本的な家族主義経営に典型的にみられる。(→家族主義経営，システム4)

オンブズマン【ombudsman】 1809年にスウェーデンで設けられた市民や消費者による行政監督の制度で「行政監査専門員制度」と訳される。スウェーデンでは，1954年に独禁法政策を監視する「産業オンブズマン」が導入されたが，1971年にはマーケティング法と消費者契約関連法などに基づき「消費者オンブズマン」も設けられた。わが国では，川崎市が1990年に設置して地方自治レベルの市民による監査機能が拡大している。

経営キーワード集 199

カ行

買掛金【accounts payable】 信用扱いで購入した財やサービスに対して債権者に負っている債務額。 →81

買掛債務【payables】 「掛け」で買った債務（後で支払う義務）を負っているのが買掛債務で，その内訳が買掛金と支払手形である。（→売掛債権）

会計学【accounting】 簿記方（bookkeeper）が会計士（accountant）として職業を確立し会計制度が整ってくるにしたがって学問として成立した。

会計監査【accounting audit】 財務諸表が会計上の正当な処理を経ているかどうかや，経営成績や財務内容を適正に示しているかどうかを検討すること。（→業務監査） →4

会計責任【accountability】 ⇒アカウンタビリティ

会社法【corporate law】 日本では，商法のもとに，株式会社・合名会社・合資会社・有限会社という「4つの会社」が規定されていたが，2005年にそれらを統合・再編成する法律として会社法が成立し，翌年から施行された。会社法では，有限会社に代わって合同会社という新しい会社が規定され，合名会社・合資会社・合同会社は，「持分会社」と総称される形で，横断的な規制の下に置かれるようになった。

階層化の原則【principle of hierarchy】 組織が，垂直的な命令系統（責任・権限関係）をもつ，階層連鎖（スカラー・チェーン）あるいはピラミッド型の階層組織（ヒエラルキー）から成り立つという原則。管理原則の一つ。

階層短縮化の原則【principle of delayering】 階層の数をできるだけ少なくして管理距離を縮め，意思の疎通をはかる原則。管理原則の一つ。（→管理距離）

外注【subcontract】 業務の一部を外部の業者に委託すること。伝統的な外注では，コスト削減や需給変動への対応のため，本業（生産や販売）の一部を下請け会社や関連会社に出す場合や，夜間警備や社員食堂の運営など，本業以外の周辺業務を外部企業に委託する場合などが多かった。ノウハウの流出を防ぐために，日本企業は，まったく無縁の企業に業務をまかせることが少なかったが，情報化の進展とリエンジニアリングの考え方が浸透してくると，本業 - 周辺事業ということではなく，中核事業の育成や不採算事業の切り捨てという発想で，積極的に基幹業務も外部委託するようになった。このような戦略的あるいは全社的な業務の外部委託のことをアウトソーシングという。（→アウトソーシング）

外的報酬【extrinsic rewards】 企業からは金銭，特別手当，昇進などのかたちで，上役や同僚からは認知などのかたちで与えられるものであり，他と比較することのできる相対的な報酬。（→内的報酬） →62

外部経済性【external economics】 企業の外部要因によってもたらされる経済的効果。（→内部経済性） →26

外部分析【external analysis】 自社の経営に影響を及ぼす環境要因についての情報収集を行い，その環境要因が自社にどのような影響を及ぼすかを分析・予測すること。具体的には，人口動態，経済動向，自然・環境，技術進歩，政治情勢，文化などのマクロ環境分析，顧客動向，顧客ニーズ，顧客購買行動などの顧客分析，競合他社の動向，新規参入企業などの競合分析がある。外部分析では，これらの分析項目において，自社にとっての

機会と脅威を検討する。（→内部分析，PEST分析，SWOT分析）　→21

開放体系【open system】 ⇒オープン・システム

買回品（かいまわりひん）【shopping goods】 衣料品や靴など，ある程度価格が高く数カ所の店舗を見比べて買う傾向のある商品。（→最寄品，専門品）

価格【price】 価格の辞書的な定義は「商品の価値を紙幣で表したもの」であるが，マーケティングで価格設定を考える際には標準価格に加えて，割引率や支払い期限など，支払いに関わるさまざまな要素を検討する必要がある。（→マーケティング・ミックス）　→30

価格弾力性【price elasticity】 価格の変化率に対し需要がどれほど変化するかの比率で，正確には，「需要の価格弾力性（price elasticity of demand）」という。以下の計算式で示すが，その絶対値が「1未満」の場合は弾力性が「小さい」といい，「1以上」の場合は「大きい」という。

　これに対して，所得が増減した時に需要がどう変わるかを示したものを「需要の所得弾力性（income elasticity of demand）」といい，以下の計算式で示す。

　一般に，生活必需品は，価格が高くなっても必要であるし，所得が高くなったからたくさん買う商品でもないので，

	需要の価格弾力性	需要の所得弾力性
計算式	所得弾力性＝需要の変化率／所得の変化率	価格弾力性＝需要の変化率／価格の変化率
小さいとは	価格を変えても需要は変化しない	所得が変化しても需要は変化しない
大きいとは	価格を変えると需要は大きく変化	所得が変わると需要は大きく変化
小さな商品	生活必需品，代替品のない商品，スイッチング・コストの高い商品	
大きな商品	贅沢品，代替品のある商品，スイッチング・コストの低い商品	

価格や所得の変化に対して鈍感とされる。（→スイッチング・コスト）

科学的管理法【scientific management】 テイラー（Taylor, F. W.）が提唱した工場管理の手法。従来の管理方法が経験や勘に頼っていたのに対して，この科学的管理法では，観察と測定にもとづく合理的な規則と手続きなど，科学的な根拠にもとづく正確で客観的な作業管理を行う方法が提唱された。主に，次の3つの代表的な制度からなり，①課業管理をベースとして，②それを実現する賃金制度と，③組織制度をあわせたもの，と簡略化できる。　→40，52

課業管理	「時間・動作分析」と「指図票」が含まれるが，その本質は，時間・動作分析で得られた標準時間や作業手順を指図票にマニュアル化することにある
率を異にする出来高払い	標準作業量を基準として作業者を動機づけるもので，課業管理を実現するための賃金制度
職能別職長制	作業を職能によって専門化するもので，課業管理を実現するために考え出された新しい組織形態

課業【task】 「公正に計画された仕事量」として，あらかじめ分析された仕事内容を前提としている。　→40

課業管理【task management】 課業を管理するための方法で，①課業の設定，②標準的条件，③達成賃率，④未達成賃率，⑤熟練移転の5つの原理から成り立っている。テイラー（Taylor, F. W.）の科学的管理法の中核をなしている。（→科学的管理法）

学際的研究【interdisciplinary approach】 ⇒インターディシプリナリー・アプローチ

学習効果【learning effects】 消費や生産などの経験を累積するにしたがって，それらの行動に習熟し，より効果的な行動

が実現されること。　→22

学習する組織【learning organization】　組織構成員が自ら学習を繰り返して組織能力を高めていくような組織。アージリス（Argyris, C.）とショーン（Schön, D. A.）が最初に提唱した概念で、センゲ（Senge, P. M.）の『最強組織の法則（The Fifth Discipline）』によって広く認められるようになった。

革新【innovation】　⇒イノベーション

革新者【innovator】　⇒イノベーター

家計（経済単位としての家計）【household】　個人や家庭の経済ことで、企業との関係では、労働や資金（資本）を提供する見返りに賃金や利息（配当）を得る。政府との関係では、税金を納める見返りに、道路整備や清掃事業など行政サービスを受ける。（→企業、財政）　→2、77

家族主義経営【familistic management】　経営や企業を家族あるいは家に見立てた考え方で、特に、日本的経営の特徴のひとつとされる。すなわち経営者は家における家父長であり、子である従業員は絶対的な服従を誓うことになる。一方で、家父長である経営者は扶養する責任をもつものと考えてきた。そのため経営者は、従業員に対する温情的な生活保障策も実施することで両者の関係を保ってきた。（→温情主義的管理）　→67

家族手当【family allowance】　扶養家族のある従業員に対して、扶養家族数に応じて支給される手当。扶養手当、扶養家族手当ともいわれる。　→61

価値工学【VE：Value Engineering】　米国国防省が価値分析（VA）を発展させ、その考え方を設計・研究開発、物流管理などに応用しソフト面へも広げたもの。基本的な考え方は、消費者からみた機能（F）を評価し現在の原価（C）で割って、製品の価値（V）を数値化する。次に、無駄を排除してコストダウンをはかると同時に、従来の材料や方法にとらわれない発想転換をおこなう。これは創造的アイデアを必要としており、そのため、製造部門だけではなく設計・開発や販売部門もふくめた全社的な協力が不可欠である。

価値前提【value premises】　サイモン（Simon, H. A.）が論じた意思決定を行う場合の前提の一つで、何を目的とするか、何が望ましいかという、意思決定が最終目標の選択につながっており、倫理的要素を含むもの。価値前提に基づく意思決定では、「好ましい」「望ましい」「べきである」といった価値評価を含むため、それが正しいかどうかを客観的に判断することは難しい。（→事実前提）

価値分析【VA：Value Analysis】　1947年、GE社のマイルズ（Miles, L. D.）が考案した分析手法で、製品の価値（消費者からみた機能・品質など）を低下させずにコストダウンをはかる手法で、創造的な発想転換を含んでいる。たとえば、魔法ビンの中身はガラスでできていたが、現在はステンレスを使うことで、製造工程も簡略化されたし、ガラス製に比べて製品自体が軽くなった。消費者にとっての価値も向上したわけである。

価値連鎖【value chain】　⇒バリュー・チェーン

金のなる木【cash cow】　プロダクト・ポートフォリオ・マネジメント（PPM）によって分類された事業の一つ。相対的マーケット・シェアが高く、資金流入が大きいうえに、市場成長率は低く資金流出が少ないため、潤沢な資金を得ることが期待できる事業ととらえらえる。（→プロダクト・ポートフォリオ・マネジメント）　→13

カフェテリア方式【cafeteria approach in reward system】　従業員の希望やライフスタイルや債務状況に合わせて、賃金や家賃・住宅ローン・医療費・介護サービス補助などの給付を弾力的に組み合わせる報酬制度。

株【stock, share】　株式会社の資本の構

成単位で，株主の権利や株券（持分を示す証券）を意味する。

株式会社【joint stock company】 出資者である株主に対して株式を発行することで設立される法人。株主は，各自その保有する株式の引受価額を上限として，会社の債権者に対して有限責任を負う。　→5

株式公開買い付け制度【Take-Over Bid】 ⇒ TOB

株主総会【shareholders' meeting】 株式会社の所有者である株主によって構成される最高意思決定機関。　→4

株の持ち合い【cross sharing of stocks】 株式をグループ企業や関連金融機関などで相互に取得し合っている状態。買収を防いだり，外国資本の参加を防いだり，株価を安定化したり，業務上の関係を維持したりすることが目的とされる。　→4

カルテル【cartel】 市場支配を目的とした企業連合で，価格協定を結ぶ価格カルテル以外にも，生産割当てをする生産カルテルなどがある。独占禁止法で禁止されているが，合理化努力によって業界を救済する不況カルテルは適用除外として認められている。アメリカではプール（pool）という。

間欠生産【intermittent production】 連続生産の正反対で，生産を止めて，ひとまとまりの生産をすることで，一般にロット生産と同じ意味で使われる。ただし，作業員や機械設備が高度の疲労をともなう場合に生産を止めて休憩を入れるような場合も含む。（→連続生産，ロット生産）　→71

観察法【observation techniques】 市場調査で用いられる手法の一種で，消費者が実際に製品を購買したり，使用したりする場面を実際に観察すること。（→市場調査）　→37

監査法人【audit corporation】 公認会計士法にもとづき設立され，監査以外に，M&Aや株式公開，経営などのコンサルティング活動を行う法人。

監査役【auditor】 監査役は株主総会で選出され，株主に代わって，会社の会計書類を監督・検査し，取締役会が株主総会に提出する財務諸表を監査して株主総会にその結果を報告する。また，取締役などが違法行為をしないように監視する役目もはたしている。　→4

間接投資【indirect investment】 企業が他の企業に対して行なう対外投資のうち，経営参加や業務提携などを目的としない証券投資のこと。（→直接投資）

官庁会計【government accounting】 国および地方公共団体で行われている会計制度。公会計ともいう。一般会計，特別会計および公営企業会計の3種類からなる。企業会計は複式簿記・発生主義の会計であるのに対し，官庁会計は単式簿記・現金主義に基づいた会計を行ってきた。しかし，近年ではアカウンタビリティを高め，財政の効率化・適正化を促すために発生主義等の企業会計の考え方の活用（いわゆる「公会計改革」）が進められている。（→発生主義，現金主義）　→83

官庁企業【government corporation】 ⇒ 行政企業

監督範囲適正化の原則【principle of span of control】 一人の監督者が監督する範囲（主に人数）を，広く（多く）もなく，狭く（少なく）もないようにするという原則。管理原則の一つ。　→49

カントリーリスク【country risk】 国際貿易や海外投資を行う際に，政策変更や内乱・革命，インフレーションなど，相手国の政治的・経済的・社会的環境の変化によって収益を損なうリスクのこと。

カンパニー制【company system】 分社化には，①完全に別会社として独立させる場合と，②社内に（会社に似た）形式的な独立組織を作る場合があるが，カンパニー制は，一般に，後者にあたる。具

体的には，大きな事業部や複数の事業部をまとめてカンパニーという名称で独立した事業単位を作るものである。事業部制は損益計算をベースにするが，カンパニー制ではバランス・シートも計算するので，自己資本利益率（ROE）を算出したり，資本金の仮想配賦も可能になる。また，カンパニー・プレジデントとよばれる事業組織の長に包括的な裁量権を与え，独立採算的に事業評価を厳しくすることが多い。(→事業部制，分社化，分社制度) →53

事業部制	カンパニー制	分社制度
社内の組織	社内の組織	会計上の別組織
事業部ごとに利益責任をもたせる組織	事業部制をまとめて独立させた事業単位	完全に別会社にして，経営責任をもたせる制度

かんばん方式【Kamban system】 トヨタ自動車とその関連企業によって開発された生産方式で，在庫を極力作らないようにすることから，ジャスト・イン・タイム方式（just-in-time system）として知られているほか，海外メーカーにも採用されてリーン・プロダクション（lean production）ともよばれている。この方式は，(前工程が後工程を支配する）従来の生産方式とは逆に，後工程から届けられる「生産指示かんばん」にしたがって前工程が生産し，その生産を後工程が「引き取りかんばん」とともに引き取るところに基本的な考え方がある。二種類の「かんばん」が，グルグルと回ることで，中間の在庫がなくなる。基本的な考え方は単純であるが，あらゆる工程で，部品メーカーまで含めてこの方式を採用するところに大きな特徴がある。 →76

管理会計【management accounting】 企業内部の利害関係者（経営者，経営管理者，従業員）が経営管理を有効に行うための会計情報を提供することを主たる目的とした会計。 →80

管理価格【administered price】 政府の価格統制や行政指導，独占・寡占企業，トラスト（企業連合）などによって人為的に操作される価格。

管理過程【management process】 ファヨール（Fayol, J. H.）が提唱した経営管理のプロセスを示したもの。「予測し，組織し，命令し，調整し，統制する」という5つの要素から構成される。(→マネジメント・サイクル) →41

管理過程学派【management process school】 ファヨール（Fayol, J. H.）を始祖とする学派で，経営管理をファヨールと同じようなプロセスとしてとらえる点に特徴がある。例えば，ギューリック（Gulick, L.）は，POSDCORB（Planning, Organising, Staffing, Directing, Coordinating, Reporting, Budgeting）のように，ファヨールの管理要素を精緻化した。(→管理過程) →41

管理距離【administrative distance】 組織のトップ（最上位）からボトム（最下位）までの管理上の距離。(→階層短縮化の原則)

管理原則【principles of management】 組織化や組織編成のための原則，あるいは組織を効率的に運営するための原則。組織原則ともいう。 →46

管理職【managerial positions】 企業のなかで経営や管理の職能を担当する職位。ただし，労働基準法上の「管理監督者」に当てはまるかどうかは，課長や店長などの役職名ではなく，その職務内容，責任と権限，勤務様態等の実態によって判断される。 →57, 58, 61, 63, 64, 66

管理人【administrative man】 サイモン（Simon, H. A.）が想定した人間観で「かんりじん」と読む。ある程度の自由意思や選択力や意思決定力をもっているが，その能力はさまざまな面で制限されており「制約された合理性」に従っている。しかし，制約の中ではできるだけ合理的

な意思決定をしようとする主観的合理性をもっている。この人間観は，経済学の前提とする経済人と下表のように比較できる。（→経済人）

	経済人	管理人
情報収集力	全ての代替案を得ている	代替案は一部のみ
結果予測力	代替案をとった時の結果が分かっている	結果は部分的に推測
意思決定力	最善の代替案を選択	満足しうる行動を選択
合理性	客観的合理性	主観的合理性

管理スタッフ【administrative staff】 企画・調整・組織化・統制などの機能をもつスタッフで，企業全般に関わるために企画スタッフまたはゼネラル・スタッフともよばれることがある。具体的には，社長室，秘書室，調査部，企画部，管理部などが含まれる。（→専門スタッフ）

管理の幅【span of control】 一人の上司が一度に管理できる部下の人数のこと。その人数は工場などの単純作業の場合には人数が多くなるが，研究開発などの複雑な業務の場合には少なくなる。　→49

官僚制【bureaucracy】 ウェーバー（Weber, M.）が提唱した，組織目標を効率的に達成するために合理的に体系化された手段。官僚制では，明文化された規則により，職務の内容を明確にし，個人の自由裁量の範囲を狭め，職務の遂行を非人格化することで，明示された目的が整然と達成されるようになる。　→51

官僚制の逆機能【dysfunction of bureaucracy】 効率性を追求した合理的組織である官僚制が，逆にその特徴によって効率性を損なったりするなど，意図されない，望ましくない不合理な結果を生じさせること。例えば官僚制組織では，本来組織の目的を達成するための手段として，規則を守ることが強調されるが，規則を守ること自体が目的となる，手段の目的化が起こる（目的の転移）。その他，規則至上主義，形式・画一主義，セクショナリズム，繁文縟礼などが生じる危険が指摘されている。（→官僚制，セクショナリズム）　→51

機械的組織【mechanistic organization】 職務が専門化・細分化されていて，権限・責任関係が明確に規定され，非人格的な命令系統や階層化が徹底されている組織または組織の管理システム。（→コンティンジェンシー理論，有機的組織）　→56

機会費用【opportunity cost】 ある選択をせずに他の選択肢を選んでいたら得られたであろう利益のことで「オポチュニティ・コスト」ともいわれる。実際に金銭支出をともなう費用ではなく，その機会を逸したために生じたであろう経済学上の「機会損失に伴う費用」のことである。経済学では「機会費用」というが，会計学では「機会原価」ということが多い。

規格化【normalization】 規格化（共通化・規範化）には，①ルールとして標準化するものと，②競争の結果で標準化されるものとがある。ルールで決定するものは，JIS（Japanese Industrial Standard＝日本工業規格）のように国が定めた基準やISO（国際標準化機構）の定める国際標準のように規則に明記されているものが代表的であるが，業界の合意で定めるものもある。競争の結果で標準化されるものは，デファクト・スタンダードとよばれる。（→標準化，デファクト・スタンダード）

企画スタッフ【planning staff】 スタッフは大別して「専門スタッフ」と「管理スタッフ」に大別されるが，このうち，企画・調整・組織化・統制など担当する「管理スタッフ」のことをいう。ゼネラル・スタッフという場合もある。（→管理スタッフ）

機関【institution/body/organization】 意思決定，運営，管理の主体となる人や組織。たとえば，株式会社の機関として，「株主総会」「取締役」「取締役会」「監査役」「監査役会」などがある。この場合，取締役という人も取締役会という組織も機関である。（→法人）

機関化現象【trends toward institutional ownership】 株式所有において，個人株主ではなく，企業や銀行や保険会社など「機関（組織）」である法人が大多数の株を所有するようになる傾向のこと。

危機管理【risk management】 経営上に生じる不測の事態に備えたり，それに伴う損害を最小限に抑えたりする管理方法。予測によって未然に防いだり，保険をかけたりする事前対策型と，マニュアルや訓練によって事後の被害を最小限にとどめる事後対策型などがある。

企業【corporation, enterprise】 主として営利を目的として生産や販売などの経済活動を継続的に行っている組織体。出資の形態から公企業，私企業，公私合同企業などに分類され，資本金や従業員数によって大企業と中小企業などに分類される。（→公企業，私企業，公私合同企業）
〈経済単位としての企業〉 事業体の経済のことで，家計との関係では，労働や資金（資本）の対価として賃金や利息（配当）を提供する。政府との関係では，家計の場合と同様に，税金を納めながら行政サービスを受ける。（→家計，財政）

企業会計【corporate accounting】 営利を目的としている組織体を対象とする会計制度であり，財務会計と管理会計に分けられる。 →80

企業家精神【entrepreneurship】 既存の体制を創造的に破壊してイノベーションをもたらすような経営者の姿勢や能力。フランスのカンティヨン（Cantillon, R.）が1725年に提唱したのが始まりとされるが，1912年にオーストリア出身の経済学者であるシュンペーター（Schumpeter, J. A.）が新結合や革新者による経済発展を論じたことで有名になった。（→アントレプレナー，イノベーション）

企業形態【forms of business enterprise】 企業の出資者の種類，構成，出資方法の相違，人数による経済的な分類と，会社法により定められた商号（株式会社，合名会社，合資会社または合同会社）による法律的な分類がある。なお，有限会社は会社法施行以前に有限会社法に基づいて設立された会社であり，株式会社の一形態の「特例有限会社」として存続が認められている。 →5

企業市民【corporate citizenship】 企業も社会を構成する一員として，利潤追求だけでなく，「良き市民」となるように社会に貢献する活動を行うべきであるとする企業像。企業市民としての活動は，地域社会の発展や環境，教育，文化など多方面にわたり，企業の社会的責任の一環ととらえられている。（→企業の社会的責任） →86

企業戦略【corporate strategy】 企業全体の動向にかかわる最も大きなレベルの戦略。具体的には，企業全体の視点から事業の組み合わせや各事業への経営資源の配分を考える。「全社戦略」ともいう。（→事業戦略） →11

企業提携【business tie-up】 ⇒アライアンス

企業特殊能力【firm specific skills】 特定の企業でのみ通用する能力。個々の企業には，特有の仕事の進め方や人間関係などがあるが，それを知ったうえで仕事を進めるスキルなどである。 →64

企業内教育【in-house education】 企業が従業員に対して行う教育・訓練であり，OJTとOff-JTがその中心となり，自己啓発支援も含まれる。（→OJT，Off-JT） →64

企業内プロフェッショナル【professional employee】 社会から一定の価値を認め

られた専門能力をもち，企業内でそれを活かして仕事をする人のこと。仕事を通じて組織の利益に高く貢献する一方で，組織への関わり方は限定的であり，専門家として社会で評価されたり，仕事の業績で直接報酬を得ることを望む場合が多い。　→65

企業内労働組合【enterprise union】　特定の企業の従業員を職種や職員・工員の区別なく一括して組合員とする労働組合のことである。欧米では，職種によって複数の組合があり，職員と工員は別々の組合に参加する傾向があるので，日本的経営の特徴とされる。企業別組合ともよばれるが，企業の正規従業員を組合員とする労働組合であるため，従業員組合ともよばれる。その際，労働者の雇用資格と組合員資格を定めた協定を「ショップ」といい，以下の3つが代表的である。(→産業別労働組合)　→67

オープンショップ	労働組合への加入を雇用条件にしない。つまり，労働者の組合への加入は任意
クローズドショップ	特定の労働組合の加入者のみを雇用する。脱退など組合員資格を喪失した労働者は解雇される
ユニオンショップ	雇用された労働者は一定期間内に労働組合員にならなければならない

企業の社会的責任【CSR: Corporate Social Responsibility】　企業経営に社会的公正や環境への配慮を取り込む責任のことで，雇用，人権，法令遵守，環境対策などについて，株主や従業員，消費者，地域社会への説明責任を負うことでもある。(→企業市民)　→86, 88

企業別組合　⇒企業内労働組合

企業不祥事【corporate crisis】　企業やその構成員が意図的に（ときに無意識に）社会や自然に対して与えた有形無形の不利益。　→86, 88

企業メセナ【mecenat】　企業による文化や芸術活動の活性化を目的とした支援活動。教育や環境，福祉なども含めた「企業の社会貢献活動」と広く意味して用いられることもある。　→86

企業目標【business goal】　企業の中・長期的なゴールを具体的な数字などに表して示したもの。経営理念を具現化する形で示される。(→経営理念)　→9

企業倫理【business ethics】　企業活動において守るべき基準となる倫理的な価値観。　→86, 87

議決権【voting right】　株主総会で提示された議案に対して賛否を投じる権利。一般に，普通株1株に対して1票の議決権が与えられていて，取締役や監査役の選出や承認も，この議決権の行使を通じて行われる。(→普通株)

議決権株信託【voting trust】　株主が，議決権を一定期間，第三者に信託することをいう。アメリカでは広く行われている制度で，議決権を信託したことを示す議決権信託証書（voting trust certificate）も株券のように流通している。トラストとは，このような議決権の信託を利用した独占形態である。(→トラスト，無議決権株)

基準外（所定外）賃金【allowances for overtime and special work】　通常業務以外に対して支払われる賃金で，早朝出勤（早出），残業，休日出勤など時間外の勤務に支払われる時間外賃金（超過勤務手当）と特別な作業に支払われる特殊作業手当が代表的な例である。出張に伴う日当もこれに当たる。

基準内（所定内）賃金【base salary paid for normal working hours and conditions】　所定内時間（決められた勤務時間）の通常業務に対して支払われる賃金で，その内訳は，基本給，能率給，

諸手当の3つに分けられる。

帰属理論【attribution theories】 心理学の理論で，人間が事象の原因帰属をどのように行うのかというのを理論化したもの。人間が，他人の行動を説明する際には，気質など個人的な側面（内的要因）を重視しすぎて，状況的な側面（外的要因）を軽視しすぎる傾向がある一方で，自分の行動に関してはその逆の傾向があることが，根本的な帰属の誤り（fundamental attribution error）として知られている。 →44

期待理論【expectancy theory】 人間の行動志向は，その行動が報酬につながるという期待の程度と，その報酬に本人が感じる魅力の程度によるという理論である。（→モチベーション，MBO） →47

規模の経済【economies of scale】「規模の利益」ともよばれるもので，同じ製品を作る際に得られる経済的な効果（利益）のことをいう。一回の購買／生産／販売の扱い量が大きくなると同じ固定費で済むので単位あたりのコストが削減できるし，予備の在庫やアイドル・タイム（待ち時間）を節約できる。（→範囲の経済） →22，23，24，26

規模の不経済【demerit of scale】 規模が大きくなるにしたがって発生する非効率性のこと。 →23

基本給【base pay】 年齢，職種，学歴，資格など賃金体系上で同一条件の従業員には同額となる基本的な賃金で，賞与（ボーナス）や退職金を算出する基準にもなる。 →61

基本戦略【generic strategies】 ポーター（Porter, M. E.）が提唱した，企業が競争相手に対して優位を築くための戦略。競争優位の源泉と戦略ターゲットの幅という2つの軸によって，コスト・リーダーシップ戦略，差別化戦略，集中戦略という3つの戦略に分けられる。（コスト・リーダーシップ戦略，差別化戦略，集中戦略） →16

キャッシュフロー【cash flow】 企業が実質的に獲得する資金収支で，会計上の収益（純利益）に減価償却費のような資金支出を伴わない損金を加えたものである。

キャッシュフロー計算書【cash flow statement】 企業活動における各期の現金（cash）の増減を表すもの。 →83

キャリア【career】 職業生活を通じた一連の職務のこと。伝統的には，組織の下位からより上位への昇進や昇格，あるいは職業上の社会的な立場の上昇を意味する。近年では，キャリアパス（career path）やキャリアラダー（career ladder）に沿った考え方からポートフォリオ・キャリア（portfolio career：多様なスキルや経験を通じたキャリア開発）や職務転換（lateral career move）の必要性へとキャリア発達の考え方がシフトしつつある。また，官庁の上級職を「キャリア組」と，総合職の女性を「キャリア・ウーマン」とよぶなど多様な意味にも用いられる。 →65

キャリア開発【career development】 企業ニーズに合致した能力をもつ人材の育成と社員個人のキャリアプランの実現を目指して行われる計画的・長期的な人材開発活動。近年はキャリアの自己責任化が強調されるようになり，個人が主体的にキャリアをとらえ，スキルや知識の獲得を通じた成長が求められるようになってきた。 →65

キャリア・ディベロップメント・プログラム【CDP：Career Development Program】 各自のキャリア・パス（経歴昇進経路）をあらかじめ本人と管理者の合意で計画的に定めていこうというもの。経歴を計画的に決めることからキャリア・プランニング（career planning）とよばれたり，「経歴管理制度」と訳されることもある。

キャリア・パス【career pass】「経歴昇進経路」と訳されるが，どのような職務を経験して昇進したり異動したりするか

を示したもの。個人にとっては将来の自分の進む方向を考え，能力を開発するのに役立つが，企業にすれば，企業が求める人材がどのような経験を積むべきかを明らかにするために必要になる。代表的な類型としては，技術研究部門にいながら管理者になるスペシャリスト型，営業や生産現場を経験しながら企画部門に異動するゼネラリスト型などがある。

給与【salary】 基本的に賃金と同義だが，より厳密には賃金よりも広い意味を含む。たとえば，食事の現物支給や商品の値引販売などを現物給与というように，賃金と同等の性質をもつ給付も含んでとらえられる。 →62

共益法人【mutual benefit corporation】 公益法人とも営利法人ともいえない企業形態として「共益法人」がある。共益とは，出資者の共通の利益のことで，労働組合や，農協・生協・漁協などの協同組合や，相互扶助的な目的で設立された相互会社などがある。このうち，労働組合は，労働三権（団結権，団体交渉権，争議権）に代表される労働者の権利を守るために，労働組合法に基づいて設立されるもので，協同組合や相互会社とは異なる。（→共同組合）

業際化【de-specialization of traditional product domain】 業界を区分する境界が消滅しつつある現象のことで，異業種間の競争が激化すること。（→ボーダレス化）

行政企業【government corporation】 （省庁や市役所など）行政組織そのものが経営母体となっている公企業で，(a)最高責任者（私企業の社長）は，大臣や知事，市長などの行政府の首長が兼ね，(b)職員（私企業の従業員）は国や市などの公務員で，(c)予算や会計報告は国会や県議会などの承認を要する。かつて，郵政・国有林・印刷・造幣の各事業を「四現業」とよんだが，当時は，郵政省，林野庁，大蔵省印刷局・造幣局のように官庁が現業部門をもっていたので「官庁企業」ともいう。

業績給【merit pay】 個々の従業員またはその集団の業績または出来高に応じて支払われる賃金。 →57

競争戦略【competitive strategy】 市場の中において，競争相手に対して優位な地位を確立・維持するための基本的な方針を策定するもの。 →14, 15, 16, 19

競争優位【competitive advantage】 市場の中の競争において築かれた，競合他社よりも優位な地位。企業が競争優位を生み出す源泉としては，低価格，ブランド力，品質，機能，デザイン，生産力，販売チャネル，ビジネス・システムなど，多岐にわたる。しかも，これらの各要因が単独で源泉となるのではなく，複数の要因が複雑に絡み合って持続的な競争優位の創出が可能となる。（→競争戦略） →14, 15, 16, 19

協同組合【cooperative corporation】 共通目的のために組合員（出資者）を募り，事業体を設立して共同で所有し，管理運営していく相互扶助組織のことをいう。具体的には，農業協同組合（農業協同組合法），漁業協同組合（水産業協同組合法），生活協同組合（消費生活協同組合法），森林組合（森林組合法），事業協同組合（中小企業等協同組合法）など，個別の法律によって設立されている。（→共益法人）

協働体系【cooperative system】 バーナード（Barnard, C. I.）が提唱した組織のとらえ方で，組織を「目的を達成するために2人以上の人々が協働する人間活動の体系」ととらえる考え方。組織は，この協働体系を基盤として成立する。

業務監査【operating audit】 会計の背後にある業務の進め方や組織のあり方などについても調査検討するもの。（→会計監査） →4

業務提携【business tie-up】 アライアンス（企業提携）のうち，資本の移動をと

もなわない提携。代表的な業務提携としては以下の3つがある。(→アライアンス, 資本提携)

技術提携	技術供与や共同技術開発など技術的な分野での提携。
生産提携	OEM（相手方ブランド商品製造供給）など生産分野における提携。
販売提携	共同販売や共同配送あるいは共同広告など販売分野における提携。

業務の多角化【diversification of business lines】 ⇒多角化 →24

許可主義 会社のような法人は，政府の許可を得て設立するものという考え方。(→準則主義)

均一価格【single pricing】 ⇒心理的価格

組み合わせ型アーキテクチャ【modular architecture】 ⇒モジュラー型アーキテクチャ

クリティカル・パス・メソッド【CPM : Critical Path Method】 所要時間と費用の関係を計算式で表して，最適な連鎖の解を算出する方法。米国のデュポン社が1957年に化学工場の保全計画のために開発したもので，時間と費用の両面を考慮して最短時間／最小費用でスケジュールを決定しようとするところに特徴がある。

繰延資産【deferred charges】 長期的に投資的効果のある経費のことで，費用（貸借対照表上は右側）には計上せず，資産として処理し，減価償却していく資産項目である。創業費, 開業費, 研究開発費などが含まれる。 →81

グループ・インタビュー【group interview】 市場調査の手法の一種であり，6〜8名の消費者を一堂に集め，あるテーマについて意見や感想を述べ合ってもらって情報を集める面接手法のこと。(→市場調査) →37

グループ・ダイナミクス【goup dynamics】 集団で行動することで生まれる力学である。必ずしもポジティブな側面ばかりではなく，ネガティブな側面もある。有名なものとしては，集団圧力や集団浅慮などがある。(→集団圧力, 集団浅慮) →48

クローズド・システム【closed system】 外部の影響を受けずに単独で成立しているシステム。たとえば，内燃機関（エンジン）などの工学システムや簿記規則に基づく会計システム。閉鎖体系ともいう。(→オープン・システム)

クローズドショップ【closed shop】 ⇒企業内労働組合

クロス・ファンクショナル・チーム【cross-functional team】 組織内で，一時的に職能横断的に編成されるプロジェクト・チームやタスク・フォースのこと。(→組織構造) →55

グローバル化【globalization】 市場の世界規模的拡大にともない，ヒト・モノ・カネ・ジョウホウなどが国境を越えて交流していくこと。国際と国内は対立概念であるが，グローバル化とローカル化（localization）は必ずしも対立概念でない。どこでもグローバルな現象はローカルにしか生じないわけで，両者は同時に進行する。国内と海外という区分が明快なのが国際化であるのに対して，国内と海外の区分が見えなくなるのがグローバル化である。(→ボーダレス化) →87

グローバル・コンパクト【Global Compact】 各企業が責任ある創造的なリーダーシップを発揮することによって，社会の良き一員として行動し，持続可能な成長を実現するための世界的な枠組み作りに参加する自発的な取り組み。1999年，当時の国連事務総長のアナン（Annan, K. A.）によって提唱された。 →87

経営権【management right】 企業を実質的に支配する権利。形式的には出資割合に基づく経営支配権（controlling interest）が成り立っている状態であるが，人事・資金・技術・取引面などから経営を支配できる場合もある。日本では，

労働者の経営参加の要求の中で，経営者側が「経営権」を主張した歴史がある。（→経営者革命，経営者支配）

経営学【business administration or management theories】　企業行動の原理や法則を解明しようとする社会科学の一分野。経営学は，企業組織の存続を通じて経済的発展や社会的繁栄が可能だという暗黙の前提にたっており，いかにすれば組織の業績や効率が向上し，競争優位を保ちながら存続できるかということへの関心が高い。たとえば，経営管理論は，組織の効率的な運営による組織の存続を主たるテーマにしており，経営戦略論は，環境適応によって持続的競争優位を保つことをテーマにしている。ここでいう組織とは企業（営利組織）が中心であるが，政府・病院・大学などへの理論的応用は可能である。　→[1]，[2]，[14]

経営学史【management theory history】　経営学の理論を歴史的に振り返り体系化する研究分野。（→経営史）

経営管理論【management theory】　一般的な管理原則や経営管理の構造などに関する理論。

経営史【business history】　過去の経営者や企業の行動を史実として究明する研究分野。1920年代にドーナム（Donham, W. B.）やグラース（Gras, N. S. B.）によって始まったとされるハーバード流ケーススタディもその一つ。（→経営学史）

経営資源【managerial resources】　経営のために必要な資源や能力のことで，企業にとっては財産ともなるので「経営資産」とよぶ場合もある。具体的には表のようなものが含まれる。　→[2]，[3]，[7]，[11]，[13]，[18]，[19]，[24]，[27]，[38]

ヒト （人的資源）	経営者や従業員
モノ （物的資源）	原材料や機械設備，サービス業の場合は店舗
カネ （資金）	現金，借入金などさまざまな資金
チエ （情報資源）	技術・特許などの知的所有権，信用力，ブランド力，流通支配力など

経営支配権【controlling interest】　⇒経営権

経営社会学【managerial sociology】　産業社会学と同様に産業組織の社会的・人間的側面を研究するもので，ベルリン工科大学の経営社会学研究所を中心にブリーフス（Briefs, G.）らが展開したもの。→[14]

経営者革命【managerial revolution】　バーナム（Burnham, J.）は，株式分散からだけでは経営者支配は生まれないと主張した。バーナムによると，企業の成長は企業規模の拡大という量的な変化だけではなく，経営環境の複雑化に対応する質的な変化を伴う。環境の複雑化に対応するためには，経営者は専門的知識や特殊の専門能力をもっている必要があり，そのために専門経営者が登場するというのである。（→経営権，経営者支配，所有と経営の分離）　→[5]

経営者支配【management control】　企業規模の拡大に伴う株式の分散化の結果，相対的に少ない株式を保有している経営者が企業経営の実質的な決定権をもっている状態。筆頭株主が過半数の株式を保有しているのであれば，その筆頭株主が経営を支配した状態であることはいうまでもないが，バーリ（Baerle, A. A.）とミーンズ（Means, G. C.）が示すように，少数派支配，法的手段による支配や経営者支配といったかたちでも経営を実質的に支配することは可能である。（→経営権，経営者革命，所有と経営の分離）　→[5]

経営情報システム【MIS：Management Information System】　企業内で活用されるコンピュータをベースにした情報システムのこと。

経営戦略論【theories of business strategies】 企業の外部環境への適応を最大の関心とする分野で，戦略を単なる計画だけでなく，構想，意思決定，組織展開，パターンともとらえる。　→7

経営分析【business analysis】 企業の経営成績や財務内容に関して診断する方法であり，財務分析にはない原価分析などを含み，財務分析より広い意味がある。経営者が意思決定のために行なう内部分析と銀行や投資家が企業を診断する外部分析がある。

経営理念【managerial ideology】 「この企業はなぜ存在するのか，何のために存在するのか」という普遍的な価値観や考え方を明文化したもの。企業におけるあらゆる活動の拠りどころや原点となるもの。　→9, 10

計画的陳腐化【planned obsolescence】 計画的に代替需要（買い替えの需要）を早めたり遅らせたりすること。これには，不必要な基本機能のグレードアップや付加機能の追加によって旧製品が「時代遅れになった」印象を顧客に与える技術的陳腐化と，表面的デザインや装飾によって「流行遅れ」の印象を与える心理的陳腐化がある。

経験科学【empirical science】 経験に基づいた経験的事実を対象にした科学で，形式科学に対して実質科学ともよばれる。経験科学はさらに，研究対象により「自然科学」「人文科学」「社会科学」に区分される。(→形式科学，自然科学，社会科学)

経験曲線【experience curve】 コストと生産量の関係についての経験則であり，同一製品の累積生産量が増えるに従って，製品1個あたりの費用（限界費用）が一定の割合で低下する現象のこと。　→22

経済学【economics】 経済現象における秩序（法則）を解明しようとする学問で，マクロとミクロの二分法や，理論・政策・歴史研究の三分法で区分される。マクロ経済学（macro economics）は，国民所得，物価，雇用，景気循環など，国民経済における全体的な経済現象の秩序法則を明らかにしようとする。ミクロ経済学（micro economics）は，家計，企業，政府などの経済単位が営む個別経済の動向を対象に，消費，生産，交換，分配などの法則を導き出そうとする。こうした法則を明らかにしようとするのが経済理論で，法則を実際の政策に応用しようとするのが経済政策，経済現象の歴史的は変化について法則を見出そうとするのが，経済史の分野である。　→2

経済人【homo economics】 少しでも効用が高ければそれを選択するという，古典派経済学が前提とした孤立的，打算的，合理的な人間モデル。功利主義のベンサム（Bentham, J.）流に表現すれば，自己利益と快楽を追求し，苦痛を回避する人間。この経済人に対しては，人間関係論的な立場から，人間は孤立した存在ではなく社会的存在であるという「烏合の衆」仮説が提示され，サイモン（Simon, H. A.）などの組織論からは，人間の得る情報は限定的で合理性は主観的であるという「管理人」仮説が提示されている。(→烏合の衆仮説，管理人)

形式科学【formal science】 先天的な公理を対象にして経験や経験的概念によって束縛されない科学で，形式論理学や純粋数学が代表的である（→経験科学）

経常利益【ordinary income】 営業利益に営業外収益と営業外費用を加減したもので，通常の企業成績を示すものとされている。　→79, 81

継続企業の前提【going concern】 ⇒ゴーイング・コンサーン

計略【trick】 土屋守章は『企業と戦略』(1984)において「計略」と「戦略」を区別している。「計略」は相手を欺いたり相手の出鼻をくじくような意味が含まれる。しかし，「戦略」にそのようなニュアンスはない。もちろん，企業経営

においても奇襲作戦はあるが，実際の企業行動と軍事行動は違う。企業は継続事業体（ゴーイング・コンサーン）であるから，奇襲だけで勝敗は定まらない。計略は相手に知られたら終わりだが，戦略は相手に知られても模倣を許さないところがある。実際，企業ごとに能力やポジションが違うため，同じ戦略をとっても同じ成果があがるとは限らない。（→戦略，戦術，ゴーイング・コンサーン）→7

欠乏動機【deficiency needs】 マズロー（Maslow, A. H.）の考えた動機のうち，生理的欲求から尊厳欲求までの4つの欲求を指す。人格内で精神的，身体的に欠乏状態が生じ，これを外界の資源によって補おうとする心のはたらき。たとえば，自動車がガソリンで走るように，人間が外界に「求める」もので，食事，睡眠などを求める「生理的欲求」のレベルから，愛情を求めるような「社会的欲求」，あるいは名声のような「尊厳欲求」までが含まれる。（→成長動機）

ゲマインシャフト/ゲゼルシャフト【Gemeinshaft/Gezellshaft】 ゲマインシャフトとは，信頼や愛情のような本質意志に基づく社会類型で，人間関係を基礎とする家族や農村共同体に典型的にみられる。ゲゼルシャフトは，選択意志によって結合している社会類型で，企業や都市生活に定型的にみられる。

ゲマインシャフト	ゲゼルシャフト
本質意志に基づく社会類型	選択意志によって結合する社会類型
本質意志とは，愛し合ったり，語り合ったりする，人間関係それ自体を求める意志	選択意志とは，他者と交わる際に，特定の利害関係や選択的な目的をもとうとする意志

ゲーム理論【game theory】 ある条件（ルール）を設定して，その中で，企業がどのように行動するかという相互関係を「ゲーム」として説明する応用数学的な理論。一般に，ゲームを支配するルールや目的達成に向けた行動主体（プレイヤー）の数，行動や意思決定を左右する情報などを定義してから理論的な説明をする。代表的な理論に「ナッシュ均衡」や「囚人のジレンマ」がある。

権威【authority】 その人にそなわった個人的で内的な影響力を意味しており，公的で組織上の影響力である権限とは異なる。たとえば，教師は，学校という組織の中では学生を静かにさせる権限をもつが，学外では，そうした権限はない。学外でも影響力をもつためには個人的に尊敬される権威をもつ必要がある。（→権限，権力）

限界費用【marginal cost】 財やサービスを生産するときに，ある生産量からさらに一単位多く生産するのに必要な追加的な費用 →22

原価管理【cost control】 標準原価を設定して実績との差異を比較検討する方法。生産管理論における原価管理は，いかに市場での価値を下げずに原価低減（コスト・ダウン）を図るかという問題が中心になる。このため，VA（価値分析）やVE（価値工学）がしばしば利用される。（→工程管理，品質管理） →69

減価償却【depreciation/amortization】 固定資産が時間の経過と共に減じる価値を費用（減価償却費）として計上する会計上の方法で，有形固定資産の場合はdepreciation，無形固定資産および繰延資産の場合は，amortizationとよぶ。たとえば，設備投資をした場合，会計上は一度に全額が経費とならず，耐用年数の期間に応じて分割して費用化される。この分割した費用が減価償却費にあたる。→23, 85

減価償却費【depreciation cost】 ⇒減価償却

現金主義【cash basis】 現金収入があったときに収益が生じ，現金支出があったと

きに費用として計上する方式。 →83

権限【authority】 「職務を公に遂行できる権利や影響力のこと」あるいは「命令を行使することのできる影響力」のことである。たとえば，教師は，学校という組織の中では学生を静かにさせる権限をもつが，学外では，そうした権限はない。（→権威，権力）　→49

権限委譲の原則【principle of delegation of authority】 権限を下位者に委譲することで組織運営を円滑に進める原則。この場合，権限は委譲されても監督責任やアカウンタビリティ（結果についての説明責任）は委譲されない。管理原則の一つ。（→アカウンタビリティ，エンパワーメント，例外の原則）

権限受容説【acceptance theory of authority】 権限は従業員に受容されて成立するという考え方。たとえば，バーナード（Barnard, C. I.）は，自律的な人間が協働して成果を出す組織を前提に，もし，命令が受容されないなら権限は成立しないと考えた。

権限授与説【formal theory of authority】 権限は上位者から委譲されたもので，部長は社長から社長は取締役会から権限を与えられ，さらに取締役会は株主から権限を与えられたもので，株主から権限が与えられるのは私有財産を認めた資本主義的な制度によるとするもの。この権限は職務記述書などに明文化されているのが通常であり，権限法定説ともよばれる。（→受託管理者層）

権限・責任の一致の原則【principle of authority and responsibility】 組織を権限と責任に基づいて体系だてる原則で，権限を伴わない責任や責任を伴わない権限を与えてはならないという原則。管理原則の一つ。　→50

権限能力説【functional theory of authority】 上位者は能力をもつから権限をもつという考え方。（→権限授与（法定）説，権限受容説）

権限法定説【legitimate theory of authority】 →権限授与説

現在価値【present value】 利子計算の逆の発想に基づいて将来の予想収益を割り引いた値。

現場管理者層【operation managers】 部門の中で，さらに細かなセクションの管理を任されている課長や係長など。第一線管理者層ともいう。（→部門管理者層）

権利能力のない社団【unincorporated association】 同窓会や同好会やサークルのような任意団体（private organization）のことをさす。法人が法律上もつ権利義務の資格を権利能力（right capacity）というが，民法では，親睦団体には法人資格を認めないので，町内会や同窓会などは「権利能力（権力）のない社団」になる。ただし，中間法人法ができて，任意団体でも，中間法人（中間法人法廃止の後は「一般社団法人」）として法人格を持てるようになった。

権力【power】 共通目標をもたない集団にまで及ぶ影響力のこと。労働組合のストライキは権力の行使であっても権限の行使ではない。（→権威，権限）

コア・コンピタンス【core competence】 顧客に特定の価値や利益を与え，他社が容易に真似ることのできない，その企業の核となる能力，技術，スキル，ノウハウなど。　→11

ゴーイング・コンサーン【GC: Going Concern】 企業などが将来にわたって，無期限に事業を継続していく前提のこと。また，現在の会計制度の多くは継続企業の前提によって成立しており，2003年3月期より監査人と経営者がゴーイング・コンサーンについて検討することが義務づけられ，疑義があると判断された場合，その内容を財務諸表等に注記することが求められている。　→59

行動理論【behavioral theories】 リーダー

シップは個人的資質によるのではなく，リーダーシップ・スタイル（リーダーがとる行動の類型）によって有効性に差があるという見方。（→資質論，状況適合理論）　→46

小売業【retail stores】　商品を最終消費者（エンド・ユーザー）に販売する業者のこと。

小売業の業態開発【classification of retailers】　小売業においては，食料品店，衣料品店，電器店のように商品区分（何を売るか）による分類を「業種」とすれば，デパート，スーパー，コンビニのように，営業形態（どう売るか）による分類を「業態」という。たとえば，食品はデパートにもスーパーにもコンビニにもあるわけで，それをどのような形態で売るかという競争をしている。このため，新しい業態を作り出すことが重要で，このことを「業態開発」とよんでいる。主な業態は以下の通り。

業態（略称）	特徴
デパート（DS）	各種専門店を統合的に集合させた大規模な小売店。対面販売や市街地展開に特徴がある。
総合スーパー（GMS）	総合的品揃えや大型駐車場のある郊外型スーパー。
食品スーパー（SM）	食品を中心とした品揃え，中小の地域密着型スーパー。
ドラッグストア（DgS）	医薬，健康・美容関連，家庭生活雑貨中心。
コンビニエンスストア（CVS）	生活必需品や生活関連サービス中心で長時間営業。
ホームセンター（HC）	大工用品など家作りに必要な商品中心。
スペシャルティ・ストア（SS）	家電，靴，書籍，スポーツ，事務用品などに特化。
バラエティ・ストア（VS）	多様な商品群と低価格。100円ショップや雑貨店。
業態（略称）	特徴
ホールセール・クラブ（WC）	卸売業の小売業化。大型倉庫と会員制に特徴。
ディスカウント・ストア（DS）	衣料，医薬品，酒類など多品種の商品を高回転率，低マージンで割引販売する業態。SS,VSを含む。
ファクトリー・アウトレット	工場内に基準外商品や旧モデルの商品を販売する店舗を設けたのが起源だが，その後，ブランド品をディスカウントする店を集積させたアウトレットに発展。
コンビネーション・ストア	生鮮食品を日用品や医薬品と一緒に扱う。ドラッグストアと食品スーパーの特徴をあわせもった業態。

公益法人【public-interest corporation】
　狭義には，祭祀・宗教・慈善・学術・技芸その他の公益を目的とし，民法（第34条）によって設立される社団法人や財団法人をさす。これに対して，広義には，民法以外の特別法（私立学校法，宗教法人法，社会福祉事業法）によって設立された，学校法人や宗教法人，社会福祉法人がある。これらの法人は，非課税を原則とする。医療法によって定められた医療法人は課税されるため，学校法人などの公益法人とは異なるが，その性格から「広義の公益法人」といえる。

公開会社【company without restriction on share transfer】　会社法では，発行する株式の譲渡を制限しない会社のことを公開会社という。一般用語としての「公開会社」は，株式を公開している上場企業のことをいうので混同しないようにしたい。

後期大衆追随者【late majority】　イノベーション理論において，世の中の過半数の人が採用した後にようやく採用を始める新しいものに懐疑的な人々のこと。　→

```
主体別 ─┬─ 商業広告：企業が営利目的で行う
        ├─ 公共広告：非営利組織が公共目的で行う ─┬─ 広義：政府，市町村，NPOほか
        │                                        └─ 狭義：公共広告機構（AC）
        └─ 個人広告：個人が個人的目的で行う（項目別広告など）

受け手別 ─┬─ 消費者広告：消費者向け（BtoC）消費財の広告
          └─ 産業広告：企業向け（BtoB）産業財の広告

用途別 ─┬─ 商品広告：自社製品を宣伝
        ├─ 企業広告：企業全体のイメージアップ
        ├─ 意見広告：企業の立場説明
        ├─ 決定広告：法律で公表が定められている情報提供
        └─ 求人広告：従業員募集

媒体別 ─┬─ 直接広告（個人向け）：DM
        └─ 間接広告（不特定多数）
            ├─ インターネット広告：─┬─ ウェブ広告：テキスト，バナー，ポップアップ
            │                        ├─ Eメール広告：メールマガジン，オプトイン
            │                        ├─ ペイドリスティング広告：SEM，コンテンツ連動
            │                        ├─ モバイル広告：ケータイ
            │                        └─ インターネットCM：ストリーミング，ダウンロード
            ├─ 電波媒体広告：テレビ，ラジオ
            ├─ 印刷媒体広告：新聞，雑誌，チラシ，新聞折り込み，フリーペーパー
            ├─ 屋外広告：看板，広告塔，電柱，バルーン
            ├─ 購買時点（POP）広告：店頭，ショウウインドウ
            ├─ 交通広告：電車，バス，駅
            └─ その他：ノベルティ，スクリーン，展示
```

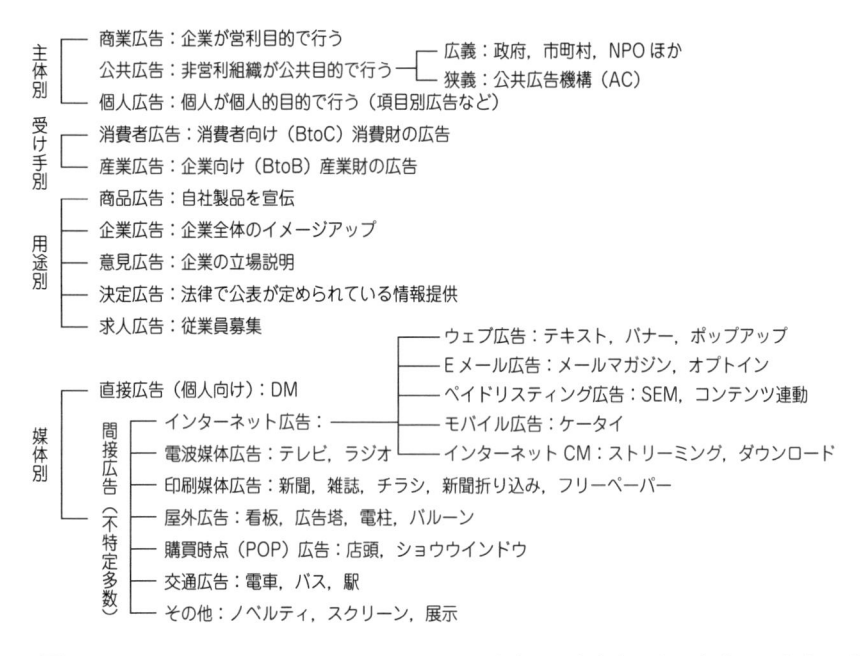

34

公企業【public enterprise】 ①国や都道府県，市町村などの公共団体が出資・経営する企業で，②公益性のために非営利を原則とし，③企業活動が特別な法律などで規制されている。このために，このような企業はしばしば独占が許されている。このような企業を公共部門あるいは第一セクターとよぶ。（→公私合同企業，私企業）

貢献【contribution】 バーナード（Barnard, C. I.）の用語で，個人が組織に提供する価値のこと。（→誘因）

広告【advertising】 広告主が記録媒体を通じて行なう非対人的な有料の情報提供活動である。非対人的とは人的販売（販売員による活動）との対比であり，記録媒体を介することにつながっている。広告は保存性があり正確性が求められる。有料であるため，パブリシティ（無料の情報提供＝後述）とは区別される。

広告の種類【classification of advertising】 広告は，広告主である主体別，広告の受け手別，用途や目的別，媒体別に上図のように分類される。（→アドボカシー広告，意見広告）

合資会社【limited partnership または company of both members with unlimited and limited liabilities】
合資会社には，業務執行社員として経営責任を負う「無限責任社員」と，資本は出資するが事業の経営には直接タッチしない「有限責任社員」の2通りの社員がいる。有限責任社員は，出資するが経営機能をはたしていないので，無機能資本家ともいう。（→合名会社，合同会社）

公式化【formalization】 組織内の意思決定や命令系統などの規則が整備される規則化が起こることと，組織内の様々なことが文書で報告され保存されるようになる文書化が起こることを指して公式化という。（→組織構造）→49

公式組織【formal organization】 共通の明確な目標を達成するために意識的に作

られた組織。フォーマル組織ともいう。(→非公式組織：インフォーマル組織)

公私合同企業（公私混合企業）【mixed joint-stock enterprise】 ①公共団体と民間の両者が出資・経営する企業で、②公共性と利益を同時に追及するもので、③（一部に特別な法律の規制がある場合もあるが）私企業のように独立採算的に利益を計上し、競争原理に従うものが多い。このような企業は公私共同部門あるいは第三セクターともよばれる。(→公企業、私企業)

工数【man hour, man day】 延べ作業時間のことで、「人時（man-hour）＝人数×労働時間」または「人日（man-day）＝人数×労働日数」で表わされる。

工程管理【Process Control】 工程（受注から納品までの過程）を合理的に設計し、品質を維持・向上しながら生産効率を高めていく活動で、QCD（Quality, Cost, Delivery）のD（納期）の管理に直結する日程（スケジュール）管理だけでなく、品質管理、資材管理、在庫管理なども含む広い概念である。(→原価管理、品質管理、QCD)　→69

合同会社【limited liability company】 ⇒ LLC

行動科学【behavioral science】 人間の行動を科学的に解明しようという学際的なアプローチのことで、経営学のみならず、心理学・社会学・生物学などの成果が活用されている。この言葉は、心理学者ミラー（Miller, J. G.）などのシカゴ大学の研究グループが、1940年代末に人間の行動を解明するために生物科学と社会科学を総合する試みの中で生まれたが、1951年にフォード財団が支援した「行動科学計画」によって広まった。

行動規範【code of conduct】 企業が社会の要請に応え、社会的責任を果たしていく上での行動基準や基本原則として全社的に伝達・周知されたもの。　→86

行動的基準【behavioral factor】 製品の使用頻度やブランド・ロイヤルティーなどで分類する市場細分化基準の一つで「ビヘイビラル・ファクター」ともいわれる。(→市場細分化)　→31

合弁企業【joint venture】 ⇒ジョイント・ベンチャー

合名会社【ordinary partnership または company of members with unlimited liability】 機能資本家（経営機能を果たす出資者）が結合する企業形態で、無限責任社員のみで構成される。出資者（社員という）は全員が経営権（法律では「業務執行権」）を有する業務執行社員となる。組織は任意組合に似ているが、法人格をもつ点で任意組合と異なる。(→合資会社、合同会社)

合理化（組織の合理化）【rationalization】 新しい技術や設備を導入して生産性を高めること。特に余剰設備や余剰人員を整理する際に使われる。(→生産性)

合理化（個人の合理化）【rationalization】 心理学やリーダーシップ論における合理化で、自分にとって都合の悪い事態を正当化する防衛機構の一種。(→防衛機

囚人のジレンマ	共犯の2人に黙秘か自白で刑罰を変えるゲーム理論。2人とも黙秘するのが全体利益だが、自白すると減刑されるため、個別に悩むことになる。個別利益と全体利益が異なることを数学的に問うことができる。
フリーライダー問題	道路や公共放送など公共財は「ただ乗り（フリーライダー）」を許すが、個人全員が「ただ乗り」する合理的選択を行うと、公共財の提供が不可能になり、全員が不利益をこうむる。
エージェンシー理論	プリンシパル（依頼人）とエージェント（代理人）の関係を理論化したもの。依頼人と代理人は別々の関心や利益をもつので適切なインセンティブを示す必要がある。

経営キーワード集　**217**

構）

合理的選択理論【rational choice theory】
行為者の行動選択について，功利的な利得・コスト・計算という合理的側面から説明しようとする理論体系やモデルで，個人がどのようなメカニズムで選択するかという個人的行為の理論と，そのようにして選択された諸個人の行動が，社会的にどのような結果をもたらすかを検討する集合的帰結の理論がある。主な問題やモデルとして，前頁の表のようなものがある。

個人企業【individually-owned company】
個人が全資本を出資し経営する企業で，すべての権利義務が個人に帰属している個人事業者。従業員が何人いようと出資者が1人ならば個人企業である。この点，1人で設立できるようになった株式会社も個人企業になりそうであるが，個人企業は「無限責任」であり，「有限責任」の株式会社は個人企業ではない。誰でも1人で商行為を行えば，法的には個人企業とみなされる。「会社」のような設立手続きは不要であるし，最低資本金の規定はないから，少額の資本で始められるが，商行為の中で債務が生じた場合，個人に無限責任がかかる。類似語に「個人企業家」があるが混同しないようにしたい。

個人企業家【private entrepreneur】 1人で起業したベンチャービジネスの経営者のことなので「個人企業」と混同しないようにしたい。（→アントレプレナー，ベンチャービジネス）

コスト・センター【cost center】 費用責任だけしかもたない分権的管理単位のこと。たとえば，職能本部制組織における生産本部は製造コストについては責任をもつが，生産した製品について独自に価格を設定することはできないので，コスト・センターといえる。（→プロフィット・センター，レベニュー・センター）

コスト・プラス方式【cost-plus pricing】
製造原価や仕入原価に一定の利益を加算した販売価格の決定方法。市場価格（市価）がまったく存在しない新製品や，軍需品や大型プロジェクト関連品など市価を参考にしにくい製品は，この方式で価格が決定されやすい。（→市場基準法）

コスト・リーダーシップ戦略【cost leardership】 ポーター（Poter, M. E.）が提唱した「基本戦略」のうちの一つの戦略。業界内の広い範囲を対象に，競争相手よりも低コストを実現するという基本目標を追求する戦略。（→基本戦略）→16

コース別人事制度 男女雇用機会均等法（1986）を契機に同法の「募集採用区分」に適合するコースを用意する人事制度で，当初は，一般職の女性だけに採用されていたが，1999年の均等法改正で男女別の採用コースが禁止された。具体的には，総合職と一般職を別コースとする2コース型と，一定の地域内の事業所だけに勤務する限定勤務地制度や専門職制なども加えた複線型コース別人事制度もある。複線型コース別人事制度には，個別のニーズに応え，働き方を柔軟に選択できるというメリットもあるが，企業がコース別人事制度を導入する理由は，男女の賃金格差を維持しやすく，人件費の総額抑制につながるためである。また，女性差別や賃金格差固定化によるモラールの低下などから見直す動きもある。コースごとの職務内容や役割分担を決めると同時に，転換制度も作る必要があるとされる。（日本経済新聞2005年4月18日） →58

コーチング【coaching】 個人の能力や成長を手助けする人材育成の手法。コーチ（coach）は顧客（コーチングでは顧客のことを「クライアント」という）を届ける「馬車」を意味するが，スポーツの指導者として一般化した。経営理論では，メース（Mace, M. L.）が『経営者の成長と育成（The Growth and Development of Executives）』（1950）

で紹介したのが最初とされる。カウンセリングが治療を目的にしているのに対して，コーチングはクライアントの目標達成を手助けするという点で異なる。コンサルティングとの関係でいえば，コンサルティングは組織の問題解決方法を提示するのに対して，コーチングは個人の問題を手助けするという点で異なる。

	コーチング	カウンセリング	コンサルティング
対象	個人	個人	組織／個人
目的	育成	治療	問題解決
内容	助言	助言	提言

固定資産【fixed assets】 通常，1年を越える長期にわたって収益を生む資産，あるいは1年を越える長期にわたって現金化（または費用化）されない資産のことで，土地・建物・機械設備などの有形固定資本以外にも営業権などの無形固定資本がある。 →81, 82, 83, 85

固定費【fixed cost】 販売量や生産量とは関係なく固定的に同じ金額が必要となるような費用のことで，固定資産の維持費，一般管理費，減価償却費，利子，研究開発費などが含まれる。 →85

固定負債【non-current liabilities】 流動負債ではない長期の負債で，「長期負債（long-term liabilities）」ともいう。社債，長期借入金，退職給与引当金などを含む。 →81

コーポレート・アイデンティティ【corporate identity】 ⇒CI

コーポレート・ガバナンス【corporate governance】 企業が誰のために，誰によって統治されているかということで，「会社の統治」と訳される。これは，どのような意思決定の過程や監査の仕組みを通して，利害関係者（ステイクホルダー）とかかわっていくかという経営の基本問題でもある。

コーポレート・シチズンシップ【corporate citizenship】 ⇒企業市民

コーポレート・ブランド【corporate brand】 企業名など，その企業のすべての製品やサービスに展開しているブランドのこと。 →24

コミットメント【commitment】 「何らかの対象に対して深くかかわりあうこと」が本来の意味であり，公約，委託，献身などとも訳される。経営学では組織コミットメントを指すことが多く，マウディ（Mowday, R. T.）らによると「個人の特定の組織に対する同一視や関与の程度」と定義される。 →62

御用組合【company-controlled union】 使用者から経済的援助を受けたり，自主性がなく使用者の意向に従って動いたりする労働組合。日本的経営の特徴のひとつとして企業内労働組合があるが，企業内部に労働組合が作られるために御用組合化しやすいという指摘もある。（→企業内労働組合，労働組合） →67

雇用形態【type of employment】 企業と従業員が締結する雇用契約の採用種別のこと。代表的な雇用形態として，正社員，契約社員，パートタイマー，アルバイト，派遣社員などがある。 →57

雇用ポートフォリオ【employment portfolio】 人材への投資・育成，活用，報酬などに異なった処遇を適用されるいくつかのグループを効果的に組み合わせて活用しようとする考え方。 →57

ゴールデン・パラシュート【golden parachute】 買収される企業の経営者の退職金を大幅に積み増しする。毒薬条項に対する防衛策。（→毒薬条項）

コールド・チェーン【cold chain】 鮮魚，精肉，生鮮野菜などを，生産地から消費地まで，鮮度を保った低温状態で保温していく物流体系。大型冷蔵庫，冷蔵車，冷凍ケースなどを使ったコールド・チェーンの発達によって，広域に販売エリアを拡大することが可能になった。

コンカレント・エンジニアリング

【concurrent engineering】 製品開発の時間短縮のために，設計や製造に関連する業務を同時進行的にシステム化する手法。従来型の製品開発は，製品設計→工程設計→試作→製造のように前段階が終了してバトンタッチする「リレー型」であったが，コンカレント・エンジニアリングは，設計段階から製造工程や試作が同時進行的に進められるので，ボールを横にパスしながら全員が前に進む「ラグビー型」にたとえられる。アメリカの防衛先端研究プロジェクトにルーツがあるとされる。

根拠法規【governing law】 会社の設立や解散などを基本的に規定する法規。公益法人（各種特別法），NPO法人（特定非営利活動促進法），協同組合（各種の組合法），相互会社（保険業法）などは，個別の根拠法規をもっている。これに対して，個人企業は商法を根拠とし，合名会社など「4つの会社」は会社法を根拠法規としている。（→会社法，商法）

コングロマリット【conglomerate】 業務上の関連性のない多数の業種に渡って事業活動を行っている企業のこと。1960年代〜80年代のアメリカ合衆国において一時的に流行した企業形態である。

コンセプチュアル・スキル【conceptual skills】 組織の内外で起きている事象を構造的・概念的に把握し，事柄の本質を見極めたり，問題点や解決策を導き出したりする力。 →66

コンセプト【concept】 送り手の考える理想や活動内容の本質，あるいは全体を貫く中心的アイデアを短い言葉で表現したもの。製品コンセプト，広告コンセプト，ストア（店舗）コンセプト，デザインコンセプトなどとして使われる。理想や本質を表すものとして「概念」と訳すよりも，「理念」と表現した方が良い。伝達力や訴求力が重要で，冗長な説明文になってはいけない。 →28, 29

コンツェルン【Konzern】 持ち株会社や金融機関が，多種多様な産業にある企業を実質的に支配する企業形態。日本では戦前の，三井・三菱・住友・安田などの財閥がその例に当てはまる。

コンティンジェンシー理論【contingency theory】 すべての組織に普遍的に有効な唯一最善の理想的な組織構造や管理システムは存在せず，市場や技術の環境など，さまざまな条件によって最適な組織構造や管理システムが異なるとする考え方。「状況適合理論」「条件理論」ともよばれる。 →56

コントローラー【controller】 企業内でファイナンスを担当する責任者。（→トレジャラー）

コンピテンシー【competency】 ある職務や状況において，高い業績を継続的に上げる人に共通してみられる行動特性。 →59

コンビナート【industrial complex】 技術的に関連する生産部門や工場を地域的にまとめ，経済的な合理性を高めた生産結合体。

コンピュータ・シミュレーション【computer simulation】 コンピュータを活用した予測。

コンプライアンス【compliance】 本来は法律を厳密に守ることで「法令遵守」と訳されることが多いが，法律ばかりでなく社会通念を含めて，企業が社会的な常識にしたがった経営をすることを意味する。 →6, 86

コンフリクト【conflict】 対人間や集団間の葛藤や対立のこと。（→集団凝集性） →48

サ行

債権【credit or obligatory right】　支払を求めることのできる請求権のこと。債権の代表的な例は，借金の返済を求める権利。（→債務）

最高経営責任者【CEO: Chief Executive Officer】　⇒CEO

最高財務責任者【CFO: Chief Financial Officer】　⇒CFO

最高執行責任者【COO: Chief Operating Officer】　⇒COO

在庫管理【inventory control】　物品の入庫と出庫の差として累積された量である在庫について，需要の変動などを考慮しつつ，発注時期や発注量の決定をおこなうこと。→38

財政【public finance】　経済学では「経済単位」として，政府の経済を意味する。財政は家計や企業から税金を受けながら，行政サービスを提供する。（→家計，企業）

財団法人【incorporated foundation】　一定の目的のもとに拠出され，結合されている財産の集まりで，社員は存在せず，基本財産の運用益と，設立者が定めた寄附行為によって運営される団体のことをいう。（→社団法人）

採用遅滞者【laggards】　⇒ラガード

債務【debt or obligatory duty】　金銭や物品を支払うべき法律上の義務のことである。借金を返済する義務が代表的。（→債権）

財務会計【financial accounting】　企業外部の利害関係者に対して会計情報を提供することを目的とした会計。損益計算書，貸借対照表，キャッシュフロー計算書などの財務諸表を作成することになる。→80

財務活動によるキャッシュフロー【cash flows from financing activities】　金融機関からの借入および返済，株主からの資金調達（新株発行）および配当金の支払いなど財務活動から生じるキャッシュフローの増減を示すもの。　→83

財務管理【financial management または managerial finance】　資金の調達と運用に関する管理のことで，投資決定，資産管理，利益処分，財務分析や合併・吸収，リース，清算など幅広い分野にまたがる。

財務諸表【financial statements】　企業の財政状態を会計処理ができるように数値化して表わした最も基本的な財務データ。

債務超過【insolvency】　債務者の負担する債務（負債）が，資産（財産）の額を上回った状態のこと。資産をすべて売却しても，借金などの負債を返済しきれない状態であり，非常に危険な財務状態にあるといえる。（→負債，資産）　→81

財務データ【financial data】　財務管理のベースとして企業の財政状態を会計処理ができるように数値化して表したもの。ただし経営状況のすべてを表しているものではない。たとえば，優秀な人材をかかえている企業は人的資源が豊富であるが，これらを会計的に評価して資産内容に組み込むことは難しいため，一般に，財務データからはずされる。

裁量労働制【discretionary work system】　「見なし労働時間制度」ともいわれ，実際に働いた時間とはかかわりなく，どの程度の時間働いたとみなして賃金が支払われる制度。

作業研究【work study】　課業設定のために作業の内容と量を決定する研究のことであり，①時間研究（time study）と②動作研究（motion study）から成り立っている。（→時間研究，動作研究）　→40

サクセッション・プランニング【succession planning】　重要なリーダー職の後継者

選抜・育成計画のこと。若い世代から将来のリーダー候補者を選抜し，長期的な計画に基づいた配属や育成が行われる。→64

指図票【instruction card】 時間研究や動作研究の結果，課業の設定が行なわれるが，その内容を具体的に明記したもの。使用すべき道具や装置，標準作業時間や標準化された作業方法などの明細が記入されている。 →40

サステナビリティ【sustainability】 持続可能性。もともとは，地球環境保護の観点から，持続可能な社会や自然環境を目指した言葉であるが，今日ではステークホルダーに対する社会的責任を含む概念として用いられることが多い。 →86

サービス【service】 商取引において，何らかの行為（用役やパフォーマンス）を対価にするもので「サービス財」ともいわれる。モノ（物財）と比較すると，以下のような特徴をもっている。（→サービス財の種類）

モノ (goods)	サービス (service)
有形で持ち運べる	無形で手では扱いにくい（無形性）
生産と消費が分離される	生産と消費が同時で不可分（同時性）
消費するまで在庫される	ほとんど在庫されない（非在庫性）
所有することができる	所有権の移転を伴わない（非所有性）
品質やカタログ情報が明快	品質が見えにくく，事前に確かめにくい（不確実性）

サービス財の種類【classification of services】 サービス財の種類には，以下のようなものがあるが，その種類は無数で多様である。

接客サービス	ホテル，観光などホスピタリティ産業
移動サービス	通信，運輸
金融サービス	銀行，証券，保険
専門サービス	教育，病院，介護，弁護士

サービス・センター【service center】 職能部門制組織における人事本部のように，独自の管理コスト以外にコントロールできる費用責任もなく，売上責任も負うことのできない組織は，他の部門にサービスを提供している分権的な管理単位という意味でサービス・センターということがある。（→プロフィット・センター，コスト・センター，レベニュー・センター）

サプライチェーン【supply chain】 原材料や部品の調達・供給から，加工・製造・流通を経て，商品が顧客にわたる一連の流れ（連鎖）のこと。 →39

サプライチェーン・マネジメント【supply chain management】 原材料・資材・部品の調達，在庫，生産，製品の配達など，原材料の受発注から製品が消費者に届くまでの統合的な供給活動の連鎖のことであり，IT技術を活用しながら，最大の価値を提供してキャッシュフローを最大化させる経営手法。伝統的な系列関係と比較すると以下のように整理できる。 →39

サプライチェーン・マネジメント	伝統的な系列
水平的な対等関係（ITの活用）	垂直的な従属関係（力の論理）
情報を外部と共有（開放性）	情報を系列内で独占（閉鎖性）
顧客価値や最終需要を優先（全体最適）	親会社のシステムを優先（部分最適）

サーブリック【therblig】 科学的管理法においてギルブレイス（Gilbreth, F. B.）が考案した動作研究の手法。作業の基本

動作を独特な記号で表し，自分の名前，Gilbreth，のスペルを逆にした「サーブリック」と命名した。

サブリミナル広告【subliminal ad】 受け手が意識しない潜在意識下に刺激を与える広告。1957年にアメリカのJ.バイカリーは映画館で上映中の「ピクニック」という映画でコーラとポップコーンのコマーシャルを1/300秒で映写したところ，コーラで18%，ポップコーンで58%の売上増加になったという。こうした手法は，顧客自身が気づかない間に影響を与えるだけに，洗脳的な使い方をされた場合，極めて危険な大衆操作の手段になる。

差別化【differenciation】 自社の戦略あるいは製品・サービスを，競合他社の戦略あるいは製品・サービスに対して識別させ，際立たせること。例えば，製品の差別化であれば，機能，品質，デザインなどにおいて，サービスの差別化であれば，利便性，信頼性などにおいて，競合他社では真似のできない独創性をもたせることで実現する。井原は，これまでの著書で，「差別化」という表現は，日常語の「差別（discrimination）」を連想しやすいし，その本来の意味は，上下関係ではなく，単に「差異」を際立たせることなので「差異化」と記載してきた。しかし，経営学では「差別化」が一般的なので，今回は，この用語を採用することにした。

差別化戦略【differenciation strategy】 ポーター（Porter, M. E.）が提唱した3つの基本戦略の一つで，業界の広い範囲において，競争相手が真似できないユニークな何かを創造することを基本目標とする戦略。（→基本戦略，コスト・リーダーシップ戦略，集中戦略） →16

参加型経営【participative management】 組織の構成員が積極的に経営に参加すること。（→システム4）

産業社会学【industrial sociology】 産業にかかわる集団や社会関係を探求する社会学の一分野であり，すでにデュルケム（Durkheim, É.）やウェーバー（Weber, M.）が産業組織の研究を行なっていたが，ホーソン実験を受けて，職場集団，特に非公式組織（インフォーマル・グループ）に焦点をあてながら，労使関係やホワイトカラー集団の問題を社会学的に追求するようになった。 →14

産業の空洞化【industrial hollowing】 海外に工場を移転するなど海外直接投資の増大にともなって，国内の生産活動や雇用が減少したり，産業基盤がぜい弱化したり，国内の技術力が低下する現象。

産業別組合【industrial union】 個別企業の枠を超えて，同一産業の全労働者を対象に一つの組織として結成した労働組合。欧米では産業別労働組合に個人加盟することが一般的だが，日本では企業内労働組合の上部団体としてサポート的な役割を果たしていることが多い。（→企業内労働組合）

サンク・コスト【sunk cost】 ⇒埋没費用

残存者利益【profit of the remaining players】 プロダクト・ライフサイクルの衰退期において，競合他社が事業撤退した後に，残っていた企業が独占的に市場を支配し，利益をあげること。 →35

3C分析【three Cs analysis】 3Cとは，Customer（顧客）とCompetitor（競合他社）と，Company（自社）の頭文字をとったもので，戦略の立案において，顧客分析，競合他社分析，自社能力分析を行うことをいう。

参入障壁【barrier to entry】 新しい企業が特定の事業や市場に参入しようとするときに生じる障害のことで，法律上の障壁（特許や契約による制約），製造上の障壁（技術や生産ノウハウの問題），資本上の障壁（大規模な投資が必要），チャネル上の障壁（流通の仕組みを作りにくい），ブランド上の障壁（確立したブランドがあって参入しにくい）など，さまざまな障壁がある。

時間研究【time study】 一連の作業を細

かい要素に分解し，個々の作業要素にかかる時間をストップ・ウォッチなどで測定し，標準時間を決定する研究のこと。（→作業研究，動作研究）　→40

私企業【private enterprise】　①個人・私的団体などの民間が出資・経営する企業で，②利益を追及する営利組織で，③（商法などで全体的な規制は受けるものの）その企業活動が公益性のための特殊法規で規制されることはない。そのため，原則自由の企業で，市場における競争に打ち勝っていく必要がある。このような企業を民間部門あるいは第二セクターとよぶ。（→公企業，公私合同企業）

指揮命令系統【reporting line】　誰が誰に報告し，その命令に従わなくてはいけないかという取り決めのこと。組織構造の一要素である。（→組織構造，組織設計）　→49, 50

指揮命令系統の一元化の原則【principle of unity of command】　命令・指示は「直接の上位者一人」から受けるべきという原則である。他の部署の人や階層を飛び越えた上位者から命令が下されると組織が混乱してしまうことがあるからである。（→組織構造）　→50

事業戦略【business strategy】　個々の事業単位でどのように競争優位を構築するのかを考える，個別の事業分野にかかわる戦略。（→企業戦略）　→11

事業部【division】　事業部制組織における理想的な事業部は，事業に対して全般的管理権限をもっている。たとえば，製品別事業部制では，ある製品に関して購買，製造から販売に至るまで一貫した責任をもつ事業体であり，理論的には事業部が価格の決定権や購入材料の選択権をもっている。さらに，「事業部内人事」のようにスタッフ部門ももっているので管理費用も計算できる。（→事業部制組織）

事業部制組織【multi-divisional organization】　製品・地域・市場（顧客）別に事業部（division）として独立した組織を作り，各事業部が一つの事業体として独立採算的に管理責任を負う組織のこと。（→職能部門制組織）　→53

資金繰り【cash-flow management】　支払いの時期と代金回収のタイミングを見計らい，手元の資金が不足し，事業活動に支障が生じないように資金の流れを管理すること。資金が不足する場合には，借入れなどにより資金不足を補うことが必要になってくる。　→83

資源依存理論【resource dependence theory】　組織外の資源が組織内の行動や組織構造に及ぼす影響を体系化して論じたもの。フェッファー（Pfeffer, J.）とサランシック（Salancik, G. R.）が主要な提唱者である。

自己啓発【self-development】　従業員が自らの意思によって能力開発・スキルの獲得を図る取り組みのこと。　→46, 48, 64

自己実現の欲求【needs for self-actualization】　欲求段階説における欲求の一つで，各人が自分の世界観や人生観に基づいて自分の信じる目標に向かって自分を高めていこうとする欲求のこと。　→43

自己資本【equity capital】　広義には，貸借対照表における「資産の部」と「負債の部」の差額である「純資産の部」の金額のこと。狭義には，「純資産の部」のうち「株主資本」の金額のこと。返済の必要のない資本であることから「自己資本」とよばれる。（→他人資本）　→81

自己資本比率【株式資本比率】　総資本（総資産）に占める自己資本の割合を示す指標（自己資本÷総資産）。会社の安全性を判断する指標の一つで，自己資本比率が高いほど安全性が高いとされる。株主資本比率ともいう。　→84

自己資本利益率【ROE：Return on Equity】　企業の実質的な所有者である株主の視点からみた利益率を示す財務指標で，株主による投資がどれだけの利益

を上げているかをみることができる。（→総資産利益率）　→84

自己申告制度【self-return system】　従業員自身に，自己の職務の遂行状況，現在の仕事に対する適性などを自己評価させ，定期的に申告させる制度。自己申告書に基づいた上司との面談の結果は，人事部にも提出され，人事異動の参考資料となる。　→60

資産【assets】　企業が有する財貨や権利のことで「企業の有形・無形の財産」であるが，営利目的で用いられるため，個人に使われる「財産」という用語は使わずに「資産」とよばれる。貸借対照表では，①流動資産，②固定資産および③繰延資産に分けられる。　→81，83，84，85

事実上の標準【de fact standard】　⇒デファクト・スタンダード

事実前提【factual premises】　サイモン（Simon, H. A.）が論じた，意思決定を行う場合の前提の一つで，目的に対する手段の評価・選択を，経験的あるいは観察可能な事実に基づいて行うもの。事実前提に基づく意思決定とは，一度目的を所与とすれば，その目的を達成するための手段の選択については，検証が可能とする考え方。（→価値前提）

資質論【trait theory】　リーダーには，指導者にふさわしい資質（trait）があるという考え方。たとえば，「生まれつきのリーダー」といった表現が，この見方を代表している。（→行動理論，状況適合理論）　→46

市価基準法【market-oriented pricing】　市場価格（市価）を参考にして販売価格を決定する方法。業界の実勢価格（平均値），競合製品や代替製品の価格を参照して決定することが多いが，自社製品が別の特徴をもつ場合は，その効用（消費者にとっての価値）を加算したり減じたりする。（→コスト・プラス法，入札価格）

市場【market】　一般用語としての市場は，売り手と買い手が実際に会う「交換の場」としての「イチバ」を意味している。それを，経済学は「需要と供給の関係が成り立つ概念的な場」として抽象化した。たとえば，生産用役市場（労働市場）は，労働者を売買する具体的な場ではなく，各種用役（労働サービス）を提供する家計と，それを需要する企業との間に需給関係が成立しているという発想に基づいている。これに対して，マーケティングでは「売り手が考える買い手の集合」も市場と考える。これは，潜在顧客も含める市場概念で（売り手と買い手の関係や需給関係を超えた）市場創造の発想に基づいている。（→潜在顧客）

	一般用語	経済学	マーケティング
定義	交換の場	需給関係が成り立つ場	買い手の集合
発想の違い	イチバという場所からの発想	売り手と買い手の関係を需要と供給の関係に置き換えた発想	潜在的需要に着目した市場創造の発想

市場細分化【market segmentation】　地理的基準や人口統計的基準，心理的基準，行動的基準など，市場を様々な基準で分割すること。マーケット・セグメンテーションともよばれる。　→31

市場占有率【market share】　⇒マーケット・シェア

市場浸透価格設定【penetration pricing】　⇒ペネトレーション価格設定

市場調査【market research】　市場や消費者のデータを得るための調査活動のこと。製品企画のための消費者ニーズの調査や，広告効果測定など企業活動の様々な局面で行われる。大きく分けて，観察法・実験法・質問法の3つがある。　→37

システム4【system four】　リッカート

（Likert, R.）はリーダーシップに関する管理システムを4つに類型化したが，そのうち，システム1は独善的専制型，システム2は温情的専制型，システム3は相談型で，システム4が集団参加型といわれる。このシステム4ではリーダーは部下を全面的に信頼し，意思決定は広く組織全体で積極的に行われる。（→参加型経営）

自然科学【natural science】　自然現象の法則を探求する科学で，物理学，化学，生物学などが代表的である。（→経験科学，社会科学）

シックスシグマ【6σ : six sigma】　統計的な分析や品質管理の手法を応用して，業務プロセスを診断したり改善したりする方法のこと。シグマ（σ）とは，統計用語で標準偏差のことをいい，正規分布の場合，平均値から6σの値は，100万個に対して3.4個の不良品しか発生しない状態を意味する。つまり，6σ並みにほぼ完璧なオペレーションを目指すもので，生産管理や品質管理ばかりでなく，営業や経理など非生産部門でも応用できるとされている。

実験法【experimental techniques】　市場調査の手法の一種であり，複数の店舗で店舗ごとに価格を変え売上がどの程度変わるかなどの実験によって，市場の情報を得る手法のこと。（→市場調査）　→37

執行役員【operating officer】　会社は経営者と従業員から成る。経営者は取締役会のような機関に出席して重要な機関決定を行う。そして，機関決定がなされた事項を実践することを「執行」という。「執行役員」はこのような執行業務に専念する者のことをいうので経営者ではない。会社法で「役員」は経営者のことなので混乱しがちだが，執行役員は（部長と同じように）企業独自で使っている名称で，従業員につけられる役職名である。これに対して，取締役は会社法によって定められている機関の名称であり，その

人の決断が組織全体の機関決定になる。また，従業員が取締役になる場合はいったん退職しなければならない。（→取締役）

執行役員	取締役
取締役会のメンバーではない	取締役会のメンバー
機関決定に参加しない	機関決定を行う
企業独自の名称	会社法に基づく名称
役職名（単なる職位を示す）	機関（その人の決断が組織全体の機関決定になる）
従業員のままなれる	従業員ではない（従業員なら退職して就任）

質問法【questioning techniques】　市場調査の手法の一種であり，質問票調査やインタビューによって直接消費者に訪ねて情報を集めること。（→市場調査）　→37

シナジー効果【synergy effect】　$1+1=3$以上になる量的効果と$A+B=C$となる質的効果が含まれている。たとえば，一人で考えつかないアイデアが複数で討議すると思いつくことがある。シナジー効果は企業間の合併などでも重視される。

支払手形【a bill payable または a note payable】　取引先に支払った約束手形と為替手形。（→手形，→受取手形）

資本回転率【turnover ratio of capital】　資本の利用効率を示す指標で，年間売上高を総資本で割って算定する。

資本コスト【cost of capital】　投資家が企業に期待する収益率であり，経営者にとっては投資決定の基準となるものである。ただし，会計処理上の原価概念ではなく他の収益を諦めた時に生じる機会費用（opportunity cost）を意味している。たとえば，投資家が，銀行預金や社債購入などさまざまな投資機会のうち，それらを諦めて企業の株式を購入したとすると，その期待収益率は，銀行預金や社債からの利子（収益）に見合う機会費用と

なる。同様に，企業経営者も，いくつかある投資機会のうち，他の収益機会を諦めて投資決定を行なうわけで，こうした意思決定における機会費用を資本コストとよぶ。

資本集約的【capital intensive】 労働者一人当たりの設備や固定資産額が大きいこと。重化学工業などが代表的な産業である。(→労働集約的，知識集約的) →22

資本多数決【the majority control in the corporation】 株主総会における議決の考え方であり，1人1票ではなく，1株1議決権を前提とした多数決のこと。つまり，多くの株式を保有する人の意見が議決に強く反映されることになる。→4

M&A	複数の企業が合同する合弁 (merger) や1つの企業が他企業の過半数の株式や経営資産を買い取って支配する買収 (acquisition) のこと
合弁企業	複数の企業が共同で出資した企業を立ち上げること。ジョイント・ベンチャーともいう。
資本参加（株の持ち合い）	広義の資本参加にはM&Aも含まれるが，一般的な資本参加は経営支配を目的としない株の持ち合いのことをいう。

資本提携【capital tie-up】 企業提携のうち，資本の移動をともなう提携。代表的な資本提携としては前頁の表の3つがある。(→アライアンス，業務提携)

資本の証券化【securitization of capital】 資本を分割して証券にすること。株式会社は，多額の資本を分割して少額の株式（持分を示す証券）にすることで，不特定多数の人々の出資を前提に少額の資金調達の仕組みをつくっている。

社員（商法上の社員）【equity participant】 商法などでいう社員とは「社団法人の構成員」のことで「出資者 (equity participant)」のこと意味し，日常語でいう「従業員 (employee)」のことではない。したがって，株式会社でも社員とは法律上「出資者」のことであるが，株式会社の場合は社員のことを「株主 (shareholder)」ともいう。(→出資者)

社会科学【social science】 人間社会を研究対象とする経験科学で，具体的には，法学，政治学，経済学，社会学などが含まれている。経営学も，この社会科学の一つである。科学は，事物の構造や法則を解明する目的をもっている。このうち，自然科学は自然の法則を解明する課題をもつが，社会科学は，主として人間社会における秩序をどう法則化して説明するかという課題をもっている。法学は法と正義によって秩序を語ろうとし，経済学は市場という概念を想定して経済現象の秩序（市場原理）を解明しようとする。この意味で，経営学は，組織の存続をめぐる秩序とその法則について説明しようとする社会科学の一つといえる。(→経営学，経験科学，自然科学)

社会志向のマーケティング・コンセプト【public-oriented marketing concept】 顧客の利益と社会全体の利益を推し量った上で，顧客のみならず社会の福祉を保護し，向上させることを重視し，長期的な観点から社会全体の利益を優先していくマーケティング・コンセプト。(→マーケティング・コンセプト) →28

社会的欲求【social needs】 欲求段階説における欲求の一つで，集団への帰属や愛情を求める欲求のこと。「愛情と所属の欲求」あるいは「帰属欲求」ともいわれる。 →43

社外取締役【outside director】 企業の外部から登用する取締役のことで，独立した第三者の立場から企業経営を監視する役割を担うもので，米国では「独立取締役 (independent director)」ともいわれる。企業の外部から登用するといっても，系列，メインバンク（主取引銀行），取引先，その企業と利害関係の強い業種の

経営者では，独立した立場を保つことができないので，ニューヨーク証券取引所 (NYSE) では，過去3年間にその企業との雇用関係がないこと，大口取引先の企業に属していないこと，本人または家族がその企業の監査関係者でないこと，などの条件を設けている。日本では，2002年5月に商法が改正され，大会社（資本金5億円以上または負債総額200億円以上）は2人以上の社外取締役を起用し，取締役候補の決定権を社外取締役にゆだねることなどを条件に，監査役を廃止できる米国型の取締役制度（委員会等設置会社）を選べるようになった。2003年4月施行。

社債【bond】 社名を記した債権（借用書）で一般投資家から直接借り入れるため，証券会社を通じて発行されるが，株式とは異なる。第1に，社債は償還期限と利息を決めているのに対し，株式はない。第2に，社債権者（社債の購入者）は企業外部の投資家と位置づけられるが，株主（株式の購入者）は法律上で企業内部のものとされる。したがって，社債は借入金と同様に「負債」であるが，株式は内部の「資本」とされる。

ジャスト・イン・タイム方式【just-in-time system】 英語のjust in timeという表現は「ちょうど良い時に，間に合って」という意味だが，文字通り，必要な製品を必要な時に必要な量だけ生産するための生産方式で，トヨタの「かんばん方式」が代表的である。（→かんばん方式）

社団法人【incorporated association】 一定の目的のもとに結合した人の集合体で，出資構成員（社員）が存在し，その会費や，総会の決定に基づいて運営される団体のことをいう。そもそも，社団 (association) とは団体としての組織をもつ2人以上の集団で，広義の社団法人には会社のような営利社団法人や労働組合のような中間的社団法人も含む。（→財団法人）

社内振替価格【transfer price】 企業内部で生産物（材料や製品など）の引き渡しをする際に，振替に適用される価格。たとえば，職能部門制組織における生産本部と販売本部で，製品が引き渡された場合，社内振替価格によって仕切り価格が決められ，生産本部にとっては売上が内部的に計上され，販売本部にとっては，それが費用として内部的に計上される。

社内ベンチャー制度【intrapreneurial venture system】 企業内部で，あたかもベンチャービジネスを立ち上げるように，新規事業を展開する組織を作る仕組み。公募制や審査制度，資金供与などの支援プログラムを含む。新規事業立ち上げのリスク低減，内部労働市場の活性化，経営を担う人材の育成などに役立つとされる。（→内部労働市場）

収益性比率【profitability ratio】 収益性の測定を比率で表わしたもの，総資産利益率，投資利益率，売上利益率などがある。 →84

従業員組合【employees union】 ⇒企業内労働組合

集権化【centralization】 権限を一部の部署や人間に集中することで，意思決定権を一箇所に集めて，他の部署や人間の自由裁量権を制限すること。（→分権化）→50

集権的組織【centralized organization】 権限が一部に集中している組織のこと。（→分権化組織）

終身雇用【lifetime commitment】 学校を卒業して最初に就職した企業に定年退職になるまで雇用される雇用慣行であり，正確には終身雇用的雇用慣行あるいは長期雇用慣行とよぶべきである。日本では，定年になるまで（終身に近い形で）同一企業に務める人が多いために，転職が多い欧米の慣行と比較して命名された。つまり，雇用慣行として「長期雇用」が定着しているにすぎない。また，日本でも

中小企業では，転職率が高いため終身雇用とはいえない現実もある。大企業を中心にした慣行である。　→67

囚人のジレンマ【prisoner's dilemma】⇒合理的選択理論

住宅手当【housing allowance】　社宅，寮などの福利厚生施設のある企業で，これらの住居に居住できない従業員に対し，社宅居住者との均衡のために支給する手当。あるいは，自宅（借家を含む）に居住する従業員の住宅経費の一部を補助するために支給する手当。　→61

集団圧力【group pressure】　集団メンバーに対して，考え方や志向，行動，好みなどを似通ったものに，あるいは同一にするよう働きかける力のこと。関係が薄くただその場に集まっているだけでも生じるが，集団の凝集性が高くなるほど，集団圧力も強くなる。（→グループ・ダイナミクス）　→48

集団規範【group norm】　集団内の大多数のメンバーが共有する判断枠組みや思考様式のこと。（→集団凝集性）　→48

集団凝集性【group cohesiveness】　集団の団結の度合いのこと。集団の凝集性が高いと，強い集団圧力をもたらしたり，集団浅慮を引き起こしたりしやすい。また，個々の集団の凝集性が高いと，集団内では均質的になるが，集団間の差は出やすくなる。（→集団圧力，集団浅慮）　→48

集団浅慮【group think】　ジャニス（Janis I. L.）が，1961年のアメリカのピッグス湾侵攻を調査して提唱した概念で，一人一人は優秀であっても，内輪で親密かつ外部から隔絶した状態にあると，病理的な集団決定を行ってしまうこと。（→グループ・ダイナミクス）　→48

集中戦略【focus strategy】　ポーター（Porter, M. E.）が提唱した基本戦略の一つ。特定の製品・サービス，顧客層，地域など，限定した領域に集中することで競争優位を生み出そうとする戦略。特定の領域でコスト優位性を生み出そうとするコスト集中戦略と，特定の領域で他社との差別化を図る差別化集中戦略に分けられる。（→基本戦略，コスト・リーダーシップ戦略，差別化戦略）　→16

受託管理者層【trusteeship function】　権限授与説では，権限の源は株式会社では株主総会の決議にあり，株主総会で選出された取締役会が，株主から与えられた権限を下位の管理者に賦与することになる。このため，取締役会のメンバーは，株主から権限を受託されているという考えに基づいて，受託管理者層とよばれる。（→権限授与説，全般管理者層）

出資【investment or equity participation】　企業経営に必要な資金を提供すること。出資金（提供された資金）は企業のものであり，会計上は自己資本として計上され，解散するまで出資者には戻らない。したがって，融資のような返済期限や利子はない。（→融資）

出資者【investor】　資本の提供者。株式会社の場合は株主，協同組合の場合は組合員が出資者にあたる。　→5

出資者責任【liability of investor】　会社の債務を履行する責任のことで，債務を支払うことであるから支弁責任ともよばれる。特に，会社が倒産した場合，会社（法人）に帰すべき債務を出資者にまで求めることができるかどうかで，その責任は，無限責任と有限責任に分けることができる。（→無限責任，有限責任）

出資者持分【proprietary equity】　企業活動の成果に対する権益ないし請求権のことで，具体的には，出資資格に基づいて企業に対し請求できる金額，あるいは出資者として有する権利義務のこと。この権利を，合名会社，合資会社，合同会社では，そのまま「持分」とよび，自由に譲渡できないように制限を加えている。他方，株式会社の場合，株主が有する権利を「株式」とよび原則的に自由に譲渡できる。（→持分会社）

経営キーワード集　229

種類株または種類株式【classified stock】 特殊な条件をつけた株で普通株に対して「特殊株」とよばれることもある。会社法の改正で法律上の呼称がないものもあるが，通常使われている種類株には以下のようなものがある。（→普通株）

優先株式	剰余金又は残余財産の配分に関する地位が普通株式よりも優越する株式
劣後株式	後配株式とも呼ばれる。剰余金及び残余財産の配分に関する地位が普通株よりも劣る株式
混合株式	剰余金の配当に関しては優先株式だが，残余財産の分配で劣後株式であるような，ある規定に対しては他の株式よりも優越し，別の規定に関しては他の株式よりも劣後するような株式
無議決権株式	議決権がない株式。一部制限されている場合は，議決権制限株式という

純資産【net asset】 会社の資産総額から負債総額を差し引いた金額。純資産は，株主資本（資本金，資本剰余金，利益剰余金などの合計）と評価・換算差額等（その他有価証券評価差額金，繰延ヘッジ損益，土地再評価差額金，為替換算調整勘定などの合計）からなる。

準則主義【law-abiding principle】 法令に一定の要件をもたせ，その要件を満たせば官庁の許可を必要とせずに法人を設置できるという考え方。会社は，国家の特許状がなければ設立できなかったが，ナポレオン商法典（1807年）やニューヨーク州一般会社法（1881年）などを経て，準則主義が私企業に取り入れられるようになった。（→許可主義）

ジョイント・ベンチャー【joint venture】 複数の企業が契約に基づいて共同で行う事業やその事業体（組織）のこと。合弁企業や共同企業体ともいわれる。ここでいう共同企業体という言葉を共同出資による「共同企業」と混同しないようにしたい。

常軌化【synchronization of production process】 ⇒同期化

状況適合理論【contingency theory】 ⇒コンティンジェンシー理論

商圏【trading area】 潜在的に買い手が見込める地域的広がりのこと。

小集団活動【small group activities】 作業者が数名から数十名の小集団（グループ）単位で集まり，自主的に職場の問題を自己点検し，品質改善や生産性向上のために改善活動を行うこと。日本では，欧米と比較して職務が特殊化していないので，専門性の壁を越えて集団討議による職務改善が可能といわれている。（→QCサークル）

上場【listing】 取引所のような市場で株や商品が取引物として登録されること。

上場企業【listed company】 株式や債券が証券取引所で売買の対象となっている企業。証券取引所では投資家保護の立場から一定の資格や要件を設けており，その基準（上場基準）を満たした企業が上場企業となる。上場企業になると信用力が増し，証券市場からの資金調達が可能になるばかりでなく，人材の募集でも有利になる。

少数共同企業【closely-held company】 出資者の数が少なく，組織運営に社員の個性が強く反映される企業。企業の信用は人的資源に依存しているため，人のつながり（人的結合）が強い人的会社（独 Personalgesellschaft 英 personal company）ともいわれる。具体的には，会社法の持分会社（合名会社・合資会社・合同会社）や旧有限会社法の有限会社などが含まれる。（→多数共同企業，持分会社）

焦土作戦【scorched earth defence】 街を焼き尽くすことで，進入してきた敵に武器や食料を残さないようにする軍事作戦。買収される企業の重要な資産などを，買

収される前に売却して買収を阻止する手法。

消費財【consumer goods】 最終消費者が自分の生活や消費のために購入する商品（→生産財）

商標【brand または trademark】 事業者が，自己（自社）の取り扱う商品・サービスを他人（他社）のものと区別するために使用するマーク（識別標識）のこと（特許庁による定義）。ブランドのもつ品質・価値・イメージなど，保護すべき特性のことであり，法的に登録されたものをトレードマークという。（→ブランド）→24

商法【business law】 商行為に関する法律であり，商人だけでなく，「4つの会社」の活動についても規定している。（→会社法，根拠法規）

情報【information】 データが関係づけられて解釈されたもので，具体的には，文脈に結び付けられたり，分類されたり，整理されたり，選択されたり，演算されたり，修正されたり，圧縮されたりするときに情報になる。たとえば，気温や気圧の分布はデータであるが，それが解釈されて気象情報になる。（→情報処理，データ，知識）

情報化社会あるいは情報社会【information society】 情報が，モノ（物財）のように商品化され，大量に生産され消費される社会。

情報コスト【information cost】 情報を得るために必要な費用。

情報の非対称性【asymmetric information】 取引や交換に参加する者が保有する情報について同等や対等の関係ではなく，情報に格差や優位差があること。たとえば，経営者は従業員よりも高度で広範囲な経営情報を得ているものであり，製造業者は消費者よりも詳細な製品情報を得ているものである。こうした情報優位者と情報劣位者に分かれるような状況を「情報の非対称性」という。（→エージェンシー理論）

情報処理【information processing】 情報を（分類・整理・選択・演算・修正・圧縮などの）処理をすることによって，目的に合致した，より有益な情報に加工し活用すること。

情報リテラシー【information literacy】 リテラシーとは「読み書きする能力」のことで，主として，コンピュータをはじめとする情報機器を使いこなしたり，通信機器やデータベースを活用したりする能力。

賞与（ボーナス）【bonus】 アメリカではクリスマスに支払われる（七面鳥を買える小遣い程度の）報償金や役員の特別報酬，セールスマンの特別コミッションなどを意味するが，日本では夏と年末に一定額の賃金を支払うことが社会慣行になっており，毎月の給与を補完する「後払い給与」としての性格ももつ。この場合，月数を決めて毎月の給与の何倍かを支払うのが慣例で，「年間6ヶ月」といえば，夏冬のボーナスを合計した金額が毎月の給与の6倍になることを意味する。この際に算定基準となる給与とは，基本給に手当の一部や業績に応じた成績分を加味するのが通例である。

初期採用者【early adopters】 イノベーター理論において，革新者の次にイノベーションを採用する人のこと。その後の採用者に大きな影響を与えることが多い。→34

職位【position】 職務に必要な権限と責任が与えられる公式的な地位。部長，課長などの役職。→58，63

職能【function】 組織における機能（働き）を基準に分けた仕事上で区分できる一つのまとまりで，その仕事に固有の機能のこと。特定の専門的な知識と熟練を必要とする一群の仕事のことでもある。たとえば，販売，購買，製造，研究などが大きな職能群であり，販売という職能も，さらに販売企画や販売促進などの職

能に分けることができる。(→職務，職能制組織)　→53

職能資格制度【ability-based grade system】従業員が保有している職務遂行能力を評価し，格付けを行い，それを処遇に結び付ける制度。　→58，63

職能制組織【functional organization】職能組織や機能部門別組織ともよばれる。職能別に部門化された組織。ライン部門は，生産部・販売部のようにビジネスプロセスの職能に基づき部門が作られ，スタッフ部門は，人事部・経理部のように専門分野(専門スタッフ)ごとに部門が作られる。このような場合，生産部長は，生産に関しては工場や事業所を監督してその責任をもち，販売部長は，支店や営業所の販売に関する権限と責任をもつ。(→事業部制組織)　→40，53

職能別職長制【functional foremanship】職長の機能を計画機能と執行機能に分け，職務の専門化を推し進め，一人の職長が多様な管理業務を行う必要をなくし自分の限られた課業に専念できるようにした制度。　→40

職務【duty, job】組織内で割り当てられた業務(仕事)のこと。(→職能)　→58

職務拡大【job enlargement】担当期間や熟練度に応じて仕事の数を増やすが，困難さからみると同程度の仕事の数を増やすという意味で，仕事の量的拡大であり，同レベルの水平的な仕事の変化といえる。(→職務充実)

職務記述書【job description】職務分析によって基づいて，個々の職務の内容をとりまとめた書類のこと。　→58

職務給【job wages】それぞれの職務について，必要とする知識，熟練，努力責任の度合い，作業条件などの職務の困難度と重要度を評価要素として職務の相対的価値を定め，その価値に基づいて決める賃金。　→57

職務充実【job enrichment】上級職の行っていた仕事を任せたり，計画的に仕事を進められるように職務を再設計すること。従業員自身の権限を高めること。仕事の質的変化であり，より高いレベルの仕事を与えるという点で，垂直的な仕事の向上といえる。

職務遂行能力【business or managerial skills】知識・体力・理解力・表現力・積極性など仕事を行うために必要とされる能力をいう。　→61

職務等級制度【job-based grade system】職務の難易度や責任の大きさを基準として等級を決定する仕組み　→58

職務分析【job analysis】職務を特徴づける作業の内容，困難さ，責任，知識，所要経験などを調査(職務調査)し，明らかにするもの。集められた情報をまとめたものが職務記述書であり，職務評価に用いられる。(→職務記述書)　→58

所定外賃金【non-scheduled wages】労働協約や就業規則などに定められている労働時間を超えて働いた労働時間に対して支払われる賃金。時間外労働と休日労働に対して支払われる。　→61

諸手当【allowances】基本給を追加的にカバーするもので，「生活給的手当」と「仕事給的手当」に分けられる。生活給的手当には，扶養家族に人数に応じて支払われる家族手当，通勤に必要な交通費を支給する通勤手当，家賃やローンなど住宅に必要な費用を援助する住宅手当，地域によって異なる生活費を是正して支援する地域手当などが含まれる。仕事給的手当には管理・監督にあたる者に対する役職(管理職)手当，職務に必要な技能や作業能力に対する作業(技能)手当などを含むが，能率給として業績に応じた部分を業績手当として支払うこともある。

ジョブショップ生産【job shop production】機械を機能中心に配置し，異なる工程順をもつ製品を生産する方式。段取りに時間のかかるロット生産品や多品種少量生産品に使われる。(→ライン生産，セル

生産）　→73

ジョブ・ローテーション【job rotation】
①人材育成，②適性発見，③マンネリズムの打破，④セクショナリズムの防止などのために，積極的・計画的に職務間の異動を行うことである。「職務巡歴」あるいは「職務遍歴」と訳される。業務上の都合で行う通常の配置転換（transfer）とは区別されるものである。　→63, 65, 71

所有と経営の分離【separation of ownership and management】　企業の資本を提供する出資者と，経営を担当する専門経営者が分離した状態。この経営状態を説明したものに，経営者支配論と経営者革命論がある。（→経営者支配，経営者革命）

シルバーストン曲線【Silberston curve】
「規模の経済」が一定の規模まで成り立つが，それ以上になる「規模の不経済」がはたらくことを実証した曲線。マクシー（Maxcy, G.）とシルバーストン（Silberston, A.）は，1950年代のイギリスの自動車産業を対象に「生産台数と平均費用」について調査し，10万台までは，生産台数が増加すると平均費用が低下するが，10万台を超えると平均費用は一定で下がらないことを発見した。（→規模の経済，規模の不経済）　→23

ジングル【gingle】　番組の節目やCMの最初や最後に流れる短いメロディのこと。もともとは「チリリン」というような鈴の音色を表す擬音表現であるが，企業名などを重ね合わせることで「刷り込み」の効果を狙ったものも多い。（→刷り込み）

シングルループ／ダブルループ学習【single loop learning/double loop learning】　組織学習には，獲得している考え方や行動の枠組みにしたがって問題解決を図っていく側面と，既存の枠組みを捨てて新しい枠組みを取り組む側面がある。アージリス（Argyris, C.）と

ショーン（Schön, D. A.）は前者をシングルループ学習，後者をダブルループ学習とよんだ。（→アンラーニング）

人口統計的基準【demographic factor】
性別・年齢・職業・所得・教育（学歴）などで分類する市場細分化基準の一つで「デモグラフィック・ファクター」ともいわれる。（→市場細分化）　→31

人材アセスメント【Human Assessment】
人材の能力や資質，適正などを客観的な評価基準（行動，言動，態度など）に基づいて事前に評価することで，人材の配置，育成や昇進の際などに用いられる。（→アセスメント）　→63

シンジケート【syndicate】　企業経営の文脈においては，債券や株式発行の際に，それを引き受ける金融機関の連合を指す場合が多い。

人事管理【personnel administration】　従業員の採用，配置，評価（賃金や昇進），教育，安全衛生，福祉などの管理と，労働組合との利害調整などを総称した「広義の人事管理」のことで，人事労務管理ともよぶ。これに対して，人事管理を労務管理と区分する見方もある。これを「狭義の人事管理」とよぶ。

人事考課【personnel appraisal, merit rating】　個々の従業員の業績および能力を合理的体系的に査定し，賃金や昇進の基準にする制度のこと。主観的な影響をできるだけ避け，誰が評価しても同じになるような公正な仕組みを取り入れたもので，大別すると，イ．仕事の実績を査定する「成績考課」，ロ．勤務態度を評価する「態度考課」，ハ．将来性も含めた能力を評価する「能力考課」の3つに分けることができる。

人事制度【personnel management system】
人事制度とは，定義された能力や職務，役割に基づいて従業員を格付けするものであり，①職能資格制度，②職務等級制度，③役割等級制度が代表的な仕組み。
→58

経営キーワード集　233

人的資源管理【HRM: Human Resources Management】 ヒト・モノ・カネ・ジョウホウなどの経営資源のうち，ヒト（人的資源）を経営上もっとも重要な資源ととらえ，人材の開発と育成に重点を置くもの。

心理的価格【psychological price】 消費者の購買心理に着目して設定された価格で，以下のようなものがある。

主な心理的価格	説　　　明
端数価格 （odd price）	980円のように少しだけ大台の金額を下回って表示した価格で，割安な印象を消費者にあたえる
端数のない価格 （even price）	1,000万円のように端数のない価格のことで，高級品のイメージを創造することができる
均一価格 （uniform pricing）	「端数のない価格」が個別の価格であるのに対して，多数の製品を同じ価格で売ることを均一価格という。このうち，100円均一のように硬貨一つで買い物ができる価格設定をワン・コイン価格（a single coin price or 1 dollar price）という
誘惑価格 （bait price）	消費者を引きつける極端に低い価格。このうち，赤札や赤い文字で目立たせた割引価格を赤札価格（red tag price or clearance price）という。元の価格を表示したまま割引後の価格を示す場合もある
慣習価格 （customary price）	飲料水や菓子類など一定の値頃感が生まれ，長期間，固定化している価格。こうした商品は，値上げすると需要が急減するので，ネーミングやデザインなど非価格要素で販売を伸ばす

主な心理的価格	説　　　明
名声価格 （prestige price）	高級ブランド品，宝石，化粧品などでは高い価格が高品質を示す傾向があるため，意識的に高い値づけがされる。プレステージ価格ともいう。

心理的基準【psychographic factor】 ライフスタイルや性格・価値観などで分ける市場細分化の基準の一つで「サイコグラフィック・ファクター」ともいわれる。（→市場細分化） →31

スイッチング・コスト【switching cost】 現在利用している商品から，他の代替品に移行する時に生じる費用で「乗り換え費用」ともいわれる。金銭的な費用，時間的なムダ，心理的な面倒さなどを含む。たとえば，最終消費財では，ケータイを考えると，金銭的な費用だけでなく，アドレス変更・通知や別のソフトに慣れるための時間や心理的負担が生じる。生産財などでは，現在の生産ラインや情報システムに必要な周辺設備や保守点検サービスを切り替える時に生じる。

垂直貿易【vertical trade】 天然資源（一次産品）を原材料にした工業生産国と資源国の貿易。（→水平貿易）

水平貿易【horizontal trade】 生産段階的に同レベルの貿易。（→垂直貿易）

スウォット分析【SWOT analysis】 ⇒ SWOT分析

スキミング価格設定【skimming pricing】 製品の導入期において，「新しいもの好き」の顧客（上澄みの顧客）をターゲットに高めの価格設定を行って利益を確保し，先行投資を早期回収しようとする戦略。「上澄み吸収価格設定」と訳されている。（→ペネトレーション価格設定） →35

スタッフ【staff】 ライン業務を支援したり専門的な業務を担当する職務で，大別して専門スタッフと管理スタッフに分け

られる。一般には，例外的で非定型的業務が多い。(→ライン，専門スタッフ，管理スタッフ) →49

ステークホルダー【stakeholder】 企業を取り巻く利害関係者や利害関係集団。→6, 10, 86, 87

ストックオプション【stock option】 役員や従業員が，予め一定の価格で自社の株式を購入できる権利。将来，株価が値上がりした時点で会社の株式を取得して売却することで，株価上昇分の報酬が得られる。企業の業績が向上すれば株価が上昇し，それが直接報酬額に連動するため，権利をもった役員や従業員の業績向上に向けたインセンティブとなる。

スペシャリスト【specialist】 特定の業務に長年にわたって従事することによって獲得した専門的な知識や技術をもち，その分野に特化して仕事をする人のこと。→65

擦り合わせ型アーキテクチャ【integral architecture】 ⇒インテグラル型アーキテクチャ

刷り込み【imprinting】 ローレンツ(Lorenz, K. Z.)によって知られるようになった学習現象で，印刷で刷り込まれたように短時間で記憶したことが長時間残ること。ローレンツは，生まれたばかりの小鳥が最初に出会った別の鳥を親だと思ってしまう現象をあげているが，一瞬の出来事で記憶が成立することから潜在的な意識に埋め込まれる現象と考えられる。広告の分野では，アイ・キャッチ(一瞬でわかる目立つ画像や映像)やジングル(印象に残る短時間のメロディ)で刷り込み効果を狙ったものがある。(→ジングル，サブリミナル広告)

成員【member】 組織の構成員のこと。

成果主義【performance management】 事業組織における人事・処遇の管理基準として，個人が生み出した「成果」を測定・把握し，その大きさや序列を基本的に重視しようとする考え方。 →60, 61, 62

成果主義的賃金【performance-related pay】 人事評価の際に勤続年数や従業員の保有能力よりも，業務遂行の過程と結果を評価した業績・成果給のウェイトを高めた賃金の決定方式。 →60, 61

生産計画【production planning】 生産すべき品種，場所，数量，時期，および費用を明らかにするもの。 →38

生産財【industrial goods】 企業が消費財をつくるために購入する商品で産業材ともいう。生産財は一般的には加工を要する原材料や中間財(部品や完成していない半製品)だが，事業目的のために購入する品も含む。したがって，芝刈り機を自分の庭のために購入すれば消費財だが，造園業者が買えば生産財となる。(→消費財)

生産志向のマーケティング・コンセプト【production-oriented marketing concept】 生産の向上や流通の効率化が経営の主要課題とする理念。大量生産体制が確立する初期の過程で，供給が需要に追いつかない状況(売手市場)を背景にしており，販売は生産量に比例して増加するために，「価格(より安く)と供給量(より多く)」が主眼点で，生産技術や生産方式の改善が有効な手段として選ばれる。(→マーケティング・コンセプト) →28

生産性【productivity】 生産の効率を示すもの。具体的には，つくり出された量(産出量)と，そのために必要とされた労働・資本・設備・原材料などの量(投入量)との比率を表す。生産性が高ければ，より少ない投入量(インプット)でより多くの産出量(アウトプット)を実現することが可能となる。

生産性ボーナスプラン【productivity bonus plan】 従業員の生産性向上の成果が実った場合に，職務業績向上分に見合うボーナスを支払う制度。

成績考課【performance appraisal】 従業

員の業務に関して実績を評価すること。実績に何をとるかは業種，職種によってことなるが，期待された目標に対する達成度，業務遂行の効率，能力の発揮状況などを基準にとるのが通例である。

製造物責任【product liability】⇒PL

製造品質【manufacturing quality】 実際に製造した製品の品質。製造工程の中ではばらつきが生じるので，設計図の図面に盛り込まれた設計品質以上の品質を実現できるかどうかが問題とされる。（→設計品質，知覚品質）

成長戦略【growth strategy】 企業全体としての成長を目指す戦略。具体的には，どのような事業領域に注力し，事業の取捨選択・組み合わせ・重点化をどのようにするのかを判断することに関わる。（→企業戦略，競争戦略，製品・市場マトリクス）

成長動機【growth needs】 マズロー（Maslow, A. H.）の考えた動機のひとつ。人格に充実したエネルギーを外の対象に向け，成長へのステップにしようとする動機。満ち足りたものを放出する「与える」欲求であり，生産・創造活動などの「自己実現の欲求」がこれにあたる。（→欠乏動機）

成長ベクトル【growth vector】 ⇒製品・市場マトリクス

税引前当期純利益【income before tax】 経常利益から特別損失を差し引いたもので，法人税を払う前の当期利益を示している。 →82

製品【product】 企業が原材料を加工して作った完成品のことである。マーケティングで製品という場合には，製品の品質に加えて，デザインやブランド名，パッケージ，保証，配送などの補助的サービスも含まれる。 →30

製品アーキテクチャ【product architecture】 複数の部品を組み合わせて1つの製品をつくる際の，製品を構成する部品の分割や，そのつなぎ部分の設計・調整に関する基本的な設計思想。モジュラー（組み合わせ）型とインテグラル（擦り合わせ）型に分けられる。（→モジュラー型アーキテクチャ，インテグラル型アーキテクチャ） →79

製品計画【product planning】⇒プロダクト・プランニング

製品コンセプト【product concept】 製品コンセプトとは，「その製品が誰にどのような便益を提供するのか」ということを簡潔な言葉で表現したものであり，新製品開発やプロモーションなどの製品計画の基盤となるものである。 →29

製品志向のマーケティング・コンセプト【product-oriented marketing concept】「品質の良いものを消費者に提供すること」が理念で，その手段として品質改善のための設計変更や品質改善運動などに努力する。供給が増えると消費者は価格だけではなく（価格に比べて）より良い製品を好むようになるが，こうした状況において登場するのが，製品志向のマーケティング・コンセプトである。しかし，ここでいう「品質」とは，従来の製品の延長線上にある品質であって，「作り手から見た」ものである。したがって，一部設計の手直しや材料の改良，生産技術の改善など設計・生産部門を中心とした限定的な努力が中心で，顧客志向における全社的・総合的なマーケティング活動とは区別される。（→マーケティング・コンセプト） →28

製品・市場マトリクス【product/market matrix】 製品と市場の関連においてそれぞれの組み合わせを決定し，企業が選択すべき成長の方向性を示すもので，アンゾフ（Ansoff, H. I.）によって提唱された。「成長ベクトル（growth vector）」「成長マトリクス（growth matrix）」ともいう。 →20

製品スペック【product specification】 工業製品における仕様書に示された性能のこと。仕様書とは，製品に必要な要件を

記載した書類のことで，スペックには，最低限の性能を示す「基本スペック」やカタログ上の公表性能を示す「カタログ・スペック」などが含まれる。

製品ライフサイクル【product lifecycle】
→プロダクト・ライフサイクル

生理的欲求【physiological needs】 欲求段階説における欲求の一つで，食欲・排泄欲・睡眠の欲求など，人間の生命の維持活動に直結した欲求。

セクショナリズム【sectionalism】 組織全体の利益をみずに，自部門の利益や権限ばかりを優先しようとする排他的傾向・行為。官僚制の逆機能の一つとして指摘されたもので，「縦割り主義」「縄張り意識」「派閥主義」などに表れる。（→官僚制）

セグメンテーション【segmentation】 ⇒市場細分化

設計品質【design quality】 設計図の図面に盛り込まれた製品の品質。（→製造品質，知覚品質）

説得広告【persuasive advertising】 商品の特性や競合製品との違いを理論的に訴える広告。商品力遡及型広告ともいう。（→イメージ広告）

ゼネラリスト【generalist】 複数の分野において一定以上の幅広い専門知識や技術を持っている人材。企業内においては組織横断的にさまざまな仕事を経験しながらキャリアを形成する。　→63，65

ゼネラル・スタッフ【general staff】⇒管理スタッフ

セル生産【cell production】 1940年代にソビエト連邦のMitrofanofとSokolovskiiによって提案されたもので，グループテクノロジー（GT：Group Technology）の考え方に基づいて工程系列をグルーピングして，部品や工作機械を小単位のセルに分割する方法。1人または少数の作業者が，U字型になったラインの工程をまかされて，セル単位で完成させる生産方式。　→71

ゼロエミッション【zero emission】 環境を害したり気候を破壊したりする排出物を全く出さない動力源や仕組みのこと。
→86，87

前期大衆追随者【early majority】 イノベーター理論において，初期採用者の影響を受けて，平均より早くに新しいものを取り入れる人々。　→34

線形計画法【LP：Linear Programming】 目的関数と制限関数を組み合わせて最大値や最小値を求める数学の関数問題のことをいう。この関数は変数が3つ以上になると図解では解答できないのでシンプレックス法とよばれる方法が使われる。

潜在顧客【potential customer または prospect】 現在は自社の製品・サービスを購入していないが，今後，顧客になる可能性のある人や企業のこと。

全社戦略【corporate strategy】 ⇒企業戦略

戦術【tactics】 戦略が「長期的戦果を目的にした大局的計画」であるのに対して，戦術とは「短期的戦果を目的にした局地的技術」と位置づけられる。日々の戦闘に対処するのが「戦術」であり，長期的な見通しにたっているのが「戦略」である。両者には「長期／短期」という時間的な対比と同様に，「全体／部分」という空間的な対比が可能である。また，戦略には「計画性」が強く求められるが，戦術には「技術性」が必要である。戦略は中央が各部隊からの情報を集めて立案するが，戦術は最前線の部隊がとるもので，地形や状況など局地的な情報をもとに臨機応変に対処するため，実戦で得た勘や経験や技術が重要になる。もちろん，戦術を束ねるのは戦略のもつ一貫性や統合性であり，戦略の誤りは戦術によっては取り戻せない。（→戦略，計略）　→7

選択と集中【choice and focus】 自社の得意とする事業分野を明確にして，そこに経営資源を集中的に投下する戦略。80年代に米国のGE（ゼネラル・エレクト

リック）社のCEOであったジャック・ウェルチ（Welch, J. F. Jr.）が「世界でもっとも競争力のある企業になる。そのためにすべての市場でナンバー1かナンバー2になる。その可能性のない事業はテコ入れするか，売却するか，閉鎖する」と表明し，GEのビジネスモデルを薄利多売型から高付加価値型へと転換させたことはよく知られている。　→7

全般管理者層【general management function】　取締役会で選出された社長など代表取締役と，企業全般の管理にあたる専務や常務など上級役員のこと。（→受託管理者層）

専門化【specialization】　仕事を細かく分けて，同じ者が同じ仕事に専門的にあたるようにすること。（→組織構造）　→49

専門化の原則【principle of specialization】　仕事を細かく分けて，同じ者が同じ仕事に専門的にあたるようにする原則。管理原則の一つ。

専門経営者【professional manager】　支配出資者からの委託に基づいて経営を代行する経営者のこと。支配出資者が無限責任の負担から解放されることで登場が可能になる。　→5

専門職制度【specialist system】　部長・課長・係長といった管理職のラインでは正当に評価・処遇できなかった専門性の高い人材を処遇するための制度。　→58

専門スタッフ【special staff】　ライン業務に対して専門的立場からアドバイスするスタッフのことで，ラインを補助しながら基幹業務を促進するサービス機能をもつためにサービス・スタッフともよばれる。具体的には，人事部，経理部，総務部，広報部，技術部などが含まれる。（→管理スタッフ）

専門品【specialty goods】　自動車やピアノなど，高級で耐久性のあるもので専門店にでかけたり専門的知識のある販売員の説明を聞いて買う商品。（→最寄品，買回品）

戦略【strategy】　「長期的戦果を目的にした大局的な構想や道筋」である。時間的に「継続性」をもち，組織的に「全体性」をもつもの。　→7

戦略的事業単位【SBU : Strategic Business Unit】　⇒SBU

戦略的提携【strategic alliances】　⇒アライアンス

総合職【career-track positions】　典型的には，基幹的業務または企画立案，対外折衝など総合的な判断を要する業務に従事し，転居を伴う転勤もある職群。（→一般職）　→57

総合的製品コンセプト【total product concept】　製品の中心的な機能だけではなく，パッケージやデザインなどの実態部分と配送や保証などの付随部分も合わせて考えた製品コンセプトのこと。　→29

総合的品質管理【TQC : Total Quality Control】　⇒TQC

相互会社【mutual company】　相互保険を目的とする社団法人で，社員相互の保険を目的とすることから，商法上の会社ではなく保険業法によって定められている。保険会社以外の企業は適用されないので一般企業がこの企業形態をとることはできない。

総資産回転率【total assets turnover】　資産額の何倍の売上高があるのかを示す指標であり，総資産をどれだけ効率よく使い，売上を上げているかを意味する。　→81

総資産利益率【ROA : Return on Assets】　企業に投下されている資金の総額に対する利益の割合を示す財務指標で，経営者が総資産という経営資源を使ってどれだけの利益を上げているかをみることができる。　→84

属人給【person based pay】　会社に貢献した年功を評価する賃金。日本的経営の特徴として年功序列があげられるのも，基本給に占める属人給（年功給・年齢

給）の部分が大きいからである。また，この属人給は，年齢に応じて子供が大きくなり教育費がかさむなど生活費が変わることを考慮しているので，「生活給」の側面もある。

組織開発【OD：Organization Development】組織成員の能力や意欲が十分発揮できるように，組織を効率的で健全な状態にしておくための計画的な組織変革で，組織全体の風土改革や職場改善などを含む。具体的には，感受性訓練，ZD運動，QC運動，KJ法，目標による管理などを含む。

組織均衡論【theory of organization equilibrium】対外的にも対内的にも組織は均衡を保つ必要があるというバーナード（Barnard, C. I.）の組織理論。対外的均衡とは，組織と外部環境との関係のことで「有効性」と「能率」という2つの条件を満たす必要がある。対内的均衡とは，組織内部で働く成員との関係のことで，各従業員の貢献意欲を引き出せるかどうかという問題である。そのために，「誘因≧貢献」という均衡を維持していかなければならない。個人が組織に「貢献」するのは組織から「誘因」を得ているからである。（→有効性，能率，貢献，誘因）

組織原則【organizational principle】⇒管理原則

組織構造【organizational structure】組織図であらわされるような組織を動かすための仕事の分業とその調整に関する公式的な規則や仕組みのこと。（→組織設計，事業部制組織，職能制組織）→42, 44, 45, 49, 52, 55

組織スラック【organizational slack】組織に内在する余剰資源のこと。資源のムダや組織の緩みとみられることもあるが，社内の調整に寄与したり，対立のクッションになったり，組織変革の機会を作ったりする場合もある。

組織設計【organizational design】組織構造を決めること。（→組織構造）→49

組織的怠業【systematic soldering】自然的怠業（人間が生まれつきの本能として楽をしたがる怠け傾向）ではなく，他人や集団との関係で意図的に怠けることである。たとえば，集団的に生産ラインのスピードを落としたり，無断欠勤したり，サボタージュ（妨害工作）をしたりすることである。→40

組織文化【organizational culture】組織のメンバーによって共有されている価値観や信念，目標，期待される態度，行動規範などをいう。→55

損益計算書【income statement またはP/L：Profit and Loss statement】一定期間における企業の経営成績を示すフローの概念で，利益（profit）と損失（loss）を表すためP/Lと略される。→81, 82, 83, 84, 85

損益分岐点分析【break-even analysis】売上と総費用が一致する損益分岐点（採算点）を，主に損益分岐図表（利益図表）を使って分析する手法。新製品の販売価格を決定したり，原価管理や予算管理，あるいは収益構造を分析する際に使われる。また，オペレーティング・レバレッジを考慮した設備投資計画の参考にもなる。→80, 85

尊厳欲求【esteem needs】欲求段階説における欲求の一つで，他人から尊敬されたいとか人の注目を得たいという欲求のこと。→43

タ行

貸借対照表【B/S：Balance Sheet】 （決算期など）ある時点における企業の財政状態を示すストックの概念で，資産と負債・資本の残高を表している。左右の合計額は必ず同額でバランスするため，バランス・シートあるいは略してB/Sともよばれている。→80, 81, 82, 83, 84, 85

退職金【retirement money】 永年勤続の功労に報い退職後の生活を保障する意味から日本では年功序列的賃金制度と終身雇用的雇用慣行を前提に出来上がった。つまり，「長く勤めれば勤めるほど多くなる」のが退職金で，年数が増えれば尻上がりに乗数が大きくなる傾向がある。ただし，最近の「早期退職優遇制度」は定年より早めに希望退職した者に退職金を上積みして優遇するものでこれまでの年功序列的な原則に反するものといえよう。

代替財【substitute good】 コーヒーと紅茶など，ほぼ同様の目的で消費され，互いに競合する財を代替財であるという。（→補完財）

態度考課【attitude appraisal】 勤務態度を評価するもの。遅刻，早退などの記録に基づいて評価する場合「勤務評定」ともよばれる。欧米では仕事上で実績を上げれば，そのスタイルはあまり問題にされないが，日本では遅刻や早退などを勤務態度として評価することが多い。

ダイバーシティ・マネジメント【diversity management】 多様な人材を積極的に採用・登用し，企業価値を創出しようとする経営のことで「多様性管理」と訳されている。

代表取締役【president】 委員会等設置会社以外の株式会社において，会社業務を執行し対外的に会社を代表する機関。

→4

大量消費社会【mass consumptive society】 大量の製品が市場に送り出されそれが消費される社会。

ダイレクト・マーケティング【direct marketing】 訪問販売，通信販売，テレビショッピング，インターネット販売，自動販売機を使った無店舗販売など消費者に直接働きかける販売・流通方法の総称。（→テレ・マーケティング）

多角化【diversification】 製品と市場のいずれか，または両方において，既存事業とは基本的に関係のない新しい事業分野に進出する企業成長・事業拡大のための方法。

ターゲティング【targeting】 マーケティングにおいて，商品を提供する顧客を選択すること，並びにそのプロセスのこと。 →30

多国籍企業【multinational corporation】 複数の国に活動拠点をもっている企業のこと。

多数共同企業【openly-held company】 出資者の数が多く，信用は財産である物的資源におかれるため，資本のつながり（物的結合）が強い物的会社（独Kapitalgesellschaft 英capital company）ともいわれる。株式会社は，多数の出資者を前提とする多数共同企業の代表例。（→少数共同企業）

タスク志向型リーダーシップ【task-oriented leadership】 リーダーシップの行動理論における行動類型の一つで，仕事やタスクに直結したリーダーシップ行動のことを指す。（→行動理論，人間関係志向リーダーシップ） →46

タスク・フォース【task force】 特定の任務や課題解決のために臨時に編成された機動部隊で，フォース（force）という

言葉が「部隊」を表しているように，少人数の専門家によって構成される混成部隊である。（→プロジェクト・チーム）

棚卸資産回転率【inventory turnover】 棚卸資産の回転効率を表す指標で，会計年度期間中の売上高を棚卸資産で割ったもの。 →84

他人資本【borrowed capital】 返済義務のある調達資金のこと。他人資本は，流動負債と固定負債に分類される。株主以外の外部者に対する債務であることから「外部資本」ともよばれる。（→自己資本） →81

短時間正社員制度【short-time regular employee system】 他の正社員と比べて，その所定労働時間（所定労働日数）が短い正社員を活用する制度。 →57

単純出来高払い【piece rate plan】 出来高（生産量や作業量）に応じて比例的に給与を増加させる賃金制度で，今日フル・コミッション制ともよばれている賃金形態である。たとえば，タクシーの運転手は，走行距離によって賃金が増えるが，これは走行距離を単位にした出来高払いである。（→率を異にした出来高払い） →40

チェーン・ストア【chain store】 全国各地で同じブランドや外観，サービス内容，品揃えで運営される小売業態，一般に「チェーン店」とも呼ばれる。店舗運営方式やサービスの内容，ブランド，外観などが標準化されていることで，規模の経済性を発揮する。コンビニエンス・ストア，スーパーマーケット，ドラッグストアなどの小売業だけではなく，ホテル・飲食店など様々なタイプがある。チェーン・ストアには，以下の表の3つの形態がある。レギュラー・チェーンは，本部組織（本社）が店舗を所有するのが原則のチェーン・ストアである。店舗やその従業員は本社に所属するため，「会社連鎖店」を意味するコーポレート・チェーン（corporate chain）ともよばれる。各店舗の独立性は低く，本部は一部の店舗が赤字でも全体で収益があがればよいと考えがちである。これに対して，独立自営業者（店舗のオーナー）が独立性を維持しながら，共同で出資した本部をつくり，仕入・広告・物流などを一括するのがボランタリー・チェーン（voluntary chain）である。共同組織という意味で，コーペラティブ・チェーン（cooperative chain）ともよばれる。また，フランチャイズ・チェーン（franchise chain）は，本部（フランチャイザー）が統一した商標のもとに特定地域での販売権を与え，加盟店（フランチャイジー）からの対価（加盟金やロイヤリティー）の見返りに，組織づくり，仕入・陳列・販売・経営等について継続的に支援するしくみである。店舗や従業員は加盟店に帰属するが，その独立性は契約内容によって異なる。（→小売業，フランチャイズ・チェーン，ボランタリー・チェーン，レギュラー・チェーン）

店舗の所有や従業員の位置づけから見た
チェーン・ストアの比較

チェーン・ストアの種類	主な特徴	店舗や従業員の位置づけ
レギュラー・チェーン（コーポレート・チェーン）	同一企業の店舗展開	直営店（店舗や従業員は本部に帰属）
ボランタリー・チェーン（コーペラティブ・チェーン）	独立自営業者の共同出資	独立自営業者（店舗も従業員も自営業者に帰属）
フランチャイズ・チェーン	地域における販売権の付与	加盟店（店舗の独立性は契約内容による）

出典：井原久光『ケースで学ぶマーケティング 第2版』ミネルヴァ書房，2014年，231頁。

知覚品質【perceived quality】 顧客が知

覚している製品の品質。（→製造品質，設計品質）

知識【knowledge】 プラトン（Platōn）の「正当化された真なる信念」という定義が有名。個人的な体験，価値，洞察などを基礎にして，論理的な客観性を得た時に「正当化」され「信念」として知識化される。たとえば，気圧や気温の分布はデータであり，それを解釈した「低気圧が近づいている」というのは情報であるが，それによって「雨が降るかもしれない」という判断は，知識に基づいて行われる。（→データ，情報）

知識集約的【knowledge intensive】 労働集約的なもののうち，知識を活用する業務の比重が大きいこと。コストのうち，研究者・技術者の人件費や研究開発投資の占める割合が高い産業を知識集約型産業という。たとえば，研究開発型産業，情報関連産業，コンサルティング関連，教育産業，デザイン関連産業などが代表的。（→資本集約的，労働集約的）

知的財産【intellectual property】 発明，考案，植物の新品種，意匠，著作物その他の人間の創造的活動により生み出されるもの（発見又は解明された自然の法則又は現象であって，産業上の利用可能性があるものを含む。），商標，商号その他事業活動に用いられる商品又は役務を表示するもの及び営業秘密その他の事業活動に有用な技術上又は営業上の情報のこと（知的財産基本法 第二条）。 →24

地方公営企業【local public enterprise】 水道局（下水道事業），清掃局（清掃事業）や市営交通，町営病院など地方公共団体（都道府県や市町村）が出資し経営する行政企業。（→行政企業）

チーム型組織【team-type organization】 ピラミッド型の組織形態とは異なり，少人数のプロジェクト・チームを基礎単位として構成されている組織形態のこと。その時々の課題に応じて，集合・解散するチームの集合であるため柔軟性が高い

と言われている。（→プロジェクトチーム，タスクフォース）

チャレンジャー【challenger】 市場シェアで2番手から4番手ぐらいの地位にいる企業のうち，リーダーの座を奪おうと，シェアトップのリーダー企業に挑戦しようとする企業。チャレンジャーは，主に，ユニークで差別化された製品やサービスを提供することで，リーダー企業に対抗する。 →19

中範囲の理論【theory of the middle range】 社会学者のマートン（Merton, R. K.）の用語で，研究対象の規模や理論的一般性が中範囲である理論のことをいう。

直系型組織（直系組織）【line organization】 ⇒ライン組織

直系参謀組織【line and staff organization】 ⇒ライン・アンド・スタッフ組織

著作権【copyright】 作品（著作物）を作った人がもっている権利。 →24

直接原価計算【direct costing】 製品原価に固定費を含めずに，変動的な製造原価のみで製品原価を計算する原価計算の方法。 →80

直接投資【direct investment】 企業が他の企業に対して行なう対外投資のうち，工場を建設したり販売会社を買収したりするなど，経営参加を目的として投資すること。（→間接投資）

地理的基準【geographic factor】 地域・人口・気候ごとに分割する市場細分化の基準の一つで「ジオグラフィック・ファクター」ともよばれる。（→市場細分化） →31

賃金【wage】 労働基準法第11条では，「賃金とは，賃金，給料，手当，賞与その他の名称の如何を問わず，労働の対償として使用者が労働者に支払うすべてのものをいう。」と規定されている。また，経済的側面からみると，①労働者の生計費をまかなうもの，②労働市場における労働力の価格，③労働力の買い手である

企業にとっては，賃金は生産に必要なコストの一つ，であることととらえられる。　→62

賃金体系【wage systems】　従業員に支払われる賃金の決定基準の組み合わせを示すもの。　→61

賃金動機【wage motive】　フォード（Ford, H.）の経営哲学の一つ。フォードによれば，従業員に高い賃金を払うことは，従業員の生活水準を高めるだけでなく，新たな需要を創出するもので，もう一つの経営哲学である「サービスの精神」や実際の企業経営にも通じるという。　→75

賃率【wage rate】　「賃金率」のことで，単位あたりの賃金を意味している。時間を単位とする「時給」も賃率の一つであるが，科学的管理法では，生産（作業）量と比例する出来高払いと合わせて用いるので「生産（作業）1個あたりの賃金」のことを意味することが多い。　→40

陳列技法【display technique】　商品の陳列を売上増加や店舗活性化のために工夫する技術のこと。

ツー・ボス・システム【two-boss system】　マトリックス組織のこと。マトリックス組織では，部下にとって上司が2人いる状態になるため，こうよばれる。（→マトリックス組織）　→53

提案制度【suggestion scheme】　従業員が提案用紙などに書いて出した改善策を企業が採用し，そのアイデアを表彰する制度。

定款【articles of association】　私法人の組織や活動に関して定めた基本規則のことで，平たくいえば「会社の憲法」にあたる。

定年制【retirement】　一定の年齢に達した場合に，自動的に退職させられる制度。

テイラーの3S【Taylor's three Ss】　Simplification（単純化），Specialization（専門化），Standardization（標準化）の最初のSをとったもの。つまり，①作業内容を単純な作業に分解（単純化）し，②単一作業を専門的に繰り返すことができるように（専門化）し，③その上で，誰がやっても同じように（標準化）することである。

手形【bill または note】　取引において，ある時期に一定の金額を支払うことを示した証書。決められた日に決められた金額を支払うことを示すために，手のひらに墨を塗ってハンコのように押した念書を渡したことから「手形」という名前がついた。法律的には，約束手形と為替手形があり，会計的には受取手形と支払手形がある。その詳細は以下の表にまとめているが，約束手形は当事者間の約束であるのに対して，為替手形は，銀行などの第三者に委託して支払う形をとるので，三者の関係になる。（→受取手形，→支払手形）

法律上の区分	約束手形	振出人が名宛人に対し，決められた期日に決められた金額を支払う約束を約束した証書
	為替手形	振出人が第三者（名指し人）を通じて，名宛人に，決められた期日に決められた金額を支払うことを示した証書
会計上の区分	受取手形	取引先から受け取った約束手形と為替手形
	支払手形	取引先に支払った約束手形と為替手形

テクニカル・スキル【technical skills】　職務遂行能力といわれるもので，営業，人事，生産など，それぞれの業務を担当するうえで必要な知識や技能。　→66

テクノストラクチュア【technostructure】　企業の重要な意思決定に参画している知識集団のこと。

データ【data】　一つひとつの事実の間に関係づけがなされていない事実の集合であり，それが関係づけられて解釈された

時に情報になる。たとえば，気温や気圧の分布はデータであるが，それが解釈されて気象情報になる。(→情報，知識)

デトロイト方式【Detroit production system】 フォード・システムを発展させて，アメリカの自動車生産拠点デトロイトで完成した自動車生産方式。大量生産／ベルト・コンベア／統計的品質管理／IEアプローチ／最終検査重視を基本としている。 →76

デファクト・スタンダード【de facto standard】 ある企業の製品が競争力をもち，他社がその製品に追従するという市場競争の結果として，その製品の規格が業界の標準規格となる場合，それを「事実上の標準」という。(→規格化，ドミナント・デザイン) →25

デミング賞【Deming prize】 品質管理に関する理論や手法，組織的な運動に寄与したデミング(Deming, W. E.)を記念して日本で設けられた賞。1951年に，デミングの著書の日本語訳の印税などを基金に，品質管理の研究及び普及に功績のあった個人に与えられる本賞と，品質管理手法を応用して業績を向上させた企業に贈られる実施賞がある。日本製品の品質向上や日本企業のTQC運動の普及に大きな貢献を果たした。(→TQC)

デル・モデル【Dell's model】 デル社が作り上げた組立受注生産(BTO)と直接販売(ダイレクト・マーケティング)を組み合わせたビジネスモデル。インテルのCPUのような重要構成部品にこだわると同時に，部品やテクニカルサポートを思い切ってアウトソーシングして，顧客からの注文に応じて外部のサプライヤーから部品やサービスを得ながら，カスタマイズした製品を流通業者を通さずに直接販売することが多い。企業向けのようにBtoBが多いのも特徴である。

テレ・マーケティング【telephone and telegraph marketing】 販売，広告，キャンペーン，市場調査など，電話やファクシミリを活用して行うマーケティング活動のことで，最近は，インターネットを使ったインターネット・マーケティングに代替される傾向がある。(→ダイレクト・マーケティング)

同期化【synchronization】 ⇒同期化生産

同期化生産【synchronization of production process】 部品加工や組み立てラインが，タイミングを合わせて，生産所要量を生産すること。同期化することで，生産性の向上，品質の安定，在庫の減少など，さまざまなメリットがある。ベルト・コンベア・システムが代表的な例であるが，同期化を実現するためには，機械化する前の平準化やボトルネックの解消が重要である。(→平準化，ベルト・コンベア・システム) →39, 74

当期純利益【net income】 税引前当期純利益から法人税，住民税，事業税を差し引いた最終的な利益を示している。 →82, 84

動機づけ衛生理論【motivation-hygiene theory】 ハーズバーグ(Herzberg, F.)が提唱した職務満足の要因(動機づけ要因)と職務不満の要因(衛生要因)が別であるという理論である。要因を2つに分けているため，二要因理論(two-factor theory)ともよばれる。(→動機づけ要因，衛生要因) →44

動機づけ要因【motivating factor】 ハーズバーグ(Herzberg, F.)が実証研究に基づいて類型化した要因の一つ。彼はピッツバーグ市内の技師と会計士203名と面接して職務満足と職務不満の要因が別であるという結論を得た。このうち，前者，すなわち，仕事上で「職務満足」を導くのが動機づけ要因で，①達成感，②承認，③仕事そのもの，④昇進，⑤成長などを含む。(→衛生要因) →44

等級【grade】 職務遂行能力のレベルに基づいたランクのこと。 →58, 63

動作研究【motion study】 個々の作業がどのような動作から成るかを分析し，無

駄な動作を省いたり新しい効率的な作業方法を見いだす研究。(→作業研究，時間研究) →40

当座比率【quick ratio】 流動資産のうち棚卸資産を差し引いた当座資産を分子にするもの。棚卸資産を控除するのは，換金性が低く評価損が生じるからである。企業は資金運用上，出金より入金が常に上回っていなければならないので，流動比率や当座比率が100%以下の場合は危険信号である。 →81

投資活動によるキャッシュフロー【cash flows from investing activities】 設備投資や設備の売却収入，有価証券への投資や売却収入など投資活動によるキャッシュフローの増減を示すもの。 →83

投資利益率【ROI : Return on Investment】 投資額に対する利益の比率。企業の収益力や事業における投下資本の運用効率を示す。ROIが大きいほど収益性の高い投資案件といえる。 →84

特殊会社【special company】 政府が設立した株式会社で，一般の株式会社とは異なり，それぞれ設立のための特別な根拠法をもち，主管省庁によって監督されている企業。たとえば，特殊法人であった旧三公社（日本国有鉄道・日本電信電話公社・日本専売公社）は，JRグループ・NTT・JTになったが，これらの企業は，JR会社法やNTT法（通称），たばこ事業法のような特別法で規制されている。特殊会社が株式会社形態をとる理由の一つは，完全民営化の可能性にある。たとえば，日本航空（JAL）は，かつて国営であったが，大蔵省（当時）が保有株を売却して私企業になった。ケータイのauで知られるKDDIも国際電信電話株式会社（KDD）という特殊会社であったが，1998年に根拠法が廃止され，トヨタなどの出資を得て完全な民間企業になった。

特殊法人【government-affiliated public corporation】 各省庁が特別法に基づき設立した法人で，内閣官房が役員人事を行い，総務省が目的変更等を審査し，財務省が予算を認可する。最高責任者は総裁，会長などとよばれ，職員は公務員ではないが刑罰法規の適用について「みなし公務員」として扱われる。また，法人税や固定資産税などが免除され，資金調達面では国から融資（これを「財政投融資：government loan」という）を受けられる。特殊法人という言葉は行政用語で，一般には，公社，公団，事業団，特殊銀行，公庫，金庫などとよばれる。

特別損益【extraordinary profit and loss】 ⇒特別損失，特別利益

特別損失【extraordinary loss】 固定資産売却損など例外・臨時的に発生した損失。 →82

特別利益【extraordinary gain】 固定資産売却益など特別に発生した金額にも大きな利益。 →82

匿名組合【anonymous association または undisclosed association】 商法上の組合で，当事者（匿名組合員）が，相手方（営業者）の営業のために出資し，営業から生ずる利益を出資者に分配する契約をさす。営業者が第三者に対する権利義務の主体になり，出資者の名は原則表れないので「匿名組合」とよばれる。営業者は無限責任，出資者は有限責任を負う。(→非法人企業)

毒薬条項【poison pill】 敵対的な株式公開買い付けなどで，株式の一定割合が買い占められた場合，既存株主が市場価格を下回る価格で新株を引き受けられるようにしておく規定。発動すれば，買収者の議決権比率を低下させられるために，交渉力を高める効果がある。(→ゴールデン・パラシュート)

独立行政法人【independent administrative agency】 独立行政法人通則法で設立された法人で，略して「独法」という。この通則には「民間にゆだねた場合には必ずしも実施されないおそれがあるもの」

てと〜とく

タ行

経営キーワード集 **245**

という一文があるが，民間に任せられない公共的事業や，独占を要する事業を，国に代わって担当する。独立行政法人は，(a) 職員が公務員である「特定独立行政法人」と，(b) 民間並みの扱いになる「非特定独法（通称）」の2つに分類される。たとえば，印刷・造幣事業は，国立印刷局と造幣局が担当しているが，これらは公務員型の特定独立行政法人であり，大学入試センターや国立科学博物館などは非特定独法である。なお，国立大学は，国立大学法人法に基づく「国立大学法人」であり，非公務員型の独立行政法人に近い。

トータル・リワード【total reward】 報酬を，賃金や福利厚生などの金銭的報酬と学習機会や職場環境などの非金銭的報酬の両者からなるものと広義にとらえる考え方。 →62

特許【patent】 特許庁が，新規かつ有用な発明を出願した人に与える権利であり，その発明を一定期間，独占的かつ排他的に実施できる権利のこと。 →24

トップ・ダウン経営【top-down management】 意思決定の流れが，上位の経営層から命令・指示の形で上意下達の方向に降りてくる経営スタイル。（→ボトム・アップ経営）

ドミナント・デザイン【dominant design】 普及期にユーザーに受け容れられた製品がもつ特徴・形状・形式・機能などをよぶ。他社はそれをモデルに類似の製品を作るので市場でドミナント（優位）な地位を得る。（→デファクト・スタンダード）

ドメイン【domain】 企業が選択する事業領域のことで，その企業が生きていくために必要な事業領域という意味で「生存領域」ともいわれる。 →12

トラスト【trust】 株式の信託（trust）を通じて市場の独占を目指す集権的な企業形態。（→コンツェルン，コングロマリット）

取締役【director または board member】 株式会社の取締役会の構成員として，会社業務の執行に関する意思決定や監督を行う機関。(→執行役員) →4

取締役会【board of directors】 株主総会で選任された取締役によって構成され，業務執行に関する意思決定を行ない会社の重要方針を決定する機関。 →4

取引費用【transaction coct】 市場と企業の不完全性を前提に，財やサービスの交換や資源の調達を説明しようとする際に，ウィリアムソン（Williamson, O. E.）が用いた概念。彼は，「市場と企業組織という全く別の取引様式が生じたのはなぜか」というコース（Coase, R.）の問題意識に対し，市場の不完全性要因（不確実性，取引主体の少数性，制限された合理性，機会主義）や，組織の不完全性要因（埋没費用，規模の膨張による監視コスト，情報の歪曲）によると考え，この2つの要因から生じる取引費用の大小によって市場と組織のどちらかが選択されると説明した。

トレーサビリティ【traceability】 trace（追跡）と ability（能力）を組み合わせた用語で，生産から流通・販売を経て消費者へ至る過程のどの地点で問題が生じたかを追跡できる能力のことをいう。特に，雪印事件や BSE（狂牛病）の発生で安全な食品に対する社会的ニーズが高まったため，大手スーパー，食品加工業者，農家などが協力して発生源や流通経路を特定する試みが始まり，トレーサビリティが注目されるようになった。国産牛に関しては，固体識別番号を割り当てて管理する仕組みが完成し，2004年12月から情報の管理公開が義務づけられている。

トレジャラー【treasurer】 企業内でファイナンスを担当する責任者（→コントローラー）

ナ行

内的衡平【internal equity】 同僚と比較した場合に,仕事における責任,報酬,労働条件などが釣り合った状態のこと。→62

内的報酬【intrinsic rewards】 達成満足感.影響力の自覚,能力の自覚など業務それ自体の達成によって得られるものであり,他との比較は関係なく,その人の内側が満たされる絶対的な報酬。 →62

内部請負制【inside contract system】 内部請負制のもとでは,万能熟練工を代表する職長が,経営者から作業集団の管理を請け負う(内部契約する)形で任されていたため,作業者の採用,教育訓練,賃金の査定など人事管理の仕事は彼らの手で経験的に行われていた。このため,経営者は人事管理の分野に直接介入することができず,生産高に応じた出来高払い賃金など刺激的な賃金制度を導入して,間接的に作業集団を管理しようとしていた。

内部経済性【internal economics】 企業の内部努力によってもたらされる経済的効果。(→外部経済性) →26

内部統制システム【internal control system】 企業などの組織内部において,業務の適正を確保するための体制。違法行為や不正などが行われることなく,健全かつ有効・効率的に組織が運営されるよう各業務で所定の基準や手続を定め,それに基づいて管理・監視・保証を行う。 →88

内部分析【internal analysis】 自社内の環境要因を,強みと弱みに分けて分析すること。具体的には,自社内の,人材,技術力,財務,ブランド力,生産能力,立地,情報システムなどの各項目おいて,競合他社と比べて優れている,もしくは劣っているかを分析する。(→外部分析) →21

内部留保【retained earnings】 企業の利益から,税金・株主配当・役員賞与金などの社外に流出する額を差し引いた部分を社内に留保すること。会社法で定められた利益準備金と,会社が任意で積み立てる任意積立金と繰越利益剰余金などとして計上される。

内部労働市場【internal labor market】 企業内に独自の労働市場があるとする考え方。企業が労働力を調達する手段には外部労働市場から直接人材を採用するだけでなく,すでに組織内にある労働力を有効に活用する方法もある。賃金決定や昇進ルールなど,内部市場には特有の制約条件がある一方で,人事異動やローテーション,社内ベンチャー制度,再教育プログラムなどを通じて活性化することができるというメリットもある。(→社内ベンチャー制度)

ナショナル・ブランド【national brand】 製造業者が全国的に統一してつける商標のことで,メーカー・ブランド(manufacturer's brand)ともいう。(→プライベート・ブランド)

成り行き経営【drifting management】 現場での経験や勘あるいは習慣を優先する管理方法。

ナレッジ・マネジメント【knowledge management】 個人の持つ知識を組織全体で共有し,それを企業の経営戦略に有効に活用しようとする経営手法。 →77

二次データ【secondary data】 すでに他の目的のために収集されているデータのこと。たとえば,政府や業界団体の公表している外部データや,社内で実施された別の調査結果など内部データがある。(→一次データ,市場調査) →37

ニッチャー【nicher】　市場地位別戦略において，市場の中でリーダー企業に対する挑戦姿勢は示さず，リーダーやその他の上位企業が見過ごすか無視している領域や，比較的弱い領域など，市場の中の特定の領域を対象市場として生きていこうとする企業。(→リーダー，チャレンジャー，フォロワー)　→19

日本的経営【Japanese-style management】　戦後の日本企業(特に大企業)の経営スタイルや経営システムの特殊性を指すものであり，①終身雇用，②年功序列，③企業内労働組合の3点は日本的経営の「三種の神器」として広く知られている。→57, 61, 67

入札価格【bid price】　大型設備の購入，工事請負，官庁関連の受注・物件処分，インターネットオークションなどでみられる価格で，受注を希望する複数の応札業者に提示させた見積もり額のこと。入札に加わることを「応札」といい，複数の入札価格(見積もり金額)から，発注者が選んだ価格を「落札価格」という。

認可法人【authorized corporation】　民間等の関係者が発起人となるが，公共性などの理由から特別の法律により設立され，主務大臣が認可する法人。たとえば，日本商工会議所(商工会議所法)や日本赤十字社(日本赤十字社法)がある。認可法人は行政用語で，政府の補助金があったり，役員人事で監督官庁の認可を受けたり，特殊法人との違いは明確ではない。法人設立にあたり，国が設立委員を任命していれば特殊法人，民間からも設立委員が選出されていれば認可法人で，総務省審査の対象となるのが特殊法人で，対象に入らないのが認可法人である。

人間関係志向型リーダーシップ【relationship-oriented leadership】　リーダーシップの行動理論における行動類型の一つで，部下の感情的側面に目配りするリーダーシップ行動のことを指す。(→行動理論，タスク志向型リーダーシップ)　→46

人間関係論【human relations theory】　経営管理を組織内における人間の感情面や職場の非公式な人間関係などを通して把握し，行おうとする考え方。人間関係論では，人間を，科学的管理法が前提とするような孤立的，打算的，合理的に行動する経済人ではなく，感情や連帯意識をもった社会人，情緒人としてとらえる。→42, 44

ネットワーク外部性【network externality】　ある製品を使っているユーザーの数が大きければ大きいほど，ユーザーの便益が増大するという経済性のこと。→25

ネットワーク組織【network organization】　対等な関係でゆるやかに結びついている組織で，組織や国境の壁を越えた広がりをもち，異質なものが自主的に入退会する組織のこと。

年功序列【seniority】　「年功昇進制」および「年功賃金制」を含むもので，勤続年数に応じて年長者を高く評価する人事考課および給与算定のシステムあるいは慣行のことである。　→67

能率(一般的な能率)【efficiency】　能率は，一般的に「一定時間にできる仕事の割合」あるいは「インプット(投入量)に対するアウトプット(産出量)の比」とも説明される。

能率(バーナードの能率)【efficiency】　バーナード(Barnard, C. I.)の用語で，個人的動機の満足のこと。行為が能率的であるということは主観的な動機が満足されたということ。(→有効性)

能率給【incentive wage】　達成した仕事の量(出来高)に応じて支給される賃金で「業績給」や「歩合給」ともよばれる。セールスマンの賃金が販売成果に応じて累進的に上がったり，タクシー運転手の賃金が走行距離に応じて決められる例がある。

能力開発【ability development】　企業が事業活動を行ううえで，労働者の職業能

力を高めるために行われる活動，および労働者自身による自らの能力を高めるために行われる活動。→60

能力考課【potential appraisal】 従業員各人の業務知識，管理能力，リーダーシップ力，資質，性格，成長可能性などを評価するもの。日本では，部門全体として業績が評価されるために，成績考課，態度考課とともに能力考課が重視される傾向がある。

乗り換え費用【switching cost】 ⇒スイッチング・コスト

ハ行

配置転換【transfer】　企業内において業務命令により従業員の職場や職務を一時的または恒久的にかえること。「配転」（はいてん）と略されることも多い。→58

配当【dividends】　株主に分配する利益のことであり，企業の利益の一部を保有する株数に応じて分配する。（→株式）→4

破壊的技術【disruptive technologies】　短期的には製品の性能を引き下げるが，従来とはまったく異なる価値基準を市場や顧客にもたらすような技術。真空管による据え置き型ラジオ市場を侵食したソニーのトランジスタ・ラジオは，音質面では低性能で，より単純な機能ではあったが，革新的な技術によって小型化を実現し，携帯という新たな用途を低価格で可能にする破壊的技術となった。→78

端数価格【odd price】　⇒心理的価格

パス・ゴール理論【path-goal theory of leadership】　ハウス（House, R.）が1971年に提唱したリーダーシップの状況適合理論の一つである。リーダーシップの本質は，「メンバーが目標（ゴール）を達成するためには，どのような道筋（パス）を通れば良いのか」を示すことがリーダーの役割であるという考え方に基づいて，リーダーシップ・スタイルを指示型・支援型・達成型・参加型の4つに分類し，業務の明確性などの環境的な条件と部下の個人的な特性によって適切なリーダーシップ・スタイルが異なると主張している。（→リーダーシップ，コンティンジェンシー理論）→46

発生主義【accrual basis】　損益計算の期間内に発生した収益や費用を現金の収支に関係なく，財やサービスの受け渡し時点で計上する方式。→83

バッチ生産【batch production】　一般にロット生産と同じ意味で使われる。ただし，ロット生産は，同じ作業を繰り返し行う場合が多く，主に機械工業で使われる。バッチ生産は，同じ作業を1回しか行わない場合をいい，主に装置産業で使われる。たとえば，卵を10個焼いて袋詰めする場合。卵を割る作業，フライパンで1個ずつ焼く作業，袋詰めをする作業を別々に行う場合をロット生産という。10個ずつがひとまとまりのロットということである。ところが，バッチ生産の場合は，卵を大きな装置で10個同時に焼く。もし，卵を割る工程や袋詰め工程も1回で済むように装置化できれば，割る工程も袋詰めも，焼く工程と同様に1回で済むのでバッチ生産ということになる。（→間欠生産，ロット生産）

バッチ処理【batch processing】　コンピュータ用語で，一定のジョブ（データやプログラム）を一括処理すること。バッチ（batch）とはパンを焼く（bake）と語源が近く，パンや陶器などの「1かま分」という「まとまり」をしめす1回の生産量のこと。

パート法【PERT=Project Evaluation and Review Technique】　研究開発，工事計画，出店計画，新製品発売計画など，スケジューリングで活用されている。

パブリック・リレーションズ【Public Relations】　⇒PR

バランス・シート【B/S: Balance Sheet】　⇒貸借対照表

バリア・フリー【barrier free】　年齢別・性別・職業別・社会階層別あるいは障害の有無という障壁（ボーダー）を越えて平等で豊かな生活を志向する考え方や現象。（→ボーダレス化）

バリュー・チェーン【value chain】　ポー

ター（Porter, M. E.）が考案したフレームワークで，企業活動における原材料や労働力の調達から，製品・サービスを顧客に届けるまでの一連の活動を，価値の連鎖としてとらえる考え方。それによって，企業が創出して提供する付加価値が，企業内のどの活動から生み出されているのか，企業内の各活動のどのような結びつきによって生み出されているのかを分析する。　→17

パワー・ハラスメント【Power Harassment】職務上の権限などのパワーを背景にして，本来の業務の範疇を超えて，継続的に人格と尊厳を侵害する言動を行い，就業者の働く関係を悪化させ，あるいは雇用不安を与えること。具体的には，以下のように類型化される。①身体的な攻撃（暴行・傷害），②精神的な攻撃（脅迫・暴言等），③人間関係からの切り離し（隔離・仲間外し・無視），④過大な要求（業務上明らかに不要なことや遂行不可能なことの強制，仕事の妨害），⑤過小な要求（業務上の合理性なく，能力や経験とかけ離れた程度の低い仕事を命じることや仕事を与えないこと），⑥個の侵害（私的なことに過度に立ち入ること）。

範囲の経済【economies of scope】違う製品を同時に扱うことで得る経済的な効果のことをいう。業務拡大や多角化によるメリットのことで，デパートやスーパーが品数を増やすことで専門店より効率的な営業ができるようになったように，異業種の製品・サービスを取り込んで効率性を高めることを意味する。(→規模の経済)　→22，23，24，26

販売志向のマーケティング・コンセプト【selling-oriented marketing concept】「買い手の関心や購買意欲を高める」ことを目的とする理念で，広告・販売促進・販売員活動などの刺激策が手段に選ばれる。このコンセプトは，買手市場になって，市場が飽和した段階で現れる。(→マーケティング・コンセプト)　→28

販売促進【promotion】製品やサービスに対する意識を高め，購買意欲をもってもらうためのマーケティング・コミュニケーションのことである。通常，広告宣伝や広報，街頭キャンペーンなどを指す。　→30

非営利組織【NPO: Non-Profit Organization】⇒ NPO

非営利法人【nonprofit juristic person】営利を目的としない法人。根拠となる法律によって，公益法人（民法および特別法），NPO法人（特定非営利活動促進法），中間法人（中間法人法），協同組合（各種共同組合法），相互会社（保険業法）などがある。(→営利法人)

ヒエラルキー【hierarchy】経営組織において，組織内の指揮命令系統のことをさす。通常，ピラミッド型の階層構造になることが多いためヒエラルキーとよばれる。(→指揮命令系統，組織構造)　→50

非公式組織【informal organization】組織図などで定義されない，職場内での個人的な接触や相互作用から自然に形成される組織（集団）のことでインフォーマル組織ともよばれる。→公式組織　→42

ビジネス・プロセス・リエンジニアリング【BPR：Business Process Reengineering】⇒リエンジニアリング

ビジネスモデル【business model】どのような製品・サービスを，どのような顧客に対して，どのように提供し，その結果どのように収益を得るのか，について示したビジネスの具体的な仕組み。

ビジョナリー・カンパニー【visionary company】コリンズ（Collins, J. C.）とポラス（Porras, J. I.）が，1980年代後半から1990年代前半にかけて，フォーチュン誌およびインク誌のランキングに入った700社を対象に行った調査から選んだ企業（3M，アメリカンエキスプレス，ボーイング，IBM，ジョンソン&ジョンソン等）。これらの企業は，ヴィジョン

をもっている，未来志向である，先見的である，業界で卓越している，同業他社から広く尊敬されている，大きなインパクトを世界に与え続けてきた，という共通の特徴をもっている。

非法人企業【unincorporated enterprise】 「民法上の組合」や「権力のない社団」など法人格がない企業。法人格がないことから団体としての権利義務がない。なお，一般的な「組合」と「社団」の違いにふれると，「組合」は組合員の権利義務など契約を重視するのに対して，「社団」は組織・機構を重視する。（→法人企業）

ヒューマン・スキル【human skills】 対人関係を円滑に構築・維持する能力である。具体的には，コミュニケーション力やモチベート（動機づける）力，交渉力，調整力など。　→66

評価者訓練【estimator training】 人事評価を行う社員を対象として行われる訓練。評価の手順，基準や着眼点などの理解を通じて，評価に必要とされる姿勢やスキルの獲得・向上を図る。　→59

標準化（テイラーの標準化）【Taylor's standardization】 テイラー（Taylor, F. W.）のいう標準化は，作業工程の標準化であり，内容には，①道具の標準化，②時間の標準化，③手順の標準化という「3つの標準化」がある。つまり，①同じ道具や装置や機械を使い，②同時間内に同じスケジュールを守り，③細かいマニュアル（指図票）に従って同じやり方で作業することである。　→40

標準化（フォードの標準化）【Ford's standardization】 フォード・システムにおける標準化は，部品・機械・製品の規格化が中心になった。規格の統一は，部品や機械の互換性を高め，工場間や企業間での共有化を促進した。また，フォード（Ford, H.）の標準化は，移動組立法（moving assembly method）と結びつくことで，生産の同期化あるいは常軌化を実現した。この同期化と規格化（単純化・専門化・標準化）は表裏一体のものである。同期化を実現するためには，同じ速度で作業が絶え間なく継続する必要があり，そのためには各工程を単純化・専門化・標準化し，各工程の時間や作業内容を詳細に検討しなければならない。　→22，75

標準原価計算【standard costing】 製品やサービスなどについて，一単位の生産に必要なコスト（標準原価）をあらかじめ算定し，標準原価に生産量を乗じて，製造原価を求める方法。　→80

品質管理【QC: Quality Control】 米国ベル研究所のシューハート（Shewhart, W. A.）が，1926年に『工業製品の品質の経済的管理法』で提唱したのが始めで，当初は，統計学を適用することが多かったため統計的品質管理（Statistical Quality Control=SQC）とよばれていた。1960年代になると，ファインゲンバウム（Feigenbaum, A. V.）らが消費者を満足させるために，製造工程以前の活動（設計など）から生産後の活動（サービスなど）まで含む総合的品質管理（Total Quality Control=TQC）を提唱し，品質管理は製造部門だけで行なうのではなく，全社的な品質管理運動に発展した。（→原価管理，工程管理）　→69

ファイナンシャル・レバレッジ【financial leverage】 負債比率を変えると「てこの原理」が働いて，収益性が変わる財務上の効果のこと。（→オペレーティング・レバレッジ）

ファイブ・フォース分析【five force analysis】 ポーター（Porter, M. E.）が提唱した分析手法で，競合他社，新規参入者，買い手，供給業者，代替品という5つの競争要因にしたがい，業界における企業間の競争の度合いや魅力度を分析するもの。　→15

ファクトリー・オートメーション【factory automation】 工場部門の自動化のこと

で，機械加工や組立工程を自動化するメカニカル・オートメーションと，装置産業に見られるプロセス・オートメーションに分かれる。ファクトリー・オートメーションに対して，事務部門の自動化のことをオフィス・オートメーションという。(→オフィス・オートメーション) →74

ファブレス【fabless】 アウトソーシングのうち，生産部門を外部委託して製品開発や企画に集中することを「工場を持たない」という意味でファブレス（fabless）という。(→アウトソーシング)

ファンクショナル組織【functional organization】 ⇒職能制組織

フィードバック【feedback】 なんらかのシステムにおける結果を原因側に戻すこと。例えば，情報関連では，出力（結果）が入力（原因）に影響を与える仕組みのことをいう。人材関連では，目標管理においては，客観的な事実に基づいて評価者が被評価者に評価結果やその理由などを伝えることが相当する。 →60

フィードラー理論【Fiedler's contingency model】 フィードラー（Fiedler, F.）が提唱したリーダーシップ理論。この理論によれば，リーダーにとっての「状況の好ましさ」(①部下との関係，②タスクの構造化の程度，③リーダーの公式的権限の3つによって規定される）によって，適切なリーダーシップ・スタイルが異なる。(→コンティンジェンシー理論，SL理論) →46

フィランソロピー【philanthropy】 misanthropy（人間嫌い）に対する言葉で「人類愛」とも訳されるが，アメリカでは企業の慈善活動や寄付行為をさす。 →86

フォーディズム【Fordism】 ヘンリー・フォード（Ford, H.）独自の経営哲学。明日のために今日を犠牲にする（scrap today for tomorrow）開拓者精神，利潤はサービスの手段と結果であって目的ではないと主張するサービス（奉仕）精神に基づき，未来や過去にこだわらず，競争にも気を取られずに，公正な心構えで誠実に最善を尽くすことが，大衆（社会）への奉仕であり，その道を真面目に進めば必ず利潤が得られると説く。 →75

フォード・システム【Ford system】 フォード社の採用した大量生産方式である。フォード・システムの基本は「標準化＝限定化＝細分化」と「移動式組立法＝生産の同期化」にある。 →75

フォーマル組織【formal organization】 ⇒公式組織

フォロワー【follower】 市場地位別戦略において，リーダー企業をはじめとする上位企業にやみくもに挑戦することは避け，一定の利潤を確保しながら自らの生存期間を長らえようとする企業。そのために，上位企業が対象としない市場を対象としたり，上位企業と似たような製品を低価格で販売するなど，効率化と低コスト化を図り，リスクを最小限にしようとする。(リーダー，チャレンジャー，ニッチャー) →19

福利厚生【welfare expenses and programs】 従業員とその家族の福利を充実させるための制度や施設。福利厚生にかかる費用は，会社が保険料を負担することを義務付けられている法定福利費（健康保険料・厚生年金保険料・労災保険料・雇用保険料などの会社負担分）と，会社が任意に実施する法定外福利費（住宅手当，家族手当，文化・体育・娯楽に関する費用など）に分けられる。 →61

負債【liabilities】 出資者以外の第三者に負っている債務のことで，①流動負債と②固定負債に分類される。この負債は，第三者から調達した資本という意味で，他人資本ともよばれる。(→他人資本) →81, 83, 84

負債依存比率【leverage ratio】 他人資本

（負債）への依存度を示す指標。　→84

負債比率【debt ratio】　企業の自己資本に対する他人資本（有利子負債等）の割合を示す指標。　→84

普通株または普通株式【common stock または ordinary stock】　権利内容に特に限定を与えていない通常の株式のことをいう。株主の権利には，配当などで利益の配分を受ける権利，解散時などに残った財産（残余財産）の分配を受ける権利，株主総会で議決に参加できる権利がある。普通株（通常の株式）は，それらのすべての権利を認めている。（→種類株）

プッシュ戦略【push strategy】　取引流通の川上から川下にそって自社製品の取引拡大を促していく戦略。メーカーの側から消費者の方向へ製品が「押し出される」ようにして動くため「プッシュ戦略」といわれる。（→プル戦略）　→32

部門化【departmentalization】　組織設計において，組織のメンバーを開発・生産・営業という役割など，あるいは商品ごとなどのグループに分けること。同じ部門内にまとめられているほど，調整が容易になる。製品別事業部制組織と職能制組織は，この部門化のやり方の違いによるものである。（→組織設計，事業部制組織，職能制組織）　→49

部門管理者層【divisional management function】　全般的管理者層の下に，上級役員から権限を委譲されて特定の部門における意思決定や管理にあたる部門長や部長など。（→全般管理者層）

プライス・リーダー【price leader】　事実上，価格設定のリーダーシップを握っている企業のこと。

プライベート・ブランド【PB：Private Brand】　小売業者が独自につける商標。略してPBといわれたり，ストア・ブランド（store brand）あるいは商人商標ともよばれる。（→ナショナル・ブランド）

フラット組織【flat organization】　管理階層が少なくフラット（平べったい）形状になっている組織。この組織は，組織長だけが突出してその他のメンバーは並列に扱われているので，その形態から「文鎮型組織」ともよばれている。通常は，ピラミッド型組織にみられるような多段階の管理階層のうち肥大化した中間管理層を少なくして意思疎通を良くするためにフラット化されるが，従来型のフラット組織としては，校長や教頭以外に管理者がいない教員組織があげられる。

フランチャイズ・チェーン【franchise chain】　チェーンの本部（フランチャイザー）が，ブランドや商品や店舗運営ノウハウなどを提供し，それに対してチェーンへの加盟店（フランチャイジー）が契約料や手数料を支払う形態のチェーン・ストア。コンビニエンス・ストアなどの小売業の他，飲食店，フィットネスクラブ，学習塾など様々な業種で用いられている。（→小売業，チェーン・ストア，ボランタリー・チェーン，レギュラー・チェーン）

ブランド【brand】　企業や商品（モノやサービス）や商品群が，他のものと異なると識別できるような名前，デザイン，シンボルなどのことであるが，単なるネーミング（名称や記号の付与）と異なるのは，品質・価値・イメージ・愛着などによって意味づけされ，独立した意味世界をもつこと。このため，ブランド・マネジメントや国際的な保護の対象になっている。伝統的に「銘柄」ともいわれるが，保護の対象としては「商標」と訳される。（→ブランド・アイデンティティ，ブランド・イメージ，ブランド・マネジメント）　→38

ブランド・アイデンティティ【brand identity】　ブランドがもつ独自性で，そのブランドとは何かという問いに答えるもの。他ブランドとの関係では，他にはない際立った特徴や魅力をもつ必要があり，そのブランド自身との関係では，過

去から継続して変わらない一貫性をもつ必要がある。ブランド・イメージが顧客のいだくものであるのに対して，ブランド・アイデンティティは，企業と顧客の長期間の相互作用によって形成されていく。(→ブランド・イメージ，ブランド・マネジメント) →38

ブランド・イメージ【brand image】 あるブランドについて顧客の頭に浮かぶブランド連想の集合体。個別の連想は，ブランド連想(brand association)というが，ブランド・イメージとは，ブランド連想の集合を総体としてとらえたもので，そのブランドに関して顧客がいだく価値や感想や体験などを含む。ブランド・アイデンティティが企業と顧客の相互作用によって形成されるのに対して，ブランド・イメージは，顧客の側で形成されるため，不祥事や事故が原因で，ブランド・イメージが突然悪くなることもある。(→ブランド・アイデンティティ) →38

ブランド・エクイティ【brand equity】 ブランドに結びついた無形資産的な価値の総称。アーカー(Aaker, D. A.)は，それまで漠然としていたブランド資産を，ブランド・ロイヤルティー，ブランド認知，知覚品質，ブランド・イメージ，特許，商標資産などの構成要素に分解して，負債を差し引いた正味のブランド資産をブランド・エクイティとして提唱した。(→ブランド・ロイヤルティー，ブランド・イメージ) →38

ブランド・マネジメント【brand management】 ブランドを好ましい状態に維持し，競争優位を保つために総合的かつ長期的に管理する経営手法。ブランド・イメージやブランド・ロイヤルティーなどはさまざまな機会に形成されるので，製品管理や広告ばかりでなく，店頭での接客や苦情対応などあらゆる企業行動や従業員教育に気を配らなければならない。(→ブランド・イメージ，ブランド・ロイヤルティー) →38

ブランド・マネージャー【BM：Brand Manager】 1つの銘柄(ブランド)について，「企画→開発→発売→販売促進」から「市場反応のフィードバック→製品改良・販売施策→次期製品の企画」などを一貫して担当し，そのブランド(群)を育成・管理するブランド別担当者。BM制の起源は米国プロクター・アンド・ギャンブル(P&G)社が石鹸で「アイボリー」に加えて「キャメイ」を発売した時に導入された時だとされる。この場合，石鹸というプロダクトの中に，「アイボリー」というブランドと「キャメイ」というブランドがあるので，ブランド別管理になり，プロダクト・マネージャー制ではなく，ブランド・マネージャー制という。

ブランド・ロイヤルティー【brand loyalty】 消費者がある特定の商品に感じる愛着(忠誠心)のこと。ブランド・ロイヤルティーの高い顧客は，その製品を繰り返し購買する意向が強く，高めの価格設定も受け入れる傾向にある。 →38

フリーライダー問題【free rider problem】 ⇒合理的選択理論

プリンシパル・エージェンシー理論【principal-agency theory】 ⇒エージェンシー理論

プル戦略【pull strategy】 消費者に製品のブランドを認知してもらい，消費者から流通業者，メーカーの順に指名買いの流れを促す戦略。消費者の側から製品が「引っ張られる」ようにして動くため「プル戦略」とよばれる。(→プッシュ戦略) →32

フレキシブル生産方式【Flexible Manufacturing System】 ⇒FMS

プレステージ価格【prestige price】 高い価格付けをすることによって，顧客に対して，その製品が高品質であるというシグナルを発信し，商品価値を高める手法のこと。威光価格や威信価格ともよばれ

経営キーワード集 **255**

る。(→心理的価格)

プロジェクト【project】 さまざまな部署と技術上や管理上で関連した個別計画のことで、1回限りのアウトプット（成果）をもつ単独の企画、事業、製品開発、大型商品などをいう。たとえば、新製品開発、新規事業参入計画、システム設計、（工場、鉄道、橋、ダム、ゴルフ場、テーマパークなどの）大規模建設などを含んでいる。

プロジェクト組織【project organization】 プロジェクト単位に編成された組織で、プロジェクトの企画・進行などについて一定の予算や日程（納期）の枠内で管理責任や権限をもつ専門家組織。プロジェクト・チームも含まれるが、プロジェクト単位で仕事をする企業などでは長期間にわたる場合もある。(→プロジェクト・チーム)

プロジェクト・チーム【project team】 プロジェクトのために結成された専門家チームのことで、タスク・フォースよりも、規模が多少大きく、結成期間も長い。名称もタスク・フォースが匿名的であるのに対し、プロジェクト・チームは、より正式の位置づけを組織内で得る場合が多い。プロジェクト・チームは、その目標が達成されると解散する流動的な組織であることが原則である。(→タスク・フォース)

プロジェクト・マネージャー【project manager】 プロジェクトの企画や進行について全般的な責任をもつ職能または職務。プロジェクトの規模や期間にもよるが、プロジェクト・マネージャー制は、多くのプロジェクトを抱えるエンジニアリング会社などでプロジェクトごとに置かれている場合が多く、タスク・フォースやプロジェクト・チームよりさらに恒久的で正式な組織の場合が多い。

プロシューマ【prosumer】 生産者(producer)と消費者(consumer)を融合させた造語。実際、インターネットで新製品のアイデアを募集したり、商品の欠陥（ソフトのバグなど）を使用者に指摘してもらうなど、消費者が生産者の役割を一部になう傾向がある。

プロセス・イノベーション【process innovation】 生産技術や生産工程におけるイノベーションで、新しい方法で製品を製造すること。(→プロダクト・イノベーション)

プロダクトアウト【product-out】 「作ったものをいかに売るか」という発想で、製品があって市場が成立するという「製品→市場」の考え方である。販売概念は、この発想にたっており、「市場に製品を」売り込むために販売技法を駆使することになる。(→マーケットイン)

プロダクト・イノベーション【product innovation】 製品そのもののイノベーションで、これまでにない新しい製品を開発すること。(→プロセス・イノベーション)

プロダクト・プランニング【product planning】 主に製造業において使われる言葉で、自社製品を見直して、計画的に管理するもので「製品計画」と訳されている。その範囲は、製品の品質・機能から色彩・ネーミング・保証まで幅広く、内容も、新製品開発、製品改良（モデル・チェンジ）、新規用途の開発、廃棄など、さまざまである。(→マーチャンダイジング)

プロダクト・ポートフォリオ・マネジメント【PPM：Product Portfolio Management】 複数の事業を営む企業が限られた経営資源を最適に配分するために、各事業を評価し、資金を生み出す事業と投資が必要な事業を区分したうえで、企業戦略を明らかにするための分析ツール。　→⑬

プロダクト・マネージャー【PM：Product Manager】 1つの製品（プロダクト）について、「企画→開発→発売→販売促進」から「市場反応のフィード

バック→製品改良・販売施策→次期製品の企画」などを一貫して担当し，その製品（群）を育成・管理する製品別担当者である。これがブランド別の場合，ブランド・マネージャー制という。（→ブランド・マネージャー（BM）制）

プロダクト・ライフサイクル【product life cycle】　製品の誕生から消滅までをモデル化したもの。通常は，導入期・成長期・成熟期・衰退期の4段階に分けられる。→75

プロフィット・センター【profit center】利益責任をもつ分権的管理単位。プロフィット・センターが利益責任をもつためには，次のような6つの条件が必要である。①独自の収入（売上）と支出（費用）に裏付けられる。②独自で販売する製品の価格を決定できる。③独自で購買する材料等について自由選択権がある（他の部門の材料より他社の材料が安い場合には他社を選択できる）。④他部門との共通の費用が少なく，それが計算できる。⑤購買，生産，販売，管理など一連の職能を独自にもつ。⑥独自の事業に対して全般的管理権限をもつ。（→コスト・センター）

プロモーション【promotion】　⇒販売促進

プロモーション・ミックス【promotion mix】　人的販売（営業マンによる販売活動），広告，パブリシティ（ジャーナリズムが自主的に取り上げる企業情報），販売促進活動などプロモーション手段を選択し組み合わせること。

分権化【decentralization】　権限を広く分散させて，それぞれの部署や人間が意思決定権や自由裁量権をもてるようにすること。（→集権化）　→50

分権的組織【decentralized organization】権限が広く分散している組織のこと。（→集権的組織）

分業【division of labor】　一連の作業工程を行う労働者の作業を分割し，個々の作業を専門化すること。分業により，作業への労働力・労働手段を集中的に運用し，生産性を高めることが期待される。スミス（Smith, A.）が『国富論』でピンの製造工程を約18の工程に分解すると，生産効率240倍から4800倍以上の効率が達成されると説明したことはよく知られている。　→23, 26, 52

分社化【spin-out】　企業が社内の部門を切り離し，別会社や別組織として分離・独立させること。つまり，分社化には①完全に子会社として独立させる場合と，②社内に（会社に似た）形式的な独立組織を作る場合がある。たとえば，社内で事業化できる技術をもっていた場合，事業化後にリスクが高いと判断した場合などは，別会社として事業を切り離すことがあるが，利益管理を明確にするために，社内的に別組織にする場合もある。（→分社制度，カンパニー制）

分社制度　分社化には①完全に別会社として独立させる場合と，②社内に（会社に似た）形式的な独立組織を作る場合があるが，分社制度は，前者にあたる。2000年の商法改正により，会社分割制度が創設された。これによると，分割した新会社に営業を移行させるとともに発行する株式を取得して子会社とすることもできるし，新会社との親子関係が残らない別会社とすることもできる。（→カンパニー制）

閉鎖体系【closed system】　⇒クローズド・システム

平準化【leveling】　どの時間帯をとっても，同じ程度の負荷になるように，量の凸凹やバラツキをなくしていくこと。ここでいう量には，ロット（1回あたりの生産量）や業務量ばかりでなく，機械設備の稼働時間，担当者の人数，サーバーの負荷などが含まれる。それらが，偏らないように，均等に配分して，同じタイミングで作業が流れるようにすることが平準化で，ロットを小さくしてバラツキをな

くしていこうと意味で，大ロット主義（まとめて生産した方が効率的と考える立場）の正反対に位置づけられる。

ペネトレーション価格設定【penetration pricing】　市場規模の拡大や市場シェア確保のため，当面の利益を犠牲にして低価格の価格設定をすること。市場規模の拡大や市場シェアの確保に成功すると，規模の経済や経験効果によりコストが低下し，長期的には利益が増加することを狙った戦略である。「市場浸透価格設定」と訳されている。(→スキミング価格設定)　→35

ベルト・コンベア・システム【belt conveyor system】　部品や商品を載せたり吊るしたりして運ぶベルト式の装置を使った生産方式。フォード・システムで有名になった「移動組立法（moving assembly method）」をベルト・コンベア・システムとよぶこともあるが，移動組立法は，手渡しで後工程に渡したり，傾斜をつけるなど重力を使ったりして移動させることもできるので，厳密には区別すべきである。(→フォード・システム，オートメーション)

便益の束【bundle of benefit】　企業の販売する商品は，通常，複数の便益（ベネフィット）を顧客に対して提供している。それらを便益の束という。たとえば，Tシャツ1枚にしても，外気から肌を遮断するために，汗を吸収するために，ファッションとして，など様々な機能を果たしている。　→29

ベンチマーキング【benchmarking】　最高の競争相手や先進企業を基準に製品，サービス，プラクティスを継続的に測定する作業のこと。ゼロックス社のカーンズ会長の命名。

ベンチャーキャピタル【venture capital】　主として，高い成長率や高収益を期待できるベンチャービジネスに投資を行う投資会社。経営コンサルティングを行ったり，取締役会等に役員を派遣したりして，経営参加することもある。(→ベンチャービジネス)

ベンチャービジネス【venture business】　未開拓の分野に参入してリスクをとりながら，創造的な事業を展開する新興企業のこと。「ベンチャー」あるいは「ベンチャー企業」ともいう。

変動費【variable cost】　販売量や生産量に比例してかかる費用で，原材料費，直接労働費，流通コスト，販売員手数料などを含む。理論的には販売や生産がない場合，この変動費はゼロになる。　→85

防衛機構または防衛機制【defense mechanism】　フロイト（Freud, S.）によって明らかにされた心理学的理論で，精神の安定を保つ無意識的な自我機能を示す。たとえば，仕事が出来ない場合，「この仕事は土台無理な仕事だ」とか「疲れがたまって出来なかった」などと口実や理由を探すことを合理化とよび，「予算の組み方が悪いから」とか「管理者が無能だったから」と考えることを制度や他人へ投影するとよぶ。

報酬【reward】　労働の対価とし従業員に給付される金銭・非金銭を問わずすべてのベネフィット（便益）。外的報酬と内的報酬に分けてとらえることができる。　→62

報酬管理【reward management】　労働の対価である報酬に関する制度の設計と運用である。報酬は，組織が従業員に対して支払う金銭的，非金銭的，心理的な対価のすべてを含むものであり，組織戦略と結びつけて設計される。　→57

法人【corporate body または juridical person】　法律の上で人格を認められ，権利・義務の主体になる組織や団体のことをいう。たとえば，組織が借金をした場合，（個人が返済義務を負うように）その組織が法律上の責任を問われる。これは組織が「法人」という人格をもつからである。個人は，法律上では，自然人（natural person）とよばれ，出生と同時

に法律上の権利義務をもつ。

法人企業【incorporated enterprise】 法人格をもつ共同企業で，公益法人，NPO法人，中間法人をはじめ，ほとんどの私企業が法人企業に入る。公企業である「法人体企業」とは別である。(→非法人企業)

法人税【corporation tax】 法人の所得に対して課せられる税金。 →82

法人体企業【incorporated public corporation】 法人として行政府から独立した公企業のことで「公共法人」ともよばれる。公共法人は，さらに，特殊法人，独立行政法人，認可法人，特殊会社などに分類される。(→特殊法人，独立行政法人，認可法人，特殊会社)

法定外福利【voluntary welfare】 社宅・社員寮などの住宅提供，作業服や制服などの支給，給食（食堂）の援助など衣食住に亘る生活関連の支援。会社の病院，保養所，スポーツ施設，文化・リクリエーション施設，売店，託児所などの提供。外部医療機関で行った健康診断への援助，外部宿泊施を利用した場合への援助，住宅ローンの低利貸付，商品の値引き（社員割引制度）など。

法定福利【statutory welfare】 厚生年金，社会保険，健康保険料の企業負担分。

補完財【domplementary good】 DVDプレーヤとDVDソフトや，ゲーム機とゲームソフトなど，互いに補完し合ってユーザーに便益を提供する財を，互いに補完財であるという。(→代替財) →25

ポジショニング【positioning】 顧客に対して，自社がどのような位置づけの商品を提供するのかを決めること。製品スペックなどの物質的差別化とは異なり，あくまで顧客の頭の中の認知マップ上での差別化であることには注意が必要である。 →31

ポジショニング・アプローチ【positioning approach】 外部環境を所与のものと考え，自社を的確に位置付けようとするアプローチ。代表論者のポーター（Porter, M. E.）は，競争戦略の目標を，競争的な脅威を寄せつけないところに置くことだと考え，その代表的な分析手法がファイブ・フォース分析（five force analysis）である。 →7, 14, 29

ホーソン実験【Hawthorne experiments】 シカゴ郊外にあったウエスタン・エレクトリック社ホーソン工場で行われた一連の実験をさす。1924年から1927年までの実験はウエスタン・エレクトリック社の技師ペンノック（Pennock, G. A.）が中心になって全国学術審議会（National Research Council）の協力を得て行なった照明実験があり，その後の1927年から1932年まで行なった実験が，メイヨー（Mayo, G. E.）やレスリスバーガー（Roethlisberger, F. J.）らハーバード・グループが中心になってロックフェラー財団の援助を受けて行なった実験がある。後者のホーソン実験として有名なものは，(1)リレー組立試験室，(2)面接調査，(3)バンク配線作業観察室がある。 →42

時期	1924〜1927年	1927〜1932年
実験	照明実験	リレー組立試験室，面接調査，バンク配線作業観察室など
課題	照明と生産性の関係	人間関係と生産性の関係
中心人物	ペンノック	メイヨーやレスリスバーガー
支援	全国学術審議会	ロックフェラー財団

ボーダレス化【trends toward a borderless world】 さまざまなボーダー（境界）が消滅しつつある現象。業際化やバリア・フリーなどもボーダレス化といえるが，特に，企業の事業展開が世界規模に広がり，国境という境が事業活動を検討する際に意味をなさない状態のことをさ

す。（→グローバル化，業際化，バリア・フリー）　→87

発起人【founder or promoter】　会社の設立をよびかける人のこと。株式会社の設立には，発起人が全株式を引き受ける発起設立（promotive formation）と，発起人は一部だけを引き受けて残りの株式について株主を募集する募集設立（subscriptive formation）の2通りがある。

ポートフォリオ【portfolio】　カバンに入れる有価証券の目録を意味していたが，そのような証券目録を作るためにどのような投資の組み合わせを選択するかという意味で使われるようになった。この用語は，ファイナンスやマーケティングでも使われる。例えば，事業及びプロダクト・ポートフォリオでは，複数の事業や製品を展開する企業が，全社的な観点から経営資源の配分が最も効率的かつ効果的となる事業や製品の組み合わせを検討するために活用する。

ボトム・アップ経営【bottom-up management】　意思決定が下位の管理層から提案のかたちで下意上達の方向に向かう経営スタイル。日本企業では，部課長など中間管理層から問題提起や解決方法の模索が行われ，トップがその提案を受け入れ「承認」する場合が多いとされる。（→トップ・ダウン経営）

ボランタリー・チェーン【voluntary chain】　独立した小売事業者が，独立を維持しながらも，ブランドや商品仕入れなどを共同化することで規模の経済性を得るチェーン・ストアの一形態。フランチャイズ・チェーンに比べて，本部の統制が弱く，各小売事業者の自由度が高い。日本では第二次大戦以降，大手資本のチェーン・ストアの急拡大に対抗して，零細な小売企業が連携する形で増加したが，その後はフランチャイズ・チェーンの増加により，減少している。（→小売業，チェーン・ストア，フランチャイズ・チェーン，レギュラー・チェーン）

ホールディング・カンパニー【holding company】　⇒持株会社

マ行

埋没費用【sunk cost】 すでに投下してしまった費用で、事業やプロジェクトの失敗・中止・修正にともなって回収できなくなった費用。たとえば、年間10億円未満の広告宣伝費は、顧客の認知度を得られないノイズ（無駄な広告）だったとしよう。8億円の広告をしている企業は、広告宣伝を中止すると埋没費用になってしまうので、次の年も8億円の広告を継続したとする。その場合、10億円以上でなければノイズなので、永遠に投資は回収できない。このように「せっかくこれまで投資してきたので」という発想で事業やプロジェクトの中止が決断できない状態のことを「埋没費用の錯覚」という。

マーケットイン【market-in】「売れるものをいかに作るか」という発想にたって、市場のニーズを発見しそれに見合った製品を提供していこうという「市場→製品」の見方。（→プロダクトアウト）

マーケット・シェア【market share】 ある特定の市場で、ある企業の製品がどのくらいの割合を占めているかを示す比率。売上金額で示す場合と売上数量で示す場合の両方がある。

マーケット・セグメンテーション【market segmentation】 ⇒市場細分化

マーケット・チャレンジャー【market-challenger】 ⇒チャレンジャー

マーケット・ニッチャー【market-nicher】 ⇒ニッチャー

マーケット・フォロアー【market-follower】 ⇒フォロワー

マーケット・リーダー【market-leader】 ⇒リーダー

マーケティング【marketing】 商品企画、製品開発、価格、流通・販売網、広告・広報、販売促進、各種サービス・デザイン、ブランド形成・維持、アフターサービスなど広範多岐にわたる顧客へのアプローチを計画・調整・統合する方策に関して総合的に研究する分野。

マーケティング近視眼【marketing myopia】 レビット（Levitt, T.）が1960年のハーバード・ビジネス・レビューで用いたマーケティングの用語で、企業が顧客ではなく商品に焦点を当ててしまうことを指している。 →29

マーケティング・コンセプト【marketing concept】 ゼネラル・エレクトリック（General Electric=GE）社が1946年に初めて採用したといわれている。コンセプト（concept）は「概念」と訳されるが、GEの定義では「企業の全体的な活動に対する考え方あるいは理念」と解釈されている。「理念」はイデーやイデアとよばれたものに通じ「理想とする概念」のことであり、コンセプトには、何を理想とするかという思想的な思い入れが込められている。代表的なものとして、生産志向、製品志向、販売志向、顧客志向、社会志向などのマーケティング・コンセプトがある。 →28

マーケティング戦略【marketing strategy】 企業目標にしたがい、市場環境に適応するためにマーケティング手段（諸活動）を統合的に展開し、内部資源の配分を決定する中長期的計画。

マーケティング・ミックス【marketing mix】 標的市場に対して最適なマーケティング手段を組み合わせて混合（ミックス）していくこと。具体的には、製品（product）・売り場（place）・プロモーション（promotion）・価格（place）の4つを指すことが多い。これらは、その頭文字をとって4Pとよばれる。 →30

マス・カスタマイゼーション【mass customization】 アメリカの経営コンサ

ルタント，ジョセフ・パイン（Pine, J.）によって提唱された概念で，大量（mass）生産によるコスト削減などのメリットと，顧客の要望に個別に応じるカスタム化（customization）を同時に追求しようというもの。一般に，多様な用途に活用できる交換可能なモジュールに製品や業務プロセスを分割し，顧客の要望に応じてモジュールを再編していく手法が使われる。　→72

マス・リザーブの原理【principle of pooled reserves】　生産の規模が増大することにより，変動を吸収するための予備品や予備生産能力の確保にかかるコストが低減する現象のこと。　→23

待ち行列モデル【queuing model】　コペンハーゲンの電話会社で働いていたオランダの数学者アーラン（Erlang, A. K.）が考案したモデルで，スーパーのレジや航空会社のカウンター，トイレやエレベータの数などの決定に幅広く使われている「窓口サービスの理論」もこの応用例である。

マーチャンダイジング【merchandising】　主に小売・卸売業で使われる言葉で，品揃えや仕入れを通じて，どのような商品を，どの場所，どの時期に，どの程度の数量で，いくらの価格で提供するかなどを，計画・管理することである。「商品化政策」と訳される場合もあるが，製品計画と混同して用いられていることもある。

マトリックス組織【matrix organization】　複数の次元からなる組織構造をもち，複数の命令系統を格子状に組み合わせた組織。（→組織構造）　→54

マネジメント・サイクル【management cycle】　企業が定めた目標を達成するために，予測のもとに仕事を計画・立案し，仕事が進めやすいように組織化し，仕事の結果を予測や計画に照らして評価し，調整する，という一連の流れが繰り返される管理過程。簡略化して，Plan → Do → See のように示されることが多い。（→管理過程）　→41, 69

マネジメント・バイアウト【Management Buy Out】　⇒MBO

マネジリアル・エコノミックス【managerial economics】　クラーク（Clark, J. M.）やダベンポート（Davenport, O.）によって手掛けられディーン（Dean, J.）によって体系化されたもので，経済学の生産量や価格決定の理論を企業の意思決定に活用していこうというもの。

マネジリアル・グリッド【managerial grid】　ブレイク（Blake, R. R.）とムートン（Mouton, J. S.）によって提唱されたリーダーシップの行動理論。リーダーシップの行動スタイルを「人への関心」と「業績への関心」という2つの側面から分類している。　→46

マネジリアル・マーケティング【managerial marketing】　マーケティングを企業経営の中枢機能と位置づけ，トップの責任で展開する統合的なマーケティング活動のことや，それを実現する理論体系のこと。①マーケティングをトップが責任をもって意思決定する機能と位置づけること，②マーケティング理念を経営理念に置き，顧客志向や社会志向という外部志向のマーケティング・コンセプトを組織内に浸透させること，③マーケティング・ミックスのみならず，あらゆる企業活動をマーケティング志向で統合すること，などが必要条件となる。　→28

マルコフ連鎖【Markov chain】　複数のブランド間で顧客が銘柄を変える場合に，マルコフ連鎖とよばれる過程が生じるとされているが，この過程は推移確率行列とよばれる数式を解くことで得られる。

マン・マシン・システム【man-machine system】　生産を，人（man）と機械（machine）が一体となって産み出すシステムと見るもの。このうち人間が関与

するマン・システムについては，計算や予測が難しく「構造化しにくい問題」を含んでいるが，マシーン・システムは「構造化しやすい問題」であるため，論理的・工学的なアプローチが適用できる。

見えざる手【invisible hand】　スミス（Smith, A.）は，自由競争市場では，あたかも神の「見えざる手」に動かされているように，価格が調整されると主張した。この，市場における自己調整機能のことを「見えざる手」という。

ミッション【mission】　社会の中で「企業はこうあるべき」という，企業が社会の中で果たすべき社会的な使命や誓約で，顧客や社会の側からみたあるべき企業像を示したもの。(→ヴィジョン)　→⑩

民営化【privatization】　公企業が私企業になることであり，根拠法が廃止され，株式が売却されて私企業となることを完全民営化（complete privatization）という。ただし，完全に民営化されなくても私企業へ向かう方向に進んでいれば民営化であり，逆方向は公営化といえる。

民法上の組合【association by civil code】　民法上で認められた組合のことで，「民法組合」や任意組合（partnership at will）ともよばれ，2人以上が金銭・労務など出資しあって共同の事業を営む契約の団体をいう。具体的には，マンションの管理組合や共同企業体などがあるが，数人が集まって商売を始めるような場合に，明確な組織が定まっていない状態は任意組合と位置づけられる。任意組合は，法人格がないので，組合の名において不動産を取得したり，納税したりできない。(→非法人企業)

無議決権株【non-voting stock】　株主総会における議決権を与えられていない株式のこと。(→議決権，特殊株)

無限責任【unlimited liability】　出資者が全財産をもって債務の履行に責任をもつことであり（出資の範囲とは関係なく）会社の債務が消滅するまで返済の義務がある。したがって，会社の財産で支払えない場合は，個人財産で負担しなければならない。(→出資者責任，有限責任)

無限責任社員【unlimited partner】　会社に対して無限責任を負う社員（商法上の出資者）のこと。無限責任社員は業務執行権をもつことから，経営に大きく介入することができる。(→有限責任社員)

命令一元化の原則【principle of unity of command】　命令・指示は「直接の上位者一人」から受けるべきという原則。管理原則の一つ。

命令の非人格化【depersonalizing of orders】　フォレット（Follett, M. P.）は，命令を個人的なものから切り離して，「状況が求めているもの」と解釈すると，状況という共通の目標にむかって命令をする者も受ける者も同じ立場で取り組むことができると考えた。このように，人間から命令を切り離して考えることを「命令の非人格化」とよぶ。

目標設定理論【goal setting theory】　アメリカの心理学者のロック（Locke, E. A.）が提唱した理論であり，目標設定の仕方によって人間のモチベーションが左右されることを明らかにしたもの。　→⑩

目標による管理【MBO：Management by Objective】　従業員が自ら目標を設定し，上司と相談しながら，その目標の進捗状況を自らが評価し管理する管理手法。「目標管理」や英語の略語MBO（エム・ビー・オー）でよばれることもある。1950年代にドラッカー（Drucker, P. F.）が提唱し，マグレガー（McGreger, D. M.）がY理論の実践として紹介し，シュレイ（Schleh, E. C.）の『結果の割り付けによる管理（Management by Results）』によって広く知られるようになった。実際には，目標が数値化あるいはノルマ化されて，かなり形骸化されているが，日本企業における自己申告制度はMBOの影響で定着したものである。→㊺，㊾，⑩

経営キーワード集　263

モジュラー型（組み合わせ型）アーキテクチャ【modular architecture】 製品アーキテクチャの分類の一つで，一つひとつの部品が独立性の高い機能をもっていて，部品と部品の関係が1対1ですっきりと対応しているとともに，その部品間のつなぎ部分が標準化されている特徴をもつもの。(→製品アーキテクチャ，インテグラル型アーキテクチャ） →79

持株会社【holding company】 自社では事業を行わず，株式を保有することで複数の事業会社を統括する会社。事業部制やカンパニー制を発展させた分社化で実現する場合と，M&Aや経営統合を経て誕生する場合がある。日本では1997年まで独占禁止法で認められなかったが，現在では自由化されている。 →5

持ち株比率【stockholding ratio】 ある株主の株式保有比率のことで，全体の株数を分母にして，その株主の保有株数を分子にしたもの。 →5

持分【holdings, share of equities】 共有者が共有物について有する割合に応じた権利。株式会社の場合，株主が出資額に応じて主張できる権利の割合。つまり(a) 出資者の分け前と，(b) 請求権を包含する言葉で，共有関係をもつ者同士が互いに一定の割合で所有する分量のことやその分量の請求権のことを意味する。

持分会社【membership company】 合名会社，合資会社，合同会社では持分を自由に譲渡できないように制限を加えている。このため，これらの会社は「持分会社」とよばれている。持分会社は，社員（出資者）が経営者となり，業務執行は原則として各社員が行い，監査役などの監督機関はなく，意思決定は原則として社員の過半数で決める。(→出資者持分）

モチベーション【motivation】 一般に「動機づけ」と訳されるように必ずしも集団レベルの協働意欲ではない。むしろ心理学で研究される「個人レベルの勤労意欲」が中心になる。平たくいえば「心を動かすもの」である。(→モラール，状況適合) →2, 43, 44, 45, 46, 49, 60, 62

モデル賃金【modeled wage】 年齢別や男女別や学歴別など，あらかじめ設定したモデル条件に該当する者の賃金。モデル条件に合致した実在者の賃金を用いる「実在者モデル賃金」と昇給基準線に基づく「想定モデル賃金」がある。

最寄品（もよりひん）【convenience goods】 単価が安く購買頻度の高いもので，洗剤，歯ブラシなど日常生活に欠かせないものが多いので「日用品」ともよばれる。(→買回品，専門品）

モラール【morale】 「自発的な協働意欲」のことで「士気」や「勤労意欲」と訳されることもある。ただし，「士気」は「戦いに対する意気込み」を示すもので上官の命令に従う権威主義的な状況で発揮されるのに対して，モラールには自主的・民主的なニュアンスがある。日本語の勤労意欲は，働きたいという気持ちをさす一般用語で，集団レベルでも個人レベルでも，民主主義的にも権威主義的にも使われる。間違い易い類似語のモラル (moral) との関係では，モラールが「やるべきことに前向きに取り組む姿勢」を示すのに対し，モラルは「やってはならないことをわきまえる」道徳心や倫理性を意味する。ただし，モラールとモラル

用語	意味	集団／個人レベル	民主／権威主義
モラール	自発的な協働意欲	集団レベル	民主主義的
士気	戦いに対する意気込み	集団レベル	権威主義的
勤労意欲	働きたいという気持ち	個人でも集団でも可	どちらでも可
モチベーション	動機づけ（心を動かすもの）	個人レベル	民主主義的

は別物ではない。モラルは風紀（集団が共有する道徳）に近く，両者とも，個人が集団に属することで得られる満足感や集合意識に通じる。同一条件で働く同一人物がモラールの高い集団に属すればよく働き，低い集団では怠ける。つまり，モラールとは「集団がもっている協働意欲」のことである。(→モチベーション）→52

モラルハザード【moral hazard】 日常語としては「倫理観の欠如」を意味するが，最初は保険用語として一般化したもので，損害保険に入っていることで安心感が生じ，注意力が不足して事故の発生率が上昇してしまうような現象のことをいう。金融の分野では，特別融資や公的資金による救済をあてにして，経営陣が自己規律を失ってしまうような現象のこともいう。エージェンシー理論では，情報の非対称性に起因するエージェンシー・スラック（プリンシパルの意図どおりにエージェントが働かない現象）のことをいう。たとえば，外回りの営業マン（エージェント）が，上司（プリンシパル）の目を盗んでサボるのは，上司のもつ情報と営業マンのもつ情報にギャップがあるからと説明される。(→エージェンシー問題，情報の非対称性）

ヤ行

役職手当【allowance for supervisory】 部長，課長，係長など職制上の地位に対して支払われる手当。役付手当，職責手当などともいう。　→61

役割等級制度【mission grade system】 職位や職務に求められる役割（責任や権限）の大きさを基準として等級を決定する仕組み。　→58, 63

誘因【inducements】 バーナード（Barnard, C. I.）の用語で，組織が個人の貢献を引き出すために提供するもので，賃金などの経済的効用および昇進・栄誉などの非経済的効用のことをいう。（→貢献）

有価証券【securities】 複数の法律によって定義されているが，一般には，所有権を示す証書を意味する。たとえば，会社の所有権をあらわす株式，会社や政府機関に対する債権をあらわす債券，取引における証書（手形，小切手，船荷証券，商品券）などがある。（→手形）　→83

有機的組織【organic organization】 職務・権限・責任が弾力性をもち，組織内で人間的な相互のコミュニケーションが広く行われる非官僚的組織。（→機械的組織）　→56

有限会社【limited company】 2006年5月1日の会社法施行以前に有限会社法に基づいて設立された会社。有限責任社員のみの出資によって成立する。現在は新規の有限会社を設立することはできないが，法施行後も有限会社の名称と実態を変えず会社を存続させたいというニーズに配慮して，新会社法では，特例有限会社制度が設けられている。

有限責任【limited liability】 出資者が，個人の全財産をもって債務の履行をする必要はなく，その一部をもって債務の支弁責任を負うことである。一般には，出資の範囲を限度額としており，出資した金額は戻ってこないが，それ以上は個人財産を処分してまで返済する必要はない。（→出資者責任，無限責任）

有限責任社員【limited partner】 会社に対して有限責任を負う社員（商法上の出資者）のこと。株式会社における株主は全員が有限責任社員である。（→無限責任社員）　→4

有限責任事業組合【LLP：Limited Liability Partnership】　→LLP

有効性【effectiveness】 バーナード（Barnard, C. I.）の用語で，協働行為の確認された目標を達成すること。行為が有効であるということは客観的な目標を達成したということである。（→能率）

融資【financing or finance loan】 資金を融通することで，出資と違って，返済期間や利子が確定している。その資金は融通しているだけなので，融資を受ける側は返金の確約が必要である。そこで，企業は，これを一時的に借り入れた資金と考えて，会計上は他人資本（borrowed capital）として扱う。（→出資）

ユニオンショップ【union shop】　→企業内労働組合

予算管理【budget control】 予算と実績を比較・分析することで，企業のあるべき姿を実現するための経営管理の仕組み。その分析結果に基づいて，戦略や活動を修正するPDCAサイクルを意味する。　→80

欲求段階説【need hierarchy theory】 人間の欲求が大きく5つ（生理的欲求・安全の欲求・社会的欲求・自我の欲求・自己実現欲求）に分類可能であり，その5つの欲求が階層状になっているという考え方。　→43

4つのM【four Ms for production】 生産は，人（Man）と機械（Machine）を

使って，材料（Materials）を製品に換える方法（Method）であり，それらの頭文字をとって，4つのMとよばれる。Manの人事管理，Machineの設備管理，Materialsの在庫・資材・購買管理，Methodの作業（工程）管理などが含まれる。このような言い方は，覚えやすいので他の分野でもしばしば出てくる。たとえば，エマスン（Emerson, H.）は，組織の理想のために，人（Man）・金（Money）・機械（Machine）・材料（Materials）・方法（Method）の「5つのM」〔float〕を整備しなければならないという。

余裕時間 偶発的な要因や疲労度を加味して，正味作業時間に加える時間のことで，標準時間＝正味作業時間＋余裕時間の公式がなりたつ。

ラ行

ライフサイクル・ライン【life cycle line】 どの職種をどの程度の期間体験し，どの順序でより高度な職種に異動するかに関する一定のガイドラインのこと。

ライフスタイル【lifestyle】 顧客の生活様式や行動様式など。マーケティングでの市場細分化においては，心理的基準の一要素として重視される。（→市場細分化） →31

ライン【line】 組織論において，製造部門や販売部門など基幹的執行業務を担当する部門をラインとよぶ。基幹的業務の遂行に直接かかわる部門が，一般的に，線でつないだ命令系統を持つことが多いことからライン（line）とよばれる。以下のような部門が代表的なライン部門である。（→スタッフ） →49

業　種	代表的ライン部門
製造業	購買，製造，販売
商社	調達（仕入れ），販売（営業）
銀行	預金，貸付
高度技術産業	研究開発，製造

ライン・アンド・スタッフ組織【line and staff organization】 直系参謀組織と訳されている。「命令一元化の原則」にしたがったライン組織と「専門化の原則」にしたがったスタッフ組織を同時に配置したものである。（→ライン組織）

ライン生産【line production】 製品が直線的（ライン状）に流れていく生産方式。フォード・システムに代表される移動組立ライン，トランスファーマシーンが並ぶ加工ラインなどがある。このライン生産を実現するためには，作業を標準化し，細分化して，同期化する必要があり，その同期化のためにライン・バランシングという作業系列化の手法がある。（→ジョブショップ生産，セル生産，ライン・バランシング）

ライン組織【line organization】 命令系統が最上位から最下位まで一本のライン（直線）で結ばれている原初的で単純な組織形態。この組織は「命令一元化の原則」に基づいて，一つの命令指揮系統で上下関係が作られているため直系組織あるいは直系型組織ともよばれる。軍隊で古くから採用されている組織形態で，別名「軍組織」あるいは「軍隊式組織」ともいう。（→ライン・アンド・スタッフ組織）

ライン・バランシング【line balancing】 作業者の作業時間が同じ周期で終るようにしてライン全体を同期化させる作業系列化計画。

ラガード【laggards】 イノベーション理論において，流行や世の中の動きに対して関心が薄く，また保守的であるため，なかなかイノベーションを採用しない人々のこと。 →34

ランチェスター戦略【Lanchester strategy】 ランチェスター（Lanchester, F. W.）が提唱した戦闘法をマーケティング戦略で活用したもので，2つの基本法則（戦略）がある。

第1法則 (弱者の戦略)	第2法則 (強者の戦略)
資金や販売員で劣る企業は，局地戦や接近戦にもちこむことで，強者の手薄な地域や市場セグメントにマーケティング手段を集中したり，差異化を徹底して強者との直接対決をさける	豊富な資源をもつ強者は，全国地域や全セグメントで戦い，全国的な流通・販売組織やマス広告など物量にものをいわせた広域戦で戦う

リードタイム【lead time】 作業の着手から終了までに要する時間のこと。 →38

利益計画【profit planning】 企業が一定の利益を実現するための経営計画であり，一定期間中に達成すべき目標利益とその実現方法を計数化する。 →80

リエンジニアリング【BPR：Business Process Reengineering】 業務の流れを見直し，再設計しながら，企業の根本を変える業務革新のことで，業務の流れをビジネスプロセスということからビジネス・プロセス・リエンジニアリング（BPR：Business Process Reengineering）ともいわれる。ハマー（Hammer, M.）やチャンピー（Champy, J.）の提唱の下，IT技術を駆使した業務改善のための経営手法として流行した。（→リストラクチャリング）

リスクマネジメント【risk management】 収益の源泉としてリスクを捉え，リスクのマイナスの影響を抑えつつ，リターンの最大化を追及する活動（経済産業省「先進企業から学ぶ事業リスクマネジメント」（平成17年）の定義による）。 →86

リストラクチャリング【restructuring】 日本では「リストラ」と略されて，不況下における事業縮小と人員削減のイメージが定着したが，本来は，reは再で，structuringは構築のことで，事業の再構築を意味する。つまり，事業を縮小する一方で，新たなビジネスチャンスを見出して，事業を育成したり，業務提携をしたりすることも含まれている。（→リエンジニアリング）

リスポンシビリティ【responsibility】 株主や従業員など内部の利害関係者に対する自律的な責任のこと。（→アカウンタビリティ）

リソース・ベースド・ビュー【RBV：Resource Based View】 企業が保有する経営資源や組織能力が，企業の持続的競争優位の構築における重要な要因であるとする戦略の考え方。ここでは，戦略そのものよりも，戦略を有効に実行するための企業内部の資源や能力の方が重要と考える。 →18

リーダー【leader】 市場地位別戦略において，市場でもっとも大きなシェアをもっている企業。リーダーの地位にいる企業は，市場規模をさらに大きくしながらトップシェアを維持したり，ユニークな製品やサービスによって挑んでくる競争相手に対して，シェアの大きさ，コスト優位性，ブランド力などを武器に，他社の差別化効果をなくす戦略をとるのが効果的である。（→チャレンジャー，ニッチャー，フォロワー） →19

リーダーシップ【leadership】 ある目的に向かって他人の行動を喚起する影響力のこと。特に，組織内でのリーダーシップは，部下や関連部署の人々に働きかけて目的を達成するような能力で，公的な権限がなくても人々が動機づけられるような影響力のことをいう。 →46

リーダーシップ・スタイル【leadership style】 リーダーがとる行動パターンのこと。タスク志向のリーダーシップ・スタイルと人間関係志向のリーダーシップ・スタイルの2つのタイプに類型化されることが多い。（→行動理論） →46

率を異にした出来高払い【different piece rate system】 テイラー（Taylor, F. W.）の提案した賃金制度で，科学的管理法の一部。単純出来高払いは一個あたり定率の報酬が追加的に与えられるので右肩上がりの比例直線になるが，「率を異にする出来高払い」では，標準作業量を境にジャンプする折れ線グラフで示される。つまり，標準作業量を境に，単純出来高払いを上回るプレミアム（報奨金）部分と，それを下回るペナルティ（罰則金）部分から形成される。

リテンション【retention】 企業にとって必要な人材を維持・確保するための施策。 →62

リベート【rebate】 ①一定の行為に対して支払われる手数料や，②取引代金の一部を謝礼目的で返金する割戻金のことをいう。特に，②は「割戻金」や「キックバック」ともいわれ，取引高の増大，販売促進，代金回収の促進，価格維持への協力などの目的で行われる。

流通機構【structure of distribution】 企業が統制できない流通のマクロ的な側面で，経済的制約（市場競争の原理），法的制約（流通・出店規制，薬・酒・米の免許制度），社会的制約（商習慣，購買慣習や社会制度）などの，外部の制約にしたがう。（→流通チャネル）

流通チャネル【distribution channel】 商品がメーカーから消費者に届くまでの経路のことである。典型的な消費財の場合には，①消費者が商品を購入する小売業，②商流，③物流の3つにより構成される。マーケティング・ミックスで考える際には，立地に加えて在庫や品ぞろえなどの要素も検討する必要がある。マーケティング・チャネル，販売経路，流通経路などといわれることもある。 →30

流動資産【current assets】 短期（通常1年を越えない期間）に現金化（または費用化）できる資産で，現金・預金，売掛金や受取手形などの売掛債権，商品や半製品，仕掛品などの在庫や棚卸資産を含む。 →81，83

流動性比率【liquidity ratio】 短期負債に対する支払い能力を示す指標。 →84

流動比率【current ratio】 流動資産（現金・受取手形・売掛金・棚卸資産）を分子にして流動負債（支払手形・買掛金・短期借入金）を分母にした比率で，当面入ってくる資金（分子）が当面出ていく資金（分母）をどの程度上回っているかを測る。 →84

流動負債【current liabilities】 短期（1年を越えない期間）に支払う必要のある負債で，「短期負債（short-term liabilities）」ともいう。仕入先などに支払う買掛金や支払手形などの買掛債務，あるいは銀行などに返済する短期借入金を含んでいる。 →81

リレーションシップ・マーケティング【relationship marketing】 売上だけに注目するのではなく，顧客との関係強化を通して，顧客維持と顧客満足を重視したマーケティング活動のこと。関係性マーケティングともよばれる。（→ワン・ツウ・ワン・マーケティング，CRM）

稟議制度【Ringi system】 幅広い部門の承認を得る必要がある懸案（稟議事項）を，直接担当あるいは実施する部署の下位管理層が，稟議書のかたちで提案し，それを関連部署とその所属長に回覧して，最終的に上層部の承認を得る制度。

リーン・プロダクション【lean production】 在庫を少なく無駄を徹底的に排除した生産方法のこと。リーン（lean）とは「贅肉を殺ぎ落とした」という意味で，自動車でいえば燃費の良い効率的な状態をさす。アメリカのMIT（マサチューセッツ工科大学）の研究者たちが中心になって，トヨタのかんばん方式など，日本で開発されたジャスト・イン・タイムの生産方式をモデルとして一般化し，提唱したもの。（→かんばん方式）

レイオフ【lay-off】 景気が低迷したり，設備の更新時期などに，一時的に労働者を解雇する制度。勤続年数の短い従業員から解雇する「先任権制度」を採用する場合が多い。

例外の原則【principle of exception】 下位者にルーティン（日常反復的）業務に関する権限を委譲して，上位者は，例外的な業務に専念すべきという原則。上位者は，日常業務から解放された余力を，長期的視野にたった判断業務に集中すべきという意味で，単なる「権限委譲の原則」とは異なる。管理原則の一つ。（→権限委譲の原則）

レギュラー・チェーン【regular chain】

本部組織（本社）が店舗を所有するのが原則のチェーン・ストアで，店舗やその従業員は本社に所属するため，「会社連鎖店」を意味するコーポレート・チェーン（corporate chain）ともよばれる。各店舗の独立性は低く，本部は一部の店舗が赤字でも全体で収益があがればよいと考えがちである。（→小売業，チェーン・ストア・フランチャイズ・チェーン，ボランタリー・チェーン）

レベニュー・センター【revenue center】売上はたつが費用責任を負うことのできない分権的管理単位のこと。たとえば，職能本部制組織における販売本部は独自に価格設定をして売上をたてることができるが，製造コストや管理コストについてはコントロールできないので，レベニュー・センターといえる。

連結決算【consolidated performance】支配会社（親会社）と従属会社（子会社）を1つの企業集団とみなして，両社の財務諸表と統合して連結財務諸表を作成し，公表すること。

連結ピン【linking pin】組織の中で，上位の職場集団と下位の職場集団の両方に属し，上位の集団に対してはメンバーシップの役割を果たすとともに，下位の集団に対してはリーダーシップの役割を果たす管理者を指したもの。リッカート（Likert, R.）が提唱した組織構造である「重複集団構造をもつ組織」を説明する概念。　→52

連続生産【continuous production】一連の機械や装置を休止せずに生産を続ける方式で，一般に，装置生産やプロセス生産と同じ意味で使われる場合が多い。ただし，加工組立生産においても，ベルト・コンベア方式で連続的に生産される場合は，連続生産という。（→加工生産，間欠生産，組立生産，装置生産，ベルト・コンベア・システム，プロセス生産）

労使関係【labor relations あるいは industrial relations】使用者と労働者個人の関係を意味する個別的労使関係と，使用者と労働組合や労働者の団体との関係を意味する集団的労使関係に大別される。

労働組合【trade union, labor union】賃金や労働時間などの労働条件をはじめとする，組合員の経済的地位の維持・改善を図ることを主たる目的として，労働者が自主的に組織・運営する団体のこと。企業別・職業別・産業別などの形態がある。（→企業別労働組合）　→67

労働集約的【labor intensive】労働者1人当たりの設備など固定資産額が小さく，コストに占める労務費の割合が高いこと。飲食業，介護・福祉業やサービス業など労働集約的な産業では，人による労働が中心となって業務が行われる。（→資本集約的，知識集約的）

ロジスティックス【leveling】原材料の調達から製品の提供やアフターサービスまで，適時適所に製品や情報を提供する総合的な活動。宮川公男は『意思決定の経済学』（1969）で，財の経済的価値は「それがどこにあるか（場所），そしてそれが必要とされるとき（時間）にそこにあるか」によって異なるという考え方からロジスティックスを「財の時間的および場所的効用を高めるために，その需要と供給とを調整する活動」と定義している。　→68

ロス・リーダー【loss leader】小売店などが集客を上げるために，収益を度外視した低価格で販売する目玉商品。この価格政策では，ロス・リーダー価格を設定した目玉商品自体が赤字となっても，顧客が他の利益の出る商品を同時に購入することを誘い，全体で利益を獲得しようとする。来店客数を増やすと同時に，売り場に利益率の高い商品と低い商品をミックスし，全体で獲得できる収益をコントロールすることが重要となる。

ロット生産【lot production】たくさんあ

ることを英語でa lot ofというように，ロットとは，ある程度の量を示す言葉で，ロット生産とは，一定量をひとまとめにして，定期的に繰り返して生産する方法をいう。バッチ生産と同じ意味で使われることも多いが，ロット生産は機械工業で，バッチ生産は装置産業で多く使われる。(→バッチ生産)

ワ行

ワーク・シェアリング【work sharing】 一人当たりの就労時間を減らしたり，休日を増加させながら，より多くの雇用を確保していこうという動き。オイルショック後に，失業問題の解決のために，特に欧州の労働組合運動のスローガンになった。

ワーク・ライフ・バランス【work-life balance】 仕事と生活の調和のこと。単にバランス（調和）を取るという意味ではなく，個人の働き方や企業の制度を見直すことで相乗効果を生み出していこうという考え方。平成10年12月に政労使の合意の上，策定された「仕事と生活の調和（ワーク・ライフ・バランス）憲章」では，「国民一人ひとりがやりがいや充実感を感じながら働き，仕事上の責任を果たすとともに，家庭や地域生活などにおいても，子育て期，中高年期といった人生の各段階に応じて多様な生き方が選択・実現できる社会」を掲げている。具体的には，①就労による経済的自立が可能な社会，②健康で豊かな生活のための時間が確保できる社会，③多様な働き方・生き方が選択できる社会，を目指すべきとしている。

ワン・ストップ・ショッピング【one stop shopping】 1か所の店舗や商業施設で必要な買い物を済ませる消費行動のこと。たとえば，スーパーマーケットでは，肉屋や八百屋や魚屋で買うものがそろっていて，一度に買い物ができる。ショッピングセンターやアウトレットモールも，ワン・ストップ・ショッピングの便利さを狙った業態といえる。（→業態の種類）

ワン・ツウ・ワン・マーケティング【one to one marketing】 マス・マーケティングとは異なり，個々の消費者の嗜好やニーズ，購入履歴などに合わせて一人ひとりの顧客に個別に行われるマーケティング活動のこと。近年，顧客データベースが精緻化されたことや，インターネット上の取引では人手をかけずに容易に個別対応を行うことが可能になったため，注目を集めるようになっている。伝統的なマーケティングの比較は表の通り，（→関係性マーケティング，CRM）

マス・マーケティング	ワン・ツウ・ワン・マーケティング
不特定多数のマス・マーケットを対象	特定・個別の顧客一人一人を対象
1回限りの取引が中心	顧客との関係づくりと個別サービスが中心
広告などマスメディアを活用	IT技術を活用
市場シェアを重視	顧客シェアを重視
1つの品を多数の顧客に売る発想	1人の顧客のニーズに応え，長く売る発想
顧客をターゲットとみなす（一方通行）	顧客をパートナーとみなす（双方向）
製品の差異化（他社製品と区別）	顧客の差異化（重要顧客を他の顧客の区別）
規模の経済を追求	範囲の経済を追求
限界収益逓減の法則にしたがう	限界収益逓増の法則にしたがう
製品別・集権的組織	顧客別・分権的組織

略語
（アルファベット順）

AIDMAモデル【AIDMA model】 消費者が商品の購買に至るまでの過程をモデル化したもの。Attention＝注目，Interest＝興味，Desire＝欲求，Motive＝動機，Action＝行動の頭文字をつなげてアイドマとよぶ。 →36

AISASモデル【AISAS model】 インターネットの普及に伴い，AIDMAモデルに代わって近年主流となりつつある消費行動の仮説的なモデル。Attention＝注目，Interest＝注目，Search＝検索，Action＝購入行動，Share＝他人とのシェア，という5つのステップの頭文字をつなげてある。 →36

BCP【business continuity plan】 事業継続計画。企業等の組織が，特定の災害や事象にかかわらず，事業活動の停止等に見舞われた際に，重要な業務を絞り込み，優先的に継続する体制・ルール等の事業継続（生き残り）戦略を決めた対応の手順書。 →39

BM【Brand Manager】制 ⇒ブランド・マネージャー制

BPR【Business Process Reengineering】 ⇒リエンジニアリング

B/S【Balance Sheet】 ⇒貸借対照表

BTO【Build to Order】 顧客の注文を受けてから最終製品の生産を行う生産方式のこと。PC製造・販売のデル社のビジネスモデルとして広く知られるようになった。 →38

CALS【Continuous Acquisition and Life-cycle Support】 受注，設計，製造，調達，流通，決済だけでなく，製品の廃棄や再利用なども含めた情報を，生産者と消費者の間で共有し管理するための標準規格。アメリカ国防省の兵器調達システムを発展させたもので，その後，電子取引（Electronic Commerce）を付け加えて，CALS/ECともよばれている。

CDP【Career Development Program】 ⇒キャリア・ディベロップメント・プログラム

CEO【Chief Executive Officer】 最高経営責任者。企業戦略の策定，経営方針の決定など，経営全般に責任と権限を有する。

CFO【Chief Financial Officer】 最高財務責任者。企業の財務に関する戦略の立案・執行に責任を有する。

CI【Corporate Identity】 企業コンセプトを再検討し，自社のアイデンティティーを明確する経営手法。対外的には社名やロゴを変更するなどしてイメージ変更を訴える効果があり，対内的には企業文化を改革したり，社員の一体感の醸成したりする上で効果があるとされる。

COO【Chief Operating Officer】 最高執行責任者。CEOが定めた企業戦略や経営方針にもとづき，企業の日常業務の執行に責任を負う。

CPM【Critical Path Method】 ⇒クリティカル・パス・メソッド法

CRM【Customer Relationship Managment】 顧客関係管理のこと。関係性マーケティングなどと同様に，1990年代後半に新規顧客よりも既存顧客の方が利益の貢献度が高いという知見が広まるにつれて，重視されるようになったコンセプトである。顧客管理のための情報システムが利用される場合に，CRMという言葉が使われることが多い。（→関係性マーケティング，ワン・ツウ・ワン・マーケティング）

CS【Customer Satisfaction】 企業が消費者に提供する製品やサービスにともなう満足度であり，製品そのものばかりでなく，販売員の態度や店舗の雰囲気など全

般的な「顧客満足度」が評価される。
- **CSR**【Corporate Social Responsibility】⇒企業の社会的責任
- **EMS**【Electronics Manufacturing Service】 独自のブランドを持たずに他社製品の製造を請け負うサービス業。OEMと似たような形態だが、EMSには製品の設計も受託するODM（original design manufacturer）も含まれる。委託するメーカーは内製するより安いコストで製品を製造することができ、EMS側も複数の企業の製品を受託することで量産化して低価格を実現できる。（→OEM）
- **FMS**【Flexible Manufacturing System】 フレキシブル生産方式。設備やネットワークを活用し多品種少量生産品目を混流・統合しながら、需要の変動に柔軟に対応しようという生産方式。需要の変化や技術の変化に応じて品目を変えていくため、コンピュータ制御が欠かせない。
- **HR**【Human Relations theory】 ⇒人間関係論
- **LBO**【Leveraged Buy Out】 買収しようとする企業が、相手の被買収企業の資産価値を担保にして、資金を借りる買収方法。担保は、相手企業の工場や店舗だけでなく、その企業の将来のキャッシュフローも考慮される。経営陣が自社株を買うMBOもLBOの一種で、この場合、自社の資産価値が借入の算出根拠になる。（→MBO）
- **IR**【Investor Relations】活動 出資者・投資家向けに財務内容や将来の業績見通しなどを広報してより良い関係を築くこと。（→PR） →⑥
- **ISO**【International Organization for Standardization】 電気分野を除く国際規格を策定するための民間の非政府組織であり、国際標準化機構と訳される。代表的な規格としてISO9000シリーズ（品質マネジメントシステム）やISO14000シリーズ（環境マネジメントシステム）などがある。
- **LLC**【Limited Liability Company】 合同会社。会社法によって新たに設けられたもので、「有限責任制」をとる「人的会社」である。米国のLLC（Limited Liability Company）を参考に導入されたために「日本版LLC」ともよばれる。LLP（有限責任事業組合）は、組合であり、法人格がないが、LLC（合同会社）は、営利法人である。（→合名会社，合資会社）
- **LLP**【Limited Liability Partnership】 有限責任事業組合。有限責任事業組合契約に関する法律（LLP法）によって認められるようになった組合で、(a) 有限責任、(b) 内部自治原則、(c) 構成員課税に特徴がある。内部自治とは、組織の権限や利益処分など重要事項を内部の取り決めによって決めることができることをいう。構成員課税とは、組織に利益が生じても組織には課税されず、その利益を配分した構成員に課税される仕組みで、パススルー課税（pass-through tax treatment）ともよばれる。類似の組織にLLCがあるが、LLPは民法組合の特例として定めた「組合」であり、法人ではないため、法人格が必要な事業はできない。
- **LP法**【Linear Programming Method】 ⇒線形計画法
- **M&A**【Mergers and Acquisitions】「合併（Mergers）」と「買収（Acquisitions）」。合併とは、複数の企業が合同して1つの企業になることであり、買収とは、他社をまるごとあるいは他社の一部の事業を自社に取り込むことを指す。M&Aでは、他社と統合したり、他社がもっている事業を取得したりすることで、製品、人材、販売チャネル、生産設備、ブランドなどを一気に手に入れることができる。（→アライアンス） →㉗
- **MBO**【Management buy Out】 経営陣が、自社の株式を買って、株式の非公開化を

進めること。たとえば，自社株が買われた時などに，対抗策として行われることがある。LBOの一種で，経営陣ではなく従業員が自社株を買い進めることをEBO（Employee Buyout）ということもある。次にある「目標による管理」とは別のファイナンス用語。（→ LBO）

MBO【Management by Objective】 ⇒目標による管理

MIS【Management Information System】 ⇒経営情報システム

MRP【Material Requirements Planning】 原材料所要量計画。①需要予測によりマスタープラン（基本計画）を作り，②構成部品表と在庫データによって部品の所要量を計算し，③リードタイムを加味して発注予定を決定するもので，部品点数の多い製品では膨大な計算を要するためコンピュータが活用される。

NGO【Non-Governmental Organization】 NPOのうち，開発・人権・環境など，地球規模の問題に取り組む非政府組織のことをいう。（→ NPO）

NPO【Non-Profit Organization】 日本では，法律や官庁に縛られる公益法人のような伝統的な非営利組織（non-profit institution）と区別して，民間非営利組織やボランタリー組織ともよばれる。たとえば，『国民生活白書』では，NPO法人（NPO法に基づく法人）にボランティア組織（任意団体）を加えた範囲をNPOとしている。一方，米国では，公益法人も含めてNPOとよぶことが多い。また，日本ではNPOとNGOを区別するが，米国では，NPOとNGOは同じものと考えられている。

OA【Office Automation】 ⇒オフィス・オートメーション

OD【Organization Development】 ⇒組織開発

OEM【Original Equipment Manufacturing】 自社で生産した製品に他の製造業者の商標（ブランド）をつけてその製造業者に提供する一種の委託生産。相手方製造業者の商標をつけて，相手に供給するという意味で「相手先商標製品の供給」や「相手先ブランドによる受託生産」と訳される。自動車部品，機械部品，家電製品などの生産にしばしば採用されている。またOEMは販売提携や技術提携と並ぶ戦略的提携の一種であり，経営効率を高めるために採用される。しかし商標に対する企業責任が不透明になるという欠陥をもっている。設計も含めて受託するケースがあるEMSに対して，OEMでは生産のみを受託する。（→ EMS）

Off-JT【Off the Job Training】 定期的に一般知識を取得するために行う教育のことで，職場を離れて集合して行うことから「集合教育」ともよばれる。内容は，社会人に必要な基本知識を学ぶ新入社員研修や外部講師による専門教育，英語など外国語研修，管理者としての心構えやリーダーシップの理論を学ぶ管理者教育，各種の通信教育などがある。 →64，67

OJT【On the Job Training】 上司や先輩が，仕事に必要な知識・技能などを必要に応じて仕事の中で教える教育のことで，職場内の訓練であることから「職場内訓練」とよぶこともある。内容は，生産部門における技術訓練，一般事務部門における業務訓練など，職場の事情に応じてさまざまである。 →64，67，74

OR【Operations Research】 ⇒オペレーションズ・リサーチ

PERT【Project Evaluation and Review Technique】法 ⇒パート法

PEST分析【PEST analysis】 戦略立案時に外部事業環境を分析する手法で，政治的（Political），経済的（Economic），社会的（Social），技術的（Technological）な環境要因に分けて分析する。（→外部分析）

PFI【Private Finance Initiative】 民間資金を活用した社会資本整備のこと。

P/L【Profit and Loss statement】 ⇒損益

計算書

PL【Product Liability】 製造あるいは販売された製品に関して製造業者や販売業者が負う法律上の責任のことで、英語表記を略して「PL」ともいう。この背景には、製品の製造・販売過程に関する情報が少ない消費者は、業者の過失によるものであることを立証することが難しいという考え方がある。このため、製造物責任では「無過失責任」という考え方を取り入れており、消費者が過失責任を立証できない場合でも、製品の欠陥によって被害があったことを証明できれば、製造業者や販売業者に対して、製造物に関する責任を追及することができる、と考える。(→ PL 法)

PL 法【Product Liability Act】 製造物責任法のこと。製造物の欠陥により損害を被ったことを証明することにより、消費者などの被害者が製造会社などに対して損害賠償責任を追及できるという法律のこと。日本では1995年に施行された。

PM【Product Manager】制 ⇒プロダクト・マネージャー

PPM【Product Portfolio Management】 ⇒プロダクト・ポートフォリオ・マネジメント →13

POS【point of sales】 販売時点情報管理のこと。つまり、商品の販売・支払が行われる場で、その販売データ（品名、数量など）を収集することで、販売動向を知るための仕組み。 →39

PR【Public Relations】活動 広報活動のこと。組織の活動内容や商品などの情報発信を通して、公的な信頼や理解を得ようとする活動である。新聞や雑誌の広告枠を買って宣伝を行う広告とは異なり、記者会見やプレスリリースの配信などを通して消費者などのステークホルダーに活動内容を理解してもらうことである。(→ IR) →6

QCD【Quality, Cost, Delivery】 品質 (Quality)、価格 (Cost)、納期 (Delivery) の頭文字をとったもので、生産管理で重要な要素を簡潔に言い表している。 →69、70

QC サークル【QC circle】 品質向上、コストダウン、作業改善などを目的とする職場内の小集団活動のことをいう。この活動は、現場従業員の技術・技能向上に結びつくだけでなく、従業員の仕事に対する達成感や責任感を増大し、承認や成長の喜びにもつながるとされる。(→小集団活動)

RBV【Resource Based View】 ⇒リソース・ベースド・ビュー

ROA【Return on Assets】 ⇒総資産利益率

ROE【Return on Equity】 ⇒自己資本利益率

ROI【Return on Investment】 ⇒投資利益率

SBU【Strategic Business Unit】 企業が戦略策定のうえで設定する組織単位のこと。1970年代からゼネラル・エレクトリック (GE) などで導入された。SBU は、各企業の戦略によって、事業部 (BU) とほぼ等しくなる場合から、複数の事業部横断の単位になる場合までさまざまある。(→プロダクト・ポートフォリオ・マネジメント (PPM))

SCM【Supply Chain Management】 ⇒サプライチェーン・マネジメント

SCP モデル【Structure Conduct Performance model】 企業の収益性は市場の魅力度によって決まるため、魅力的な産業を発見することが大事であるとする考え方。「市場構造 (structure)」→「企業行動 (conduct)」→「市場成果 (performance)」という構図から SCP モデルといわれる。 →14

SL 理論【Situational Leadership theory】 (状況的リーダーシップ) 理論 ハーシー (Hersey, P) とブランチャード (Blanchard, K. H.) は、「メンバーの成熟度」が条件となる SL 理論を展開した。

これは状況に応じてリーダーシップのスタイルを変える必要がともなうので，状況的リーダーシップ理論といわれ，英語の Situational Leadership を略して SL 理論とよばれる。(→コンティンジェンシー理論，フィードラー理論) →46

STP マーケティング【STP marketing】どの顧客に対してどのような価値を提供するのかを明確にするための手法。セグメンテーション，ターゲティング，ポジショニングの3つの頭文字をとり STP マーケティングとよばれる。 →31

SWOT 分析【SWOT analysis】 SWOT は，強み (Strength)，弱み (Weakness)，機会 (Opportunity)，脅威 (Threat) の頭文字をとったもので，経営戦略の立案や代替案の評価において，強みや弱み，機会や脅威を総合的に評価し分析する手法。(→外部分析，内部分析) →21

TOB【Take-Over Bid】 株式公開買い付け制度。主に，経営権を支配するために，株式を買い付けする企業が，買い付けする株数，価格，期間を公表して不特定多数の株主から買い取る方法のことをいう。

TQC【Total Quality Control】 日本の TQC は，7つの統計的手法 (層別分析，ヒストグラム，パレート図，チェックシート，特性要因図，散布図，管理図) を活用しながら，QC サークルとよばれる作業者集団が「Plan (計画) → Do (実行) → Check (評価) → Action (調整)」というマネジメント・サイクルに従って自主的に職場改善を進めるところに特徴がある。

VA【Value Analysis】 ⇒価値分析
VE【Value Engineering】 ⇒価値工学

X 理 論【Theory X】 マグレガー (McGregor, D.) が伝統的管理手法に与えた名称。アメとムチを使って働かせようとするもので，テイラー (Taylor, F. W.) の科学的管理法や人間関係論に見られる管理方法で「命令統制に関する伝統的見解」の総称。本来，人間は仕事が嫌いで，命令されなければ働かないという人間観に基づいている。(→ Y 理論) →45

Y 理 論【Theory Y】 マグレガー (McGregor, D.) が伝統的な管理方法 (これを彼は「X 理論」とよぶ) に対して提唱した「従業員個々人の目標と企業目標の統合」をめざす新しい管理方法。本来，人間は仕事が好きで，進んで働きたいと思うという人間観に基づいている。(→ X 理論) →45

Z 理論【Theory Z】 オオウチ (Ouchi, W. G.) がマグレガーの XY 理論にヒントを得て，彼のいう経営管理の「オメガ：究極」理論として提示したもの。日米の代表的な企業を選び，雇用，人事考課，キャリア・パス，管理機構，意思決定，責任，人に対する関わり方の7つのポイントで比較し，A (アメリカ) 型と J (日本) 型に分類して，優良企業のタイプを抽出したもの。(→ X 理論，Y 理論)

人名索引

A-Z

Mitrofanof　236
Sokolovskii　236

ア 行

アーカー（Aaker, D. A.）　254
アージリス（Argyris, C.）　202, 233
アッシュ（Asch, S.）　102
アトキンソン（Atkinson, J.）　123
アナン（Annan, K. A.）　188, 210
アベグレン（Abegglen, J. C.）　142
アーラン（Erlang, A. K.）　262
アンゾフ（Ansoff, H. I.）　19, 42
アンドリューズ（Andrews, K. R.）　19, 44
ウィリアムソン（Willamson, O. E.）　246
ウェーバー（Weber, M.）　108, 205, 223
ウェルチ（Welch, J.）　238
ウォーターマン（Waterman, R. H.）　116, 198
ウッドワード（Woodward, J.）　118
エーベル（Abell, D. F.）　26
エマスン（Emerson, H.）　267
オオウチ（Ouchi, W. G.）　277

カ 行

加護野忠男（Kagono, T.）　119
ガルブレイス（Galbraith, J. K.）　195
キース（Keith, R. J.）　60
ギューリック（Gulick, L.）　204
ギルブレイス（Gilbreth, F. B.）　222
クラーク（Clark, J. M.）　262
グラース（Gras, N. S. B.）　211
クリステンセン（Christensen, C. M.）　166, 196
コッター（Kotter, J. P.）　141
コトラー（Kotler, P.）　60
コリンズ（Collins, J. C.）　251

サ 行

サイモン（Simon, H. A.）　18, 195, 202, 212, 204, 225
サランシック（Salancik, G. R.）　224
シャイン（Schein, E. H.）　116
ジャニス（Janis, I. L.）　102, 229
シューハート（Shewhart, W. A.）　252
シュレイ（Schleh, E. C.）　263
シュンペーター（Schumpeter, J. A.）　195, 206
ショーン（Schon, D. A.）　202, 233
シルバーストン（Silberston, A.）　233
スティーブンソン（Stevenson, H. H.）　44
ストーカー（Stalker, G. M.）　118
スミス（Smith, A.）　255, 263
センゲ（Senge, P. M.）　202

タ 行

竹内弘高　164
ダベンポート（Davenport, O.）　262
チャンドラー（Chandler, A. D. Jr.）　19, 105
チャンピー（Champy, J.）　269
土屋守章（Tuchiya, M.）　212
ディーン（Dean, J.）　262
ディズニー（Disney, W.）　20
テイラー（Taylor, F. W.）　18, 86, 201, 252, 269, 277
デミング（Deming, W. E.）　244
デュルケム（Durkheim, E.）　223
ドーナム（Donham, W. B.）　211
ドラッカー（Drucker, P. F.）　128, 263

ナ 行

ナナス（Nanus, B.）　141
野中郁次郎　164

279

ハ行

パイン（Pine, J.）　262
ハウス（House, R.）　250
ハーシー（Hersey, P.）　276
ハーズバーグ（Herzberg, F.）　94, 197, 244
ハーダー（Harder, D. S.）　158, 198
バーナード（Barnard, C. I.）　18, 209, 214, 216, 238, 266
バーナム（Burnham, J.）　11, 211
バーニー（Barney, J. B.）　19, 38
ハマー（Hammer, M.）　269
バーリ（Baerle, A. A.）　10, 211
バーンズ（Burns, T.）　118
ピーターズ（Peters T. J.）　116, 198
ファインゲンバウム（Feingenbaum, A. V.）　252
ファヨール（Fayol, J. H.）　18, 88, 204
フィードラー（Fiedler, F.）　253
フェッファー（Pfeffer, J.）　224
フォード（Ford, H.）　160, 243, 252, 253
フォレット（Follet, M. P.）　263
ブラットン（Bratton, J.）　133
プラトン（Platon）　242
ブランチャード（Blanchard, K. H.）　276
ブリーフス（Briefs, G.）　211
ブレイク（Blake, R. P.）　262
フロイト（Freud, S.）　256
ペンノック（Pennock, G. A.）　259
ポーター（Porter, M. E.）　19, 30, 32, 36,
208, 218, 223, 229, 251, 252, 259
ポラス（Porras, J. L.）　251

マ行

マーシャル（Marshall, A.）　54
マイルズ（Miles, L. D.）　202
マクシー（Maxy, G.）　233
マグレガー（McGregor, D.）　96, 263, 277
マズロー（Maslow, A. H.）　92, 96, 213, 236
マートン（Merton, R. K.）　109, 242
宮川公男（Miyakawa, T.）　270
ミラー（Miller, J. G.）　217
ミーンズ（Means, G. C.）　10, 211
ミンツバーグ（Mintzberg, H.）　19, 141
ムートン（Mouton, J. S.）　262
メイヨー（Mayo, G. E.）　90, 197, 259
メース（Mace, M. L.）　218

ラ行

ランチェスター（Lanchester, F. W.）　267
リッカート（Likert, R.）　110, 199, 225, 271
レスリスバーガー（Roetglisberger, F. J.）　259
レビット（Levitt, T.）　62, 261
ロジャーズ（Rogers, E. M.）　72, 196
ローシュ（Lorsch, J. W.）　118
ロック（Locke, E. A.）　128, 263
ローレンス（Lawrence, P. R.）　118
ローレンツ（Lorenz, K. Z.）　235

執筆者紹介

井原久光（いはら ひさみつ）

1952年　東京都生まれ。
　　　　慶應義塾大学および早稲田大学卒業。米国インディアナ大学経営大学院修士課程修了（MBA）。中央大学大学院後期博士課程修了（博士）。
　　　　日産自動車株式会社勤務後，産能短期大学，長野大学を経て
現　在　東京富士大学学長，大学院経営学研究科長
主な著書　『テキスト経営学（第3版）』ミネルヴァ書房。
　　　　『ケースで学ぶマーケティング』ミネルヴァ書房。
　　　　『社会人のための社会学入門』産業能率大学出版部。

平野賢哉（ひらの けんや）

1972年　埼玉県生まれ。
　　　　高崎経済大学卒業。明治学院大学大学院博士後期課程単位取得満期退学
　　　　星稜女子短期大学，埼玉学園大学を経て
現　在　東洋学園大学現代経営学部教授
主な著書　『新版 人的資源管理』（共著）学文社。
　　　　『現代社会における企業と市場』（共著）八千代出版社。
　　　　『知識創造の人材育成』（共著）中央経済社。

菅野洋介（かんの ようすけ）

1978年　宮城県生まれ
　　　　中央大学商学部卒業。東北大学大学院経済学研究科博士課程後期修了（経営学博士）。東北大学大学院経済学研究科博士研究員，東洋学園大学現代経営学部専任講師を経て
現　在　中央大学商学部准教授
主な論文　"A Study on Organizational Structures and Development Processes Involved in Design Development", *International Association of Societies of Design Research 2011.*
　　　　「中小企業によるデザイン系大学との連携：新潟県長岡地域を事例として」『デザイン学研究』, Vol. 56, No. 6.
　　　　『デザイン産学連携のマネジメント』, 学位請求論文（東北大学）

福地宏之（ふくち　ひろゆき）
1979年　茨城県生まれ。
一橋大学商学部卒業。一橋大学大学院商学研究科博士後期課程修了（商学博士）。ペンシルベニア大学ウォートン校シュナイダー起業研究所客員研究員，一橋大学大学院商学研究科特任講師を経て
現　　在　一橋大学大学院経営管理研究科准教授
主な著書　『日本企業のマーケティング力』（共著）有斐閣。
　　　　　『松下電器の経営改革』（分担執筆）有斐閣。

経営学入門キーコンセプト

| 2013年4月10日 | 初版第1刷発行 | 〈検印省略〉 |
| 2020年12月20日 | 初版第7刷発行 | 定価はカバーに表示しています |

編著者　井　原　久　光
発行者　杉　田　啓　三
印刷者　坂　本　喜　杏

発行所　株式会社　ミネルヴァ書房
607-8494　京都市山科区日ノ岡堤谷町1
電話代表　(075)581-5191
振替口座　01020-0-8076

Ⓒ井原・平野・菅野・福地, 2013　冨山房インターナショナル・清水製本

ISBN 978-4-623-06441-0
Printed in Japan

テキスト経営学［第3版］
──基礎から最新の理論まで

井原久光著　Ａ５判　368頁　本体3200円

基礎用語や概念を整理しながら，ケーススタディなどを通じて学生やビジネスマン自身が考える機会を提供する経営学の入門書。最新の成果も取り入れ，立体的に学べるように編まれた。

ケースで学ぶマーケティング［第2版］

井原久光著　Ａ５判　320頁　本体3200円

「マーケティングのエッセンス」が理解できるよう基礎的用語や概念・理論をわかりやすく解説した。豊富なケーススタディで読みやすくわかりやすい，独学にも最適の一冊。

やさしく学ぶマネジメントの学説と思想［増補版］

渡辺　峻・角野信夫・伊藤健市編著　Ａ５判　364頁　本体3500円

テイラーや盛田昭夫など，25人の学者・企業家をとりあげ，そのエッセンスをわかりやすく解説。人物の略歴，理論全体の解説，主要著作，キーワードや設問，コラムなどを設け，段階的に学べるよう配慮した初学者必携の入門書。

教養の会計学
──ゲーム理論と実験でデザインする

田口聡志著　Ａ５判　240頁　本体2800円

AIやIoTといったロボティックスが著しく発展する今日にあって，これからの会計学はどこへ向かっていくのか。伝統的な会計学（簿記や決算書）から一度離れ，新しい接点（ゲーム理論や実験経済学）から会計学とは何かを解き明かす。新しい時代の会計人が身につけるべき教養を提示する入門テキスト。

── ミネルヴァ書房 ──
https://www.minervashobo.co.jp/